Johannes Simon / Paul Simon

»Eine Welt voller Wut«

Donald Trump und das Ende der US-Hegemonie

D1673558

Johannes Simon / Paul Simon

»Eine Welt voller Wut«

Donald Trump und das Ende
der US-Hegemonie

konkret texte 79

KVV **konkret**, Hamburg 2020

Titelmotiv: Reuters / Carlos Barria

Lektorat: Wolfgang Schneider

Gestaltung & Satz: Niki Bong

Druck: Docupoint

ISBN 978-3-930786-93-0

Inhalt

Vorbemerkung

Am 28. August machte Präsident Donald Trump aus dem Garten des Weißen Hauses eine Bühne für eine pompöse Wahlkampfshow. »Diese Wahl wird entscheiden, ob wir den amerikanischen *way of life* verteidigen können oder ob wir einer radikalen Bewegung erlauben, ihn vollständig zu demontieren und zu zerstören«, warnte der Präsident, bevor ein Feuerwerk den Himmel von Washington D.C. erhellte. Sollte Joe Biden gewinnen, »wird unser Land China gehören«. Es war der dritte Tag der republikanischen Partei-Convention. Seit einigen Tagen gab es Unruhen in der Kleinstadt Kenosha in Wisconsin, wo am Sonntag ein Polizist dem 29jährigen Afroamerikaner Jacob Blake mehrmals in den Rücken geschossen hatte. In seiner Rede forderte Trump »law and order« gegen die »Anarchisten, Agitatoren, Randalierer, Plünderer und Flaggen-Verbrenner«.[1] Zwei Tage zuvor hatte der 17jährige Kyle Rittenhouse in Kenosha drei Menschen durch Schüsse verletzt, zwei davon tödlich. Er war aus Illinois angereist, um mit dem Gewehr in der Hand Geschäfte vor den Demonstranten zu schützen.[2]

Mehr als 180.000 Amerikaner waren bis Ende August am Corona-Virus gestorben. 16 Millionen hatten ihre Jobs verloren, und 30 Millionen waren von Zwangsräumungen bedroht, weil sie ihre Miete nicht zahlen konnten.[3] Doch wer angesichts des Missmanagements der Epidemie, der Wirtschaftskrise oder der anhaltenden Proteste gegen Rassismus und Polizeigewalt mit einem sicheren Machtwechsel im November rechnete, wurde im Laufe des Sommers schnell enttäuscht: Ende August gestand die Analyse-Website »538« Trump eine 30prozentige Chance zu, die Wahl zu gewinnen.[4] Ähnliche Chancen hatte er sich auch im Vorfeld der Wahl 2016 gegen Hillary Clinton ausrechnen können. Besonders Amerikas Liberale hoffen, dass die Wahl im November entscheidet, wie Trump in die Geschichtsbücher eingehen wird: als vorübergehendes Krisenphänomen statt als Wegbereiter einer neuen Politik. Doch Trump war kein bloßer Betriebsunfall und sein Nationalismus auch nicht die Negation der bestehenden liberalen Ordnung. Er kam aus der Mitte der amerikanischen Gesellschaft und hat viele gesellschaftliche und weltpolitische Tendenzen lediglich auf die Spitze getrieben.

---

1 https://edition.cnn.com/2020/08/28/politics/donald-trump-speech-transcript/index.html .
2 https://www.rollingstone.com/culture/culture-news/kenosha-wisconsin-protest-shooting-jacob-blake-kyle-rittenhouse-1050832/ .
3 https://www.washingtonpost.com/business/why-a-historic-eviction-wave-is-bearing-down-on-the-us/2020/08/26/123a9ffa-e759-11ea-bf44-0d31c85838a5_story.html .
4 https://projects.fivethirtyeight.com/2020-election-forecast/ .

In den letzten Jahrzehnten ist der US-Konservatismus zum Fahnenträger eines weißen, konservativen Bevölkerungsblocks geworden, der sich gegen progressive Veränderungen stemmt (Kapitel 1). Dieser neoliberale Konservatismus hat die amerikanisch geführte Weltordnung mit aufgebaut. Doch geriet die amerikanische Hegemonie bald in die Krise, und damit auch die Prämissen der konservativen Partei (Kapitel 2). Nach der Wirtschaftskrise 2008 radikalisierte sich die US-Rechte, auch weil die amerikanische Gesellschaft immer liberaler und diverser wurde (Kapitel 3). Die rassistische Bewegung gegen die Einwanderung wurde immer stärker (Kapitel 4). Trump beförderte diesen Nationalismus mit einem präzedenzlos ressentimentgeladenen Politikstil ins Zentrum der politischen Agenda (Kapitel 5). Doch einen autokratischen Umbau des amerikanischen Staates hat es unter Trump nicht gegeben. Seine Regierungspraxis radikalisierte lediglich den bisherigen autoritären Neoliberalismus der Republikaner (Kapitel 6). Die amerikanische Rechte tendiert in den letzten Jahren zunehmend zu einem autoritären Ethno-Nationalismus (Kapitel 7). Und in der internationalen Politik etablierte Trump ein neues Paradigma, das ihn lange überdauern wird: Er kündigte die bisherige liberale Hegemoniestrategie auf und versuchte, sie durch eine mit allen Mitteln ausgefochtene Großmachtkonkurrenz zu ersetzen (Kapitel 8). Fraglich ist, ob der traditionelle weiße Konservatismus nach 2020, diesem Jahr mit seinen Krisen und progressiven Massenprotesten, noch eine Zukunft hat (Kapitel 9), doch zweifellos hat Trumps Wahlsieg 2016 eine neue Ära der internationalen Politik eingeleitet: brutaler, nationalistischer – und in jeder Hinsicht offener.

Der US-Konservatismus

Im Januar 2016, als Trump bei den republikanischen Vorwahlen in allen Umfragen vorne lag, brachte die Zeitschrift »National Review« eine Ausgabe heraus, auf deren Titel zwei Worte prangten: »Against Trump«. Die Autorenliste war ein Who's who der intellektuellen Rechten, und sie sagten alle dasselbe: Trump muss verhindert werden. Er sei überhaupt kein Konservativer, hieß es im Leitartikel, er würde »den breiten konservativen ideologischen Konsens der Republikaner zerschmettern und ihn durch einen freischwebenden Populismus mit Starker-Mann-Attitüde ersetzen.«[5] Die »National Review« ist nicht irgendeine Zeitschrift, sie gilt seit Jahrzehnten als publizistisches Zentralorgan der US-Konservativen. Doch wie die nächsten Jahre zeigten, hatte die dort vertretene Intelligentsia anscheinend keine Ahnung, was im Jahr 2016 der Kern ihrer politischen Bewegung war.

Der US-Konservatismus verfügte über eine relativ klar definierte Ideologie, weshalb man oft von einer »Bewegung« spricht. Seine Anhänger beschrieben ihn manchmal als dreibeinigen Stuhl – eine aus europäischer Perspektive bizarre, geradezu exotische Mischung aus staatsfeindlichem Radikalkapitalismus, christlich-reaktionärer Frömmigkeit und einem militaristisch verbrämten, geradezu messianischen globalen Führungsanspruch.

Doch hatte der US-Konservatismus auch immer eine andere Seite: einen paranoiden Basispopulismus, der mehr auf Ressentiment als auf Ideologie beruhte. Den real existierenden US-Konservatismus könnte man als ein Bündnis dieser beiden Tendenzen beschreiben, die als Reaktion auf die Sixties zusammenfanden. Damals befand sich die amerikanische Gesellschaft gleich mehrfach in der Krise: Der Nachkriegsboom ging zu Ende, die Profitmargen schrumpften, die Emanzipation der Afroamerikaner erschütterte die Gesellschaftsordnung, und die Antikriegsbewegung stellte den US-Imperialismus in Frage. Der Konservatismus war zum Teil der Versuch gesellschaftlicher Eliten, die soziale Ordnung gegen all diese Krisen und Protestbewegungen zu verteidigen – und ab den Siebzigern den neoliberalen Umbau der amerikanischen Wirtschaft durchzusetzen. Dabei stützten sie sich auf ein Bündnis mit der breiten, privilegierten weißen Mittelschicht, die ihren *way of life* von den Sixties, von der Emanzipation der Schwarzen, vom Feminismus

---

5 https://www.nationalreview.com/2016/01/donald-trump-conservative-movement-menace/ .

und all den anderen gesellschaftlichen Veränderungen bedroht sahen und wieder Ordnung schaffen wollten. In dieser Verbindung entstand die ideologische Mischung des US-Konservatismus. Man muss sich die Geschichte dieser vielleicht erfolgreichsten politischen Bewegung des 20. Jahrhunderts anschauen, um zu verstehen, warum Trump kein traditioneller Konservativer ist – aber auf eine gewisse Weise dann doch.

Liberal Consensus

In gewisser Hinsicht war Franklin D. Roosevelt der Erfinder des modernen US-Konservatismus. Er nannte sich selbst einen »Liberalen« und seine Gegner »Konservative«; diese binären Gegensätze bestimmen bis heute die amerikanische Politik. Konservativ zu sein bedeutete damals vor allem, den sozialdemokratisch-korporatistischen New Deal abzulehnen. Die US-Rechte war marktradikal und wurde vor allem von wirtschaftlichen Eliten getragen.[6] Doch schon damals war der besondere Stil der US-Konservativen zu beobachten gewesen: Die apokalyptische Rhetorik, mit der die businessfreundlichen Republikaner in den Dreißigern vor dem heraufziehenden Totalitarismus warnten, der durch Roosevelts Reformpolitik drohe, konnte man fast hundert Jahre später auf Tea-Party-Rallyes gegen Obama wiederfinden.

Doch damals waren die Konservativen ziemlich marginalisiert. Die Weltwirtschaftskrise und ihre Folgen waren so heftig gewesen, dass ihr wirtschaftsliberales Programm völlig diskreditiert war. Zum ersten Mal in der amerikanischen Geschichte hatten staatliche Interventionen und sozialpolitische Programme eine echte Mehrheit hinter sich. Auch in der Nachkriegszeit blieb der Konservatismus eine Randerscheinung. Die New-Deal-Ära war zwar vorbei, und mit Eisenhower regierte ein Republikaner. Doch der Zweite Weltkrieg und die darauf folgende Streikwelle hatten die New-Deal-Ordnung nur weiter zementiert. Ähnlich wie in anderen westlichen Staaten herrschte in den USA ein korporatistischer, keynesianischer Konsens, dessen linker und rechter Flügel auf der Basis eines heftigen Antikommunismus zusammenfanden. Auch außenpolitisch gab es einen breiten Konsens, der auf dem Antikommunismus basierte. Die USA etablierten sich als Führungsmacht des kapitalistischen Westens. Dass der Kalte Krieg mit allen Mitteln gewonnen werden müsste, stellte niemand in Frage. Man sprach vom »Liberal Consensus«, der in der Nachkriegszeit die US-Politik beherrschte und der erst

---

6 Lütjen, 18.

in den Sechzigern zerbrach – angegriffen von links, letztlich aber abserviert von Nixons konservativem Populismus.

Grundlage dieser Entwicklung waren die Prosperität und die präzedenzlose globale Machtstellung Amerikas nach dem Zweiten Weltkrieg. 1960 erwirtschafteten die USA 40 Prozent des globalen Bruttosozialprodukts.[7] Die Spitzensteuersätze waren hoch, die Einkommensungleichheit war relativ niedrig, fast ein Drittel der Arbeitnehmer war gewerkschaftlich organisiert, der Besuch der Universitäten fast umsonst. Der politische Konsens fußte auf einer engen Verflechtung von Wirtschafts- und Politik-Elite (1956 thematisiert in dem berühmten Buch *The Power Elite* von C. Wright Mills), die man in Deutschland später Deutschland-AG nennen wird.[8] Auch kulturell war die klassische Wasp-Elite (weiß-angelsächsisch-protestantisch) des Nordostens noch weitgehend unter sich. Entsprechend war die Politik der damaligen Zeit: »moderat«, reformerisch, konservativ mit kleinem k. Es gab wenig Unterschiede zwischen den Parteien: Der Republikaner Eisenhower tastete den Sozialstaat nicht an, und der Demokrat Kennedy führte den Kalten Krieg mit äußerster Härte. Beide Parteien waren prinzipiell für mehr Gleichstellung von Schwarzen – aber langsam und reformerisch und vor allem nicht im Süden, wo das zu harten Konflikten führen würde.

Nur in den Exzessen des Antikommunismus, den man mit dem Namen McCarthy verbindet, zeigte sich schon der paranoide Autoritarismus, der später die US-Rechte prägen würde. Das »Komitee für unamerikanische Umtriebe« des Repräsentantenhauses (House Committee on Un-American Activities), das vom damals noch relativ unbekannten Abgeordneten Richard Nixon geleitet wurde, verfolgte die abstrusesten Theorien, denen zufolge etwa das Außenministerium bis in die Spitze von kommunistischen Verrätern durchsetzt sei.[9] Im Zuge dieser Hexenjagt wurden unzählige Menschen verfolgt, gefeuert oder auf »schwarze Listen« gesetzt, weil sie als Kommuni-

---

7 https://www.forbes.com/sites/mikepatton/2016/02/29/u-s-role-in-global-economy-declines-nearly-50/#4a26fc655e9e . »Gross national product (GNP), which measured all goods and services produced, skyrocketed to $300 billion by 1950, compared to just $200 billion in 1940. By 1960, it had topped $500 billion, firmly establishing the United States as the richest and most powerful nation in the world. New car sales quadrupled between 1945 and 1955, and by the end of the 1950s some 75 percent of American households owned at least one car. In 1965, the nation's automobile industry reached its peak, producing 11.1 million new cars, trucks and buses and accounting for one out of every six American jobs.«

8 »Firms were linked together by director interlocks, centered on the largest banks. The ability of corporate managers to pursue their own interests, rather than act as fiduciaries of their shareholders and workers, was hemmed in by their dependence of on banks for financing and by a web of government regulations that stymied their capacities to alter the shares of income that went to owners, managers, and workers.« Lachmann, 246.

9 Lütjen, 27.

sten oder als Homosexuelle galten, was in den Augen ihrer Verfolger mehr oder weniger dasselbe war.[10] Auch die Gewerkschaften wurden von Kommunisten und Sozialisten gesäubert. Der »Klassenkompromiss« der Nachkriegszeit wurde durch die Verfolgung der radikalen Linken zusammengehalten.

Dennoch ist die Nachkriegszeit die idyllische »Normalität«, nach der – bewusst oder unbewusst – alle politischen Strömungen in den USA streben: Die Linken wollen den damals angeblich bestehenden Klassenkompromiss und die starken Gewerkschaften zurück, die Konservativen wollen zurück in die Zeit vor der kulturellen Revolution der Sixties, und die Liberalen träumen vom damaligen breiten politischen Konsens und dem gemäßigten langsamen Fortschritt, der angeblich stattfand. Moderate Demokraten, aber auch manche Republikaner, beschwören noch immer diesen Geist einer ihrer Meinung nach »gesunden« Politik: unideologisch und ohne die extreme parteipolitische Spaltung, die heute die amerikanische Politik prägt. Die Parteien waren damals intern ideologisch noch sehr pluralistisch. Es gab »liberale« Republikaner, und in der Demokratischen Partei koexistierten die rassistischen Dixiecrats aus den Südstaaten mit den Gewerkschaften und den Liberalen.

Besonders kenntlich war dieser post-ideologische Liberalismus unter Kennedy, der in erhabener Rhetorik davon sprach, dass alle politischen Kämpfe beendet seien und alle sozialen Probleme durch kühles technokratisches Management gelöst werden könnten: »Die meisten der Probleme, die sich uns stellen, sind technische Probleme, Verwaltungsprobleme. Es geht um anspruchsvolle Entscheidungen, die nicht zu den ›leidenschaftlichen Bewegungen‹ passen, die unser Land in der Vergangenheit aufwühlten« (1962). Dieses Zitat hätte auch von Obama stammen können. Doch 1962 war es genauso falsch wie 2008, was die folgenden Jahre zeigten.

In den Sechzigern explodierten die Widersprüche, die durch den liberalen Konsens zugedeckt worden waren, und es zeigte sich, dass die soziale Stabilität der Nachkriegszeit auf zahlreichen Lügen basierte. Zuerst traten die Afroamerikaner auf den Plan, die es schafften, unter den widrigsten Umständen eine schlagkräftige Massenbewegung auf die Beine zu stellen, um ihre Bürgerrechte zu erkämpfen. Martin Luther King ist inzwischen als so etwas wie das gute Gewissen der Nation in die versöhnliche Nationalerzählung der USA integriert worden. Doch er und seine Bewegung waren nichts dergleichen; sie legten sich mit der geballten Macht von Recht und Ordnung an und rüttelten

---

10 https://www.lrb.co.uk/the-paper/v28/n20/corey-robin/was-he-had-he .

an den Grundfesten der amerikanischen Gesellschaft. Als den Afroamerikanern mit dem Civil Rights Act 1964 und dem Voting Rights Act 1965 endlich formale Bürgerrechte zugestanden wurden, war das der verzweifelte Versuch des politischen Establishments, wieder für Ruhe und Ordnung zu sorgen.

Doch war das nur der Auftakt der schwarzen Emanzipationsbestrebungen. Fünf Tage nachdem der Voting Rights Act verabschiedet worden war, ging das schwarze Ghetto Watts in Los Angeles in Flammen auf. In jedem Sommer brannten in den späten Sechzigern die Innenstädte zahlreicher amerikanischer Großstädte. Auslöser der *race riots* war meistens Polizeigewalt, ihr Hintergrund war die Tatsache, dass Afroamerikaner auch nach der Bürgerrechtsreform und gerade auch im Norden, wo es keine offizielle Apartheid gegeben hatte, eine geächtete Kaste am unteren Ende der Gesellschaft waren, rechtlos, verarmt, durch eine brutale Polizei in Schach gehalten. Die Bewegung der Schwarzen radikalisierte sich zusehends; der bedächtige Radikalismus Kings trat in den Hintergrund. Am Ende des Jahrzehnts war die Black Panther Party die wichtigste politische Organisation der Schwarzen – radikale, bewaffnete Sozialisten. Die Panthers hatten 5.000 Mitglieder und 45 Unterabteilungen im ganzen Land; 1971 verkauften sie jede Woche 250.000 Exemplare ihrer Parteizeitung.[11]

Parallel dazu war eine Massenbewegung gegen den Vietnamkrieg entstanden, die den antikommunistischen Konsens der Nachkriegszeit in Frage stellte. Hunderttausende demonstrierten gegen den Krieg, und auch die breite Bevölkerung betrachtete ihn zunehmend als deprimierendes Debakel, blutig und sinnlos. Die kulturelle Revolution der Sechziger war eng mit diesen beiden politischen Massenbewegungen verbunden. 1968 nahm zudem in den militanten Stonewall-Riots die moderne Bewegung der Homosexuellen ihren Ausgang, der Feminismus erfand sich radikal neu und begann, die patriarchalen Normen der Nachkriegszeit zu untergraben. Auch international war der amerikanische Imperialismus in der Defensive. Die Revolution in Kuba und der Vietnamkrieg waren nur die erfolgreichsten Beispiele einer globalen antikolonialen Bewegung, die sich zunehmend als Widerstand gegen den kapitalistischen Westen verstand. Gleichzeitig erfasste eine Streikwelle das Land.

Die amerikanische Gesellschaftsordnung sah sich belagert, umzingelt, von links und von unten angegriffen und grundsätzlich in Frage gestellt. Das prägt unser Bild von den Sechzigern als ein »linkes« Jahrzehnt. Doch ver-

---

11 Taylor, 199.

gisst man dabei leicht, dass der Nachkriegskonsens damals auch von rechts in Frage gestellt wurde. Die Sechziger waren die Geburtsstunde des Konservatismus als Massenbewegung.

In den vierziger und fünfziger Jahren hatte der Konservatismus überwintert und sich dabei kaum verändert; er basierte vor allem auf radikal-libertären Ideen wie denen Friedrich August von Hayeks, die von Think-Tanks wie dem American Enterprise Institute verbreitet wurden. Daneben gab es Zeitschriften wie die erwähnte »National Review«, die 1955 von William F. Buckley gegründet worden war, der lange Zeit als arroganter, aber unterhaltsamer Schnösel eine der beliebtesten politischen Talkshows des Landes moderierte, in der er sich Schlagabtausche mit Allen Ginsberg, Eldridge Cleaver oder Muhammad Ali lieferte. Buckley war ein äußerst konservativer Katholik. In seinem Magazin versuchte er eine Synthese des Marktradikalismus und des kulturellen Traditionalismus – der beiden Pole, die im US-Konservatismus immer in einer gewissen Spannung zueinander standen. Buckley war so rechts, dass er ganz selbstverständlich die Apartheid in den Südstaaten verteidigte, doch er versuchte auch, sich gegen bestimmte rechtsradikale Bestrebungen abzugrenzen, indem er etwa die allzu radikal-verschwörungstheoretische, antikommunistische John Birch Society aus dem Spektrum des Konservatismus ausgrenzte. Vor allem aber erfand Buckley die konservative Pose als kulturell-rebellischen Gestus gegen das »liberale Establishment«. Sein erstes Buch *God and Man at Yale* erzählt davon, wie er selbst als junger Mann gegen das dort angeblich herrschende linke Establishment kämpfte, das alle abweichenden (also: rechten) Meinungen unterdrücke. Manche Dinge ändern sich wohl nie.

Doch in der Republikanischen Partei spielte dieser radikale Konservatismus kaum eine Rolle, hier gab eine relativ liberale Ostküsten-Elite den Ton an – alteingesessene, wohlhabende Wasps, denen der Sinn nicht nach rechter Revolte stand. Dieses moderate Partei-Establishment wurde durch den relativ liberalen Republikaner Nelson Rockefeller aus New York personifiziert.

Als Rockefeller im Vorwahlkampf der Republikaner 1964 gegen Barry Goldwater verlor, war das ein Schock. Goldwater war ein rechter Populist aus der Provinz, aus Arizona, dem tiefsten Westen; gegen das Partei-Establishment hatte er sich mit Hilfe einer mächtigen aktivistischen Basisbewegung durchgesetzt. Er war ein waschechter Konservativer, der die reine Lehre der radikalen, wirtschaftsliberalen Antistaatlichkeit vertrat. Doch noch wichtiger war, dass er diese ideologischen Überzeugungen mit einem radikal-populistischen Stil verbinden konnte. Er inszenierte sich als Rebell aus dem

Westen und verschmolz den elitären Konservatismus mit amerikanischen Mythen, mit Individualismus und einem populistischen Ressentiment gegen die »verfeinerten« Eliten, die angeblich mit dem Wohlfahrtsstaat durch die Hintertür einen totalitären Sozialismus einführen wollten. Nahtlos verband er das mit einem hochmilitanten Kalte-Kriegs-Patriotismus: Er verachtete das amerikanische Establishment für seine angebliche läppische Schwäche im Angesicht des sowjetischen Vormarsches.

Goldwater galt damals als Extremist, ein wenig wie Trump – sein Erfolg inspirierte den bekannten Essay des Historikers Richard J. Hofstadter »The Paranoid Style in American Politics«, der nach 2016 oft herangezogen wurde, um Trump zu analysieren. Hofstadters Essay war vor allem Ausdruck des »Liberal Consensus«-Denkens: Er setzte linke und rechte Populisten insofern gleich, als er beiden irrationales Ressentiment attestierte. Damit befand er sich im Einklang mit dem moderaten Optimismus seiner Zeit, der gesellschaftliche Antagonismen verschleierte und ignorierte – vor allem die systematische Entrechtung der Afroamerikaner.

Hier lag Goldwaters zentrale politische Neuerung, mit der er sich vom moderaten Partei-Establishment absetzte: Er verteidigte die Apartheid in den Südstaaten. Zwar war er persönlich nicht für die Segregation und forderte sie also auch nicht für seinen Heimatstaat Arizona. Doch er stellte sich klar auf die Seite der weißen Südstaaten-Rassisten und lehnte etwa den Civil Rights Act ab – und zwar mit einer Rhetorik, die auch später noch für den US-Konservatismus typisch war: Es handele sich um eine Anmaßung einer tyrannischen Bundesregierung, gegen die die *states rights* der Bundesstaaten verteidigt werden müssten, also das Recht der einzelnen Bundesstaaten, selbst zu entscheiden, was für sie politisch opportun sei.[12]

Diese konkrete politische Machtfrage verliert man aus den Augen, wenn man den »paranoid style« nur als Effekt psychologischer Rückständigkeit betrachtet. Hofstadter selbst schrieb damals in der »New York Review of Books«, Goldwater vertrete gar kein politisches Programm im eigentlichen Sinne, er propagiere einen »Pseudo-Konservatismus«, der nur ein pathologischer Ausdruck der Statusunsicherheit seiner Anhänger sei. »Wann hat in unserer Geschichte je etwas so Bizarres, Archaisches, Wirres, das so weit von dem fundamentalen Konsens entfernt ist, es so weit gebracht?«[13]

---

12 Lütjen, 18.
13 Lütjen, 48.

Doch tatsächlich markierte Goldwaters Wahlkampf den Beginn des Konservatismus als Massenbewegung; er »hat die Republikanische Partei von einer elitären Ostküsten-Organisation in den Nährboden für Ronald Reagans Wahlsieg verwandelt«, wie Goldwaters Nachfolger als Senator von Arizona feststellte.[14] Dieser Nachfolger hieß John McCain, der später gerne als Gegenspieler Trumps und Vertreter des alten, »vernünftigen« Konservatismus porträtiert wurde. Goldwater verlor zwar 1964 die Präsidentschaftswahl gegen Lyndon B. Johnson, und die Konservativen mussten noch lange kämpfen, um endgültig die Macht in der Republikanischen Partei zu übernehmen und schließlich 1980 mit Reagan ins Weiße Haus einzuziehen. Aber – wie der konservative Kolumnist George Will schrieb: »Wir, die 1964 für ihn gestimmt hatten, glauben, dass er damals siegte – es dauerte nur 16 Jahre, bis die Stimmen gezählt waren.«[15] Zunächst musste aber eine Wählerbasis für diesen konservativen Siegeszug geschaffen werden. Diese historische Mission fiel Richard Nixon zu.

Die Nixon Coalition

Goldwater hatte bei den Präsidentschaftswahlen 1964 keine Chance. Nach dem Mord an John F. Kennedy gewann dessen Vizepräsident Lyndon B. Johnson die Wahl erdrutschartig. So überlebte in den späten Sechzigern noch eine liberale Hegemonie, sozusagen das letzte Hurrah des Nachkriegsliberalismus. Nach seinem Wahlsieg unterschrieb Johnson die Bürgerrechtsreformen, durch die die offizielle Apartheid endgültig aufgehoben wurde; er rief einen »Krieg gegen die Armut« aus und brachte unter dem Slogan der »Great Society« den letzten echten Ausbau des amerikanischen Sozialstaats auf den Weg. Diese Reformen waren ein Versuch, die Revolte der Afroamerikaner zu befrieden. Aus ihnen sprach die Angst, dass es ohne solche Zugeständnisse zu noch heftigeren Unruhen kommen würde, die die politische Stabilität gefährden könnten. 1964 machte Johnson das einigen Geschäftsmännern in einer Rede vor der Chamber of Commerce (Handelskammer) unmissverständlich klar: »Sollte eine friedliche Revolution (zur Bekämpfung der Armut) scheitern, ist ein gewaltsamer Wandel nicht zu verhindern.«[16]

Im April 1968 wurde Martin Luther King ermordet, der trotz seiner zunehmenden Radikalität für den friedlichen Kampf der Afroamerikaner

---

14 https://www.washingtonpost.com/wp-srv/politics/daily/may98/goldwater072894.htm .
15 https://www.washingtonpost.com/wp-srv/politics/daily/may98/will31.htm .
16 Taylor, 39 f.

stand. Im folgenden Sommer kam es zu den heftigsten Riots, die die USA im 20. Jahrhundert gesehen hatten. 110 Städte erlebten gewaltvolle Proteste. In Washington D. C. waren Tausende Menschen auf den Straßen, die Polizei verlor die Kontrolle, mehr als zehntausend Soldaten wurden eingesetzt, um gegen die Demonstranten vorzugehen und das Weiße Haus zu verteidigen. Allein in D. C. wurden 900 Geschäfte beschädigt und fast 700 Wohnungen zerstört.[17]

Auch die Antikriegsbewegung gegen den Vietnamkrieg füllte die Straßen Amerikas mit immer größeren Demonstrationen; bei dem »Kent State Massacre« erschoss die Nationalgarde vier Studenten an einer Universität in Ohio; während des Parteitags der Demokraten in Chicago kam es zu heftigen Ausschreitungen, die Polizei ging mit äußerster Gewalt gegen linke Demonstranten vor. Die Unruhen 1968 waren um einiges heftiger, als es die im Sommer 2020 sein würden.

Nixon inszenierte sich in diesem Kontext als Law-and-Order-Kandidat, der hart durchgreifen werde. Er grenzte sich zwar auch vom dritten Präsidentschaftskandidaten ab – dem offenen Verteidiger der Rassentrennung George Wallace, einem Demokraten. Doch vor allem versprach er, die Gesellschaftsordnung mit harter Hand zu verteidigen. In einem berühmten Fernsehspot Nixons ertönte nach einer mit bedrohlicher Musik unterlegten Zusammenstellung von Bildern brüllender Hippies, brennender Städte und auf der Straße liegender blutiger Leichen die Stimme Nixons, der sagte: »Das erste Bürgerrecht jedes Amerikaners ist es, von Gewalt befreit zu sein. Deshalb schwöre ich euch: Wir werden wieder Ordnung haben in den Vereinigten Staaten.« Ins Abschlussbild wurde ein Appell an die Wähler eingeblendet: »Wähle diesmal, als würde deine ganze Welt davon abhängen.«[18]

Nixon war der Kandidat all jener, die in den Sechzigern ihre Welt untergehen sahen. Er verkörperte die Anti-»60er« und richtete sich an die *silent majority*, die schweigende Mehrheit, die dem ganzen Tumult, den Studentenunruhen, den *race riots* und der afroamerikanischen Militanz, den radikalen Kriegsgegnern, den Hippies und der *counterculture* mit Entsetzen gegenüberstanden und ihr Land nicht mehr wiedererkannten. Nixon schaffte besser als jeder rechte Politiker vor ihm, was später zum Standardrepertoire aller erfolgreichen konservativen Politiker gehören sollte: Er unterfütterte

17 https://www.washingtonpost.com/graphics/2018/local/dc-riots-1968/ .
18 https://vimeo.com/224660754 .

konservative Gesellschaftspolitik mit Ressentiment und schürte die Wut der *silent majority* gegen die »liberalen Eliten« – ein Begriff, der heute bei US-Konservativen allgegenwärtig ist, damals aber von Nixon gewissermaßen erfunden wurde. »Liberale Eliten« – das meinte das gesamte »Establishment« (außer natürlich die herrschende Klasse, die Kapitalisten): die »liberalen Medien«, die Universitäten und all die kulturellen Eliten, die dem *radical chic* frönten und auf die »einfachen Spießbürger« herabschauten. Man erkennt darin den verdrehten Populismus, der heute noch die Rechte auszeichnet: Der Rassismus der weißen Vorstädte, die ihren Wohlstand gegen die »Unterklasse« der Afroamerikaner verteidigen wollten, wird gewissermaßen auf den Kopf gestellt und als Widerstand gegen eine »Elite« imaginiert.

Doch Nixon war kein »echter Konservativer«. In der Sozial- und Wirtschaftspolitik war er eher pragmatisch und zeigte keine Neigung zum neoliberalen Messianismus wie später Ronald Reagan; eigentlich interessierte ihn nur die Außenpolitik. Aber er schuf die Wählerkoalition, mit deren Unterstützung der Konservatismus in den folgenden Jahrzehnten seinen Siegeszug antreten konnte, und den populistischen, ressentimentgeladenen Politikstil, der diese Koalition zusammenhält. Wie es ein Berater Nixons ausdrückte: »Das ganze Geheimnis der Politik: zu wissen, wer wen hasst.«[19]

Nixons Sieg 1968 sortierte die amerikanische Politik von Grund auf neu. Er spaltete die New-Deal-Koalition der Demokraten und legte die bis heute gültigen Grundkoordinaten der amerikanischen Politik fest, in der die Republikaner die Mehrheit der Weißen und besonders die Südstaaten und den Südwesten, die Demokraten dagegen die liberalen Weißen und die »Minderheiten« vertreten. Das klingt aus heutiger Sicht logisch, doch zeichnete sich darin eine Revolution im amerikanischen Parteiensystem ab.

Bis dahin waren die amerikanischen Parteien keineswegs eindeutig ideologisch geordnet gewesen; es handelte sich bei ihnen um komplexe Bündnisse mit großen regionalen Unterschieden. Die Republikaner waren zwar tendenziell die Partei der konservativen Business-Elite, und die Demokraten wurden von den Gewerkschaften unterstützt. Doch bedeutete das nicht, dass die Demokraten eine sozialdemokratische Partei waren, wie es sie damals in Europa gegeben hat. Roosevelts »New Deal Coalition«, welche die sozialen Reformen der Dreißiger durchsetzte, bestand aus einer Allianz von liberalen Akademikern, Arbeitern und europäischen Migranten – aber eben

---

19 https://www.nybooks.com/articles/1990/07/19/the-politics-of-grievance/ .

auch aus den sogenannten Dixiecrats, den Demokraten der Südstaaten, die die rassistischen Interessen der dortigen Weißen vertraten.

Dass diese Koalition an der afroamerikanischen Bürgerrechtsbewegung zerbrechen würde, war nur eine Frage der Zeit. In den Sechzigern verlagerte sich aber auch in der Republikanischen Partei der Schwerpunkt der Macht, weg von der alten Nordost-Elite. Insgesamt verschob sich in der Nachkriegszeit die wirtschaftliche und demografische Entwicklung nach Westen. Gleichzeitig zogen Millionen Amerikaner in die neu entstehenden Suburbs, die die Kultur des Landes in den nächsten Jahrzehnten entscheidend prägen werden. Die »Suburbanization« der USA »bedeutete einen radikalen Lifestyle-Wandel«, schrieb David Harvey, und »veränderte auch die politische Landkarte. Das subventionierte Hauseigentum der Mittelschicht veränderte und individualisierte ihre Identitäten und verschob die Politik der Vorstädte hin zum republikanischen Konservatismus.«[20]

Der Lifestyle der Suburbs war wie für den libertären Konservatismus gemacht. Margaret Thatchers berühmte Behauptung, es gebe keine Gesellschaft, sondern nur Individuen und Familien, scheint auf amerikanische Vororte tatsächlich zuzutreffen: Man lebt dort in einer Familienmonade, einem kleinen privaten Reich, das vom Mann geführt und von der Frau verwaltet wird; öffentliches Leben, öffentliche Infrastruktur, öffentliche Institutionen gibt es kaum; die wichtigsten sozialen Organisationen sind die Kirchen; jeder baut sich sein eigenes kleines Reich, bewegt sich mit seinem privaten Auto; vom Staat kriegt man kaum etwas mit. In den Suburbs konnten die konservativ-kapitalistischen Mythen wachsen: Brave Angestellte konnten sich wie Frontiers-Pioniere fühlen, die einen radikalen Individualismus lebten, während die Regierung versuchte, ihnen ihr Geld wegzunehmen, um es an die Armen zu verteilen, die, so geht diese Erzählung, wegen persönlicher Defekte nicht in der Lage waren, ein freies und selbstverantwortliches Vorstadtleben zu führen – vor allem die Schwarzen in den verfallenden Innenstädten. Dass die gewaltigen staatlichen Interventionen der New-Deal-Zeit planvoll dafür gesorgt hatten, dass sich die weiße Mittelschicht ein solches Leben mit Auto und Vorstadthaus aufbauen konnte, gefördert durch allerlei Infrastrukturprojekte und üppige Subventionen, und dass besonders Afroamerikaner systematisch von diesen Subventionen ausgeschlossen worden waren, weshalb sie auch in den Sechzigern noch in den heruntergekommenen Innen-

20 Zitiert nach Taylor, 31.

städten eingepfercht waren[21] – das kommt in dieser ideologischen Weltsicht nicht vor.

Als sich der Nachkriegsboom schließlich dem Ende zuneigte und in den Siebzigern die wirtschaftliche Krise einsetzte, schlug sich dieser weiße, konservative Bevölkerungsblock auf die Seite des Kapitals. Auf Basis des Ressentiments der Vorstädte gegen die »Unterschichten« wurde erst Reagan gewählt und dann der neoliberale Umbau des amerikanischen Staates eingeleitet.

Konservatismus als Projekt der Re-Legitimisierung

Das, was sich in den Sechzigern zugetragen hat, kann man als eine große »Disziplinlosigkeit« beschreiben: Menschen trauten sich, die Gesellschaft und den für ihr Leben vorgeschriebenen Weg in Frage zu stellen. Diese Revolte war in vieler Hinsicht ein Produkt des gewaltigen Wirtschaftsbooms der Nachkriegszeit. Mit dem Wohlstand wuchsen die Erwartungen und die Ansprüche an die Gesellschaft. Und vor allem verschwand die Angst. Wenn sich heute jüngere Amerikaner über ihre düsteren unsicheren Lebensperspektiven beschweren, verweisen sie gerne auf die »Boomer«, die Nachkriegsgeneration, die es soviel leichter gehabt habe: Ein Studium war fast kostenlos, die Arbeitslosigkeit war niedrig, und vor allem gab es für junge Menschen, die damals zum ersten Mal in großer Zahl in die Universitäten strömten, Aufstiegs- und Jobchancen, von denen man heute nur träumen kann. Die Lässigkeit, mit der sich damals junge Studenten auf den politischen und kulturellen Radikalismus einließen, hatte viel mit diesem Grundgefühl der materiellen Sicherheit zu tun.

Doch nicht nur den Studentinnen ging es damals so, auch die Arbeiterklasse erlebte die Sixties. Man sprach vom *blue collar blues*: einer generellen Unzufriedenheit mit der monotonen Industriearbeit und dem eindimensionalen Leben, das sich daraus ergab. Für die sozialdemokratische Linke sind die sechziger und siebziger Jahre ein goldenes Zeitalter der sozialen Sicherheit. Das ist zwar nicht falsch, aber auch in den geregelten Verhältnissen des Nachkriegsfordismus war die Arbeit in der Fabrik die Hölle.

Auch die Arbeiter waren durch den enormen Wohlstandszuwachs mutiger geworden. Anfang der Siebziger herrschte praktisch Vollbeschäftigung, und sie litten immer weniger unter jener Existenzangst, die es braucht, um sich der Fabrikdisziplin zu unterwerfen. »Die Arbeitsdisziplin ist zusam-

---

21 https://www.theatlantic.com/magazine/archive/2014/06/the-case-for-reparations/361631/ .

mengebrochen«, hieß es 1970 in einem internen Bericht von General Motors. »Bei General Motors blieben täglich fünf Prozent der Arbeiter ohne stichhaltige Begründung der Arbeit fern«, schreibt Grégoire Chamayou in seiner Studie über diese Zeit. »Montags und freitags verdoppelte sich diese Quote. Im Sommer konnte sie in manchen Werken auf bis zu 20 Prozent steigen. ›Wie sieht das so aus, ein Montag, im Sommer, in der Fabrik?‹, fragte man 1973 einen Automobilarbeiter. ›Keine Ahnung, ich bin montags noch nie dagewesen.‹ ›Wie kommt es, dass Sie nur vier Tage in der Woche arbeiten?‹, fragte man einen zweiten. Antwort: ›Weil ich in drei Tagen nicht genug zum Leben verdienen würde.‹ ... Die Fabrik? ›Das ist wie in der Zelle‹, äußerte sich ein weiterer – ›mit dem Unterschied, dass du im Knast mehr Freizeit hast‹.«[22]

Begleitet wurde dieser alltägliche Bummelstreik von einer jahrelangen Streikwelle. Von 1967 bis 1974 gab es in den USA jedes Jahr 5.200 Streiks. Eine wichtige Rolle spielten dabei öffentliche Angestellte wie die Sanitation Workers (Müllwerker) in Nashville, deren Streik Martin Luther King unterstützte, als er ermordet wurde. Ein Großteil dieser Arbeiterinnen war schwarz; der öffentliche Dienst war für Afroamerikaner oft die einzige Möglichkeit, stabile Jobs zu kriegen. Am größten Streik jener Zeit waren 200.000 Postangestellte in über 30 Städten beteiligt. Nixon schickte die Nationalgarde, um sie zu ersetzen, musste aber bald nachgeben. »Die Autorität der Regierung wurde in Frage gestellt und das Wohlbefinden von Unternehmen, Institutionen und Individuen in Gefahr gebracht«, urteilte das »Time-Magazin« düster.[23] 1971 fasste Lewis Powell, der Vizepräsident der United States Chamber of Commerce, die Lage in einem als »Powell Memo« berühmt gewordenen Appell zusammen: »Kein denkender Mensch kann bezweifeln, dass das amerikanische Wirtschaftssystem einem breitangelegten Angriff ausgesetzt ist«, schrieb er. »Dieser Angriff auf das Unternehmertum erfolgt auf breiter Basis und wird konsequent geführt. Er gewinnt an Dynamik und neuen Anhängern.«[24]

In den Siebzigern verbreitete sich ein allgemeines Krisengefühl, das sowohl von der *silent majority* als auch von den politischen und wirtschaftlichen Eliten geteilt wurde. Die stetig zunehmenden Angriffe auf das »amerikanische Wirtschaftssystem« standen aus Sicht der Konservativen im Kontext

---

22 Chamayou, 23.
23 Taylor, 58.
24 Chamayou, 107.

einer in den Sechzigern jedenfalls in den Medien hegemonial gewordenen Gegenkultur, die den amerikanischen Institutionen grundsätzlich feindselig gegenüberstand. Vom Literaturkritiker Lionel Trilling stammt der Begriff der *Adversarial Culture* (Negativkultur),[25] die bei westlichen Intellektuellen verbreitet sei, welche ein grundsätzlich antagonistisches Verhältnis zur Gesellschaft, zu ihren Werten und Traditionen hätten.

Powell sprach für eine Elite, in deren Augen die gesellschaftliche Ordnung durch den progressiven Zeitgeist gefährdet wurde, auch weil dieser die Minderheiten in ihren maßlosen Forderungen nach Gerechtigkeit ermutigte. Dieser Konflikt verschärfte sich, als ab den späten Sechzigern der Nachkriegsboom endete. Der Keynesianismus, der ihn befördert hatte, verlor an Überzeugungskraft, und der Verteilungsspielraum, der die Sozialreformen der Johnson-Regierung möglich gemacht hatte, ging verloren. Besonders betroffen war die afroamerikanische Bevölkerung in den großen Städten. Seit Jahrzehnten waren Millionen Schwarze vom Süden in die großen Städte gezogen, um der erdrückenden ländlichen Apartheid zu entkommen. Vor allem seit 1924 die Einwanderung drastisch eingeschränkt worden war, wurden sie in den Industriezentren als billige Arbeitskräfte gebraucht. Doch bereits ab den Fünfzigern setzte in den großen Städten eine De-Industrialisierung ein. Traditionelle Industriestädte im heutigen Rustbelt wie Detroit oder Cleveland begannen ihren langen Abstieg.

Die afroamerikanische Bevölkerung in den großen Städten war oft nur eine Generation von der auch im 20. Jahrhundert quasi rechtlosen Feldarbeit in den Südstaaten entfernt, sie hatte keinerlei Vermögen, keine Ressourcen, kaum Zugang zu Bildungsinstitutionen und war systematisch von den Wohltaten des New-Deal-Staates ausgeschlossen, der in der Nachkriegszeit eine breite weiße Mittelschicht hatte entstehen lassen. Sie hatte kaum am großen Nachkriegsboom teilhaben können – und war ab den Sechzigern am stärksten von der einsetzenden De-Industrialisierung der klassischen Industriezentren betroffen.[26] Vor allem afroamerikanische Männer ohne formale Berufsausbildung hatten ab den Siebzigern mit Arbeitslosigkeit zu kämpfen. Während die urbanen Zentren wirtschaftlich den Bach runtergingen, setzte der *white flight* ein: Wohlhabende (und weniger wohlhabende) Weiße verließen die Städte und ließen sich in den Suburbs nieder. Zahlreiche Städ-

25 Ebd., 109.
26 Taylor, 93.

te, darunter auch Washington D.C., hatten bald eine mehrheitlich afroamerikanische Bevölkerung. Sie litten unter schwindenden Steuereinnahmen, die Häuser verfielen, die Kriminalität stieg.[27] In den folgenden Jahrzehnten wurde nichts unternommen, um dieser Entwicklung entgegenzuwirken; bis heute sind mehrheitlich afroamerikanische Viertel in vielen Städten von konzentrierter Armut und Gewalt geprägt.

In den siebziger Jahren stellte sich die Frage, wie man politisch mit dieser Armut, speziell der »schwarzen«, umgehen sollte. In den späten Sechzigern waren die *riots* noch Antrieb für Sozialreformen gewesen. Auch wegen der enormen moralischen Autorität der Bürgerrechtsbewegung waren viele Amerikaner damals noch bereit, einzugestehen, dass die Lage der urbanen schwarzen Unterschicht das Ergebnis struktureller Diskriminierung war. Im Zuge des konservativen Backlash setzte sich jedoch in den Siebzigern, auch dank der Arbeit neokonservativer Intellektueller, zunehmend die rechte Lesart durch, der zufolge die Probleme der verarmten Innenstädte vor allem von ihren Bewohnern herrührten. Armut wurde pathologisiert, die *underclass* wurde als sozialpsychologisches Problem betrachtet. Die urbane »Unterschicht« habe durch generationenüberdauernde Armut eine pathologische Kultur entwickelt, sei nicht mehr in der Lage, ein stabiles Familienleben zu führen, ihre Kinder zu erziehen und erfolgreich eine Arbeit auszuüben. Der Sozialstaat, so das konservative Narrativ weiter, verstärke diese kulturellen Probleme nur, weil er die Unterklasse in ihrer »Kultur der Abhängigkeit« bestätige. So wurde das rassistische Ressentiment der weißen Vorstädte zum Motor für die neoliberalen Angriffe auf den Sozialstaat, die mit Ronald Reagans Wahlsieg 1980 eingeleitet wurden.

Die politische Grundstrategie der Republikaner seit den Siebzigern wird oft als *southern strategy* bezeichnet. Sie bestand darin, bewusst das rassistische Ressentiment zu bedienen, um die von Nixon geschaffene Antibürgerrechtsbewegung zusammenzuhalten. 1981 beschrieb der republikanische Stratege Lee Atwater dieses Vorhaben so: »Du fängst in 1954 an und sagst ›Nigger, nigger, nigger‹. Aber ab 1968 kannst Du nicht mehr ›Nigger‹ sagen, es würde nach hinten losgehen, deshalb sagst du ›busing‹« – gemeint ist die Praxis, Schüler in andere Schulbezirke zu bringen, um die Segregation aufzuheben – »oder ›states rights‹ und so was, du wirst abstrakt. Jetzt redest du über Steuererleichterungen und so was, die streng auf der wirtschaftlichen

---

27 https://catalyst-journal.com/vol3/no3/the-economic-origins-of-mass-incarceration .

Ebene bleiben, aber ein Nebenprodukt davon ist, dass Schwarze dadurch mehr geschädigt werden als Weiße.«[28]

Ronald Reagan veranstaltete 1980 seinen ersten Wahlkampfauftritt in Neshoba County, Mississippi, das landesweit bekannt geworden war, weil dort 16 Jahre zuvor drei Bürgerrechtsaktivisten vom Ku-Klux-Klan ermordet worden waren. Reagan sagte dort unter anderem: »I believe in states rights.« Das war eine augenzwinkernde Versicherung an die Rassisten: Wir verstehen uns. Doch so explizit machte es Reagan eher selten. Er verstand es, den Rassismus der Mittelschicht über ihren Wohlstandschauvinismus anzusprechen. Er erfand etwa die *welfare queen* als Feindbild, die, so Reagan, »80 Namen, 30 Adressen, 15 Telefonnummern benutzt«, um den Sozialstaat auszunehmen. »Sie verdient damit 150.000 Dollar im Jahr.«[29]

Mit derlei Hetzrhetorik konnten die Republikaner erneut die auf dem weißen Ressentiment basierende Wählerkoalition Nixons mobilisieren. 1980 stimmte auch die Mehrheit der gewerkschaftlich organisierten weißen Arbeiter für Reagan, obwohl die Gewerkschaftsführung davon abgeraten hatte. Und zum ersten Mal stimmten 1980 die meisten Amerikaner ohne Universitätsabschluss (das ist die Definition der *working class* in den USA) für einen republikanischen Kandidaten.[30] All das wurde 2016 bei Trumps Wahl als Novum entdeckt. Es war aber nur das Bekannte.

Ronald Reagan und die »Malaise« der Siebziger

In der Nachkriegszeit hatte die US-Wirtschaft einen beispiellosen Boom erlebt. Bis in die sechziger Jahre war das Wirtschaftswachstum stabil, die Arbeitslosigkeit niedrig, und der Lebensstandard der breiten Mittel- und Arbeiterschicht stieg konstant an. Die keynesianische Wirtschaftspolitik zielte darauf ab, einen Teil des wachsenden Wohlstands an die Bevölkerung umzuverteilen – durch Lohnzuwächse und Sozialstaatsausgaben. Diese Einhegung der kapitalistischen Wirtschaft war kein Problem, solange die amerikanischen Firmen enorm profitabel waren. Auch ließen neue technologische Entwicklungen ganz neue Marktfelder entstehen, die wachsende Mittelschicht kaufte Autos und Elektrogeräte wie nie zuvor. Damals dachte man, durch kluges keynesianisches Management die Widersprüche das Kapitalis-

28 https://www.thenation.com/article/archive/exclusive-lee-atwaters-infamous-1981-interview-southern-strategy/ .
29 Taylor, 51 f.
30 Lütjen, 86.

mus überwunden zu haben. Fortan würde es stabiles Wachstum, ausreichend Profite und wachsenden Massenkonsum gleichzeitig geben.

Doch dieses Arrangement geriet in die Krise, als in den Sechzigern die Profitabilität der amerikanischen Firmen zu sinken begann. Die steigenden Löhne standen plötzlich nicht mehr im Verhältnis zu den niedrigeren Profiten; auch wuchs die Konkurrenz auf dem Weltmarkt durch den Wiederaufstieg Deutschlands und Japans. In den Siebzigern hatten die westlichen Wirtschaften mit einer hohen Inflation zu kämpfen, die von einer gleichzeitigen wirtschaftlichen Stagnation begleitet war. Das Nachkriegsmodell war an seine Grenzen gestoßen. Das Kapital setzte schließlich auf einen Befreiungsschlag gegen Gewerkschaften und den Sozialstaat. Ein wichtiger Effekt war dabei der »Volcker Schock«: In den späten Siebzigern erhöhte der damalige Präsident der Zentralbank, Paul Volcker, radikal die Leitzinsen und löste damit eine Rezession aus, die die Wirtschaft im langfristigen Interesse des Kapitals neu ordnete. Volcker arbeitete dabei Hand in Hand mit Ronald Reagan, der mit aller Härte gegen streikende Arbeiter vorging. Dies habe einen »konstruktiven Effekt auf das Klima der Manager-Arbeiter-Beziehungen gehabt«, lobte Volcker.[31]

Damit begann die »neoliberale« Periode des US-Kapitalismus. Die Profite erreichten nie wieder die Höhen der Nachkriegszeit, stabilisierten sich jedoch.[32] Den Preis bezahlte die arbeitende Bevölkerung, deren Anteil am Gesamteinkommen seit 1980 stagniert. In der Nachkriegszeit waren die Einkommen in ihrer gesamten Breite durchweg gleichmäßig gestiegen, seit 1980 stiegen nur noch die großen Einkommen.[33]

Damals fühlten sich die Konservativen endlich am Ziel. Reagan ist oft, wie George W. Bush und sogar Donald Trump, intellektuell unterschätzt worden. Er war ein nur mäßig erfolgreicher Hollywood-Schauspieler, der perfekt den Politiker geben konnte, mit charmantem Lächeln und eingeübten sentimentalen Reden. Lange hatte er als professionelles Sprachrohr des Kapitals gearbeitet und für General Electric Lobbyarbeit erledigt. Aber er war auch ein ernsthafter Ideologe, ein echter Konservativer, der Hayek und andere konservative Klassiker studierte und zutiefst von seiner politischen Mission überzeugt war. Die »Bewegung« – die für den ideologisch kaum gefestigten

31 https://www.jacobinmag.com/2012/02/liberals-for-recession/ .
32 https://thenextrecession.wordpress.com/2016/10/04/the-us-rate-of-profit-1948-2015/ .
33 https://www.cbpp.org/research/poverty-and-inequality/a-guide-to-statistics-on-historical-trends-in-income-inequality .

Nixon wenig übrig hatte – erkannte in Reagan einen der Ihren. Er bediente all die hässlichen Ressentiments der konservativen Basis, verdeckte dies aber mit seinem Hollywood-Lächeln und einem grenzenlosen Optimismus. »It's Morning again in America« hieß 1984 ein berühmt gewordener Wahlkampfslogan Reagans. Er verband die Sehnsucht nach der guten alten Nachkriegszeit, als in Amerika noch alles im Lot war, mit kalifornischer Zuversicht.

Die Wirtschaftskrise war nur ein Aspekt der »Malaise« der Siebziger. Als 1979 die Islamische Revolution im Iran ausbrach, das amerikanische Botschaftspersonal als Geiseln genommen wurde und die USA nicht in der Lage waren, es zu befreien, sondern sich von Amerika-hassenden Mullahs vorführen ließen, war das nur das i-Tüpfelchen auf einem Jahrzehnt der nationalen Demütigung. Der Vietnamkrieg endete 1975 in einer auch moralischen Niederlage: Die globale, antikommunistische Mission des Kalten Krieges, die die meisten Amerikaner noch in den frühen Sechzigern für richtig gehalten hatten, bekam Kratzer, war beschmutzt, eine Schande gar. Auch gab es in den Siebzigern eine Reihe von Untersuchungen des Parlaments zum Verhalten der amerikanischen Geheimdienste, die in den USA die linke und besonders die afroamerikanische Opposition überwacht, eingeschüchtert und mit brutalen Mitteln bekämpft hatten. Im Ausland war man noch brutaler vorgegangen, hatte demokratische Regierungen gestürzt, ausländische Politiker ermordet und antikommunistische Schlächter und Diktatoren an die Macht gebracht oder an der Macht gehalten, ob in Chile, im Iran oder in Indonesien.

Ob man nun – aus liberaler Perspektive – bestürzt und abgestoßen von der Brutalität des eigenen Landes oder – aus konservativ-patriotischer Sicht – angeekelt war, weil die USA sich in Vietnam hatten geschlagen geben müssen und »einfach nicht mehr gewinnen«, wie Trump es später ausdrückte – in den Siebzigern fühlte es sich einfach nicht mehr so gut an, Amerikaner zu sein. »Skeptizismus und Zynismus breiteten sich aus; daraus entstand etwas, das bedrohlicher war als organisierte Opposition: eine Kultur tiefen Misstrauens«, schrieb der Historiker Greg Gandin. Unter Reagan sollte all das ungeschehen gemacht werden: »Die neue Rechte schaffte eine bemerkenswerte moralische Restauration, eine post-Vietnam-Weihe der Mission, die viele für dauerhaft entweiht hielten.«[34]

---

34 Gandin, 218 f.

Auch innenpolitisch wurde mit Reagan gewissermaßen das »Vietnam-Syndrom« überwunden, wenn man das Gefühl der wirtschaftlichen Eliten und der weißen Mittelschicht, sich seit den sechziger Jahren kulturell und politisch in der Defensive zu befinden, so beschreiben will. Mit Reagan konnten sie zurückschlagen. Dem großen Streik der Fluglotsen 1981, bei dem unter anderem eine 32-Stunden-Woche gefordert wurde, widersetzte sich Reagan mit aller Macht; er setzte sogar Soldaten ein, um die streikenden Arbeiterinnen zu ersetzen. Auch der Sozialstaat wurde attackiert: Die Arbeitslosenversicherung, das Food-Stamp-Programm, über das sich besonders bedürftige Arme Essen kaufen konnten, die Sozialhilfe für Familien, 300.000 Jobs in einem Jobprogramm der Bundesregierung, das Programm für Schulessen, das bedürftige Kinder unterstützte – all das wurde unter Reagan drastisch zusammengestrichen.[35]

Mit Reagan fühlten sich die Konservativen am Ziel, und sie haben das Land wirklich umgepflügt. Die enorme Brutalität des amerikanischen Kapitalismus, die fast endgültig besiegten Gewerkschaften, die krasse Armut, die Obdachlosigkeit, die Hunderttausenden Gefängnisinsassen, die monströsen Militärausgaben, die immer weiter gesenkten Steuern, der völlig ausgehöhlte Sozialstaat – all das, was zur sozialen Realität der amerikanischen Gegenwart wie selbstverständlich dazugehört, hat in der neoliberalen Reagan-Revolution seinen Ausgangspunkt.

Der konservative Siegeszug prägte das Land weit über Reagans zwei Amtszeiten hinaus. Ein neuer politischer Konsens entstand, dem sich auch die Demokraten anschlossen, die gewissermaßen den Schwanz einzogen und akzeptierten, dass nun Nixons schweigende Mehrheit das Sagen hatte. Ganz besonders tat sich damit Bill Clinton hervor, der ab den späten Achtzigern unter dem Banner der »New Democrats« bewusst versuchte, seiner Partei das Image einer progressiven »Minderheitenpartei« auszutreiben. Während des Präsidentschaftswahlkampfs 1992 legte Clinton Wert darauf, in seinen Heimatstaat Arkansas zurückzufliegen, um als Gouverneur der Hinrichtung eines geistig behinderten Afroamerikaners beizuwohnen. Die wichtigsten legislativen Hinterlassenschaften seiner Präsidentschaft waren die drakonische Strafrechtsreform von 1994 und die nicht minder drakonische Sozialhilfereform von 1996, mit der er nach eigener Auskunft »Sozialhilfe, wie wir sie kennen, abschaffen« wollte. Beide Reformen waren von einem kaum

---

35 Taylor, 93.

verhüllten, gegen die »schwarze Unterschicht« gerichteten Rassismus begleitet, und sie trafen auch genau diese Bevölkerungsgruppe am härtesten.

Ambivalenzen

Als die Nachkriegsidylle in den Sechzigern implodierte, betrat der Konservatismus als Massenbewegung die Bühne. Er war (und ist) die Ideologie der weißen, relativ privilegierten Masse, die ihre Lebenswelt zahlreichen Feinden und Bedrohungen ausgesetzt sieht, gegen die sie sich zur Wehr setzen müsse. Die Geschichte der US-Konservativen in den folgenden Jahrzehnten lässt sich auf drei Arten beschreiben.

Erstens, als Erfolg: Sie haben den korporatistischen New-Deal-Kompromiss zerstört, haben die sozial- und wirtschaftspolitischen Standards weit nach rechts verschoben und die Emanzipation der schwarzen »Unterklasse« zwar nicht gänzlich verhindert, aber doch eingehegt.

Zweitens, als Scheitern: Der konservative Kulturkampf gegen die »Sixties« und all die Emanzipationsbewegungen, die damals ihren Ausgang nahmen, war ein Rückzugsgefecht. Gegen die permissive Massenkultur kamen die Konservativen nie an, und auch das Prinzip der »Antidiskriminierung« hat sich weitgehend durchgesetzt. Rassisten, Sexisten, Traditionalisten und *white supremacists* sind zwar nicht besiegt, stehen aber gesamtgesellschaftlich zunehmend auf verlorenem Posten.

Drittens, als Kontrollverlust: Der rechte Populismus, der Hass auf die Eliten und die Irrationalität sind schon immer der Antriebsstoff der konservativen Bewegung gewesen. Doch wurde sie lange Zeit durch eine staatstragende konservative Politik-Elite kontrolliert. Mit der Zeit aber entwickelte sie eine enorme Dynamik. Ab den Neunzigern radikalisierte sich der rechte Nationalismus, und in der Präsidentschaftswahlkampagne 2015/16 befreite er sich vom Gängelband und lernte laufen.

Rise to Globalism

Donald Trump ist ein Produkt dieser konservativen Tradition – wer wollte das bestreiten? Aber er attackierte auch die zentralen Dogmen der Republikanischen Partei, gerade was deren Vorstellung von Amerikas Rolle in der Welt anging. *Rise to Globalism* (Aufstieg zum Globalismus) heißt ein bekanntes Geschichtsbuch von Stephen E. Ambrose und Douglas G. Brinkley, das beschreibt, wie die USA nach dem Zweiten Weltkrieg ein weltweites politisches Projekt verfolgten, mit dem sich die Republikanische Partei enthusiastisch identifizierte: Die USA hatten sich eine ständige Armee zugelegt, um nach dem Zweiten Weltkrieg den Kommunismus in Schach zu halten und die Rolle als imperialistische Macht im Nahen Osten von Großbritannien zu übernehmen. Sie hatten Europa wirtschaftlich und politisch in das westliche Lager integriert und nach und nach eine internationale, letztlich globale, liberalkapitalistische Wirtschaftsordnung mit den westlichen Staaten in ihrem Zentrum aufgebaut. So wurde der amerikanische Nationalismus mit dem Internationalismus versöhnt. All das stellte Trumps Losung »America First« in Frage.

Dabei fällt leicht unter den Tisch, dass keiner der politischen Trends, auf die sich Trump stützte, wirklich neu war. Eine rechte Tradition gegen internationalistische Weltpolitik hatte es schon immer gegeben. Vor dem Zweiten Weltkrieg hatte das America First Committee eine Kampagne gegen den amerikanischen Kriegseintritt organisiert. Auch in der Bush-Ära gab es »antiinterventionistische« konservative Strömungen, die sich in Opposition zu den Neokonservativen sahen, etwa bei dem Magazin »The American Conservative« oder bei in diesem Sinne agierenden rechtslibertären Politikern wie Ron Paul.

Ähnlich umkämpft war der Freihandel: In den Neunzigern gab es nicht nur eine linke, sondern auch eine rechte Antiglobalisierungsbewegung. Pat Buchanan, der 1992 und 1996 erfolglos versuchte, republikanischer Präsidentschaftskandidat zu werden, stand in dieser paleo-konservativen, nationalistischen Tradition. Sie stand gegen Einwanderung, Freihandel und interventionistische Außenpolitik. »Freihandel befindet sich im freien Fall«, warnte bereits 2007 eine Broschüre des neoliberalen Think-Tanks Third Way mit dem Titel *Why Lou Dobbs Is Winning*.[36] »Neopopulisten«, die »die Globa-

---

[36] http://content.thirdway.org/publications/90/Third_Way_Report_-_Why_Lou_Dobbs_Is_Winning_-_Problems_with_Current_Approach_to_Free_Trade_--_web_version.pdf .

lisierung bekämpfen und Amerika isolieren« wollten, gewännen zunehmend an Land, und die Bevölkerung lehne Freihandel bereits mehrheitlich ab. Dahinter stehe ein grundsätzlicher ideologischer Angriff auf die Globalisierung. Ein Beispiel sei der Fernsehjournalist Lou Dobbs, ein »neopopulistischer Alarmist«, der auf CNN Stimmung gegen Freihandel und Einwanderung machte. Heute ist Dobbs auf Fox News einer der treuesten Fernseh-Paladine Trumps.

Bis 2016 hatten diese Tendenzen aber wenig Erfolg. Gegen sie stand ein parteiübergreifender Konsens, der Freihandel und amerikanische Weltmacht als die Basis amerikanischer Interessen in der Welt verstand. Warum dieser Konsens lange so unangefochten war und warum er seit dem Ende des Kalten Krieges zunehmend erodierte und schließlich 2016 zusammenbrach – um das zu verstehen, hilft es, einen Blick zurück auf die Zeit nach Ende des Kalten Krieges zu werfen.

Am 27. Januar 1991 sang Whitney Houston vor über 70.000 fahnenschwenkenden Fans den patriotischen Song »Star Spangled Banner«. Es war das Super-Bowl Football-Finale, aber es war auch ein von ganz Amerika am Fernsehapparat verfolgtes patriotisches Fest: Auf dem Höhepunkt der Hymne (dem ekstatischen »in the land of the free and the home of the braaave«) flogen F-16-Kampfflugzeuge über das Stadion, Soldaten in Uniform salutierten der Sängerin. Zehn Tage zuvor hatte die amerikanische Luftwaffe begonnen, den Irak zu bombardieren.

Der erste Golfkrieg war für die USA ein nationaler Triumph. Sie hatten nach dem Kalten Krieg ihre Rolle als Ordnungsmacht im Nahen Osten verteidigt, sie hatten problemlos eine internationale Koalition versammelt, und als es dann zum Krieg kam, waren die amerikanischen Verluste minimal, der Sieg eindeutig. »Bei Gott, wir sind das Vietnam-Syndrom endgültig losgeworden!«, kommentierte der damalige Präsident George Bush. Lange bevor der Begriff von Verschwörungstheoretikern aufgenommen wurde, sprach Bush angesichts dieses Beweises amerikanischer Führungsmacht von einer »Neuen Weltordnung«. »Pax Americana« und »Unipolarität« waren andere Konzepte, mit denen die amerikanische Hegemonialstellung nach dem Zusammenbruch der Sowjetunion beschrieben wurde.

Doch waren die neunziger Jahre außenpolitisch weder die Zeit der »Friedensdividende« noch der großen strategischen Würfe. Weltpolitik bedeutete, eine sichere Verwahrung der ehemals sowjetischen Atomsprengköpfe zu verhandeln und in der Krise in Somalia zu intervenieren. Die aus amerikanischer Sicht demütigenden Bilder der Niederlage von Mogadischu im Herbst

1993, als Milizen amerikanische Kampfhubschrauber vom Himmel schossen und die toten Soldaten vor laufenden Kameras durch die Straßen schleiften, bildeten so etwas wie das Gegenstück zum Triumph von »Desert Storm«. Doch der Kosovokrieg Ende der Neunziger demonstrierte erneut die militärische Dominanz der USA und stärkte ihre Rolle als Führungsmacht der Nato.

Bill Clinton wollte die Vertiefung und Ausweitung des westlichen Modells zum bestimmenden Thema seiner Außenpolitik machen: Die »Clinton-Doktrin« wurde unter dem Begriff des *democratic enlargement* gefasst. Ein Berater Clintons erklärte die Ziele der Doktrin folgendermaßen: Die USA wollten die Gemeinschaft der »marktwirtschaftlichen Demokratien« stärken, mehr marktwirtschaftliche Staaten schaffen, »alle Aggressionen von demokratiefeindlichen Staaten bekämpfen und auf deren Liberalisierung« sowie auf die Etablierung von »Demokratie und Marktwirtschaft« in den Krisenregionen der Welt »hinwirken«.[37] Basis dieser neuen amerikanischen Weltpolitik sollte die Ökonomie sein, ihr oberstes Ziel die Etablierung von weltweitem Kapitalismus und Freihandel. »Die Grenze zwischen Innen- und Außenpolitik verschwindet zunehmend – wir müssen uns aktiv im Ausland einsetzen, wenn wir ausländische Märkte öffnen und Arbeitsplätze für unser Volk schaffen wollen«, schrieb Clinton in einem Strategiepapier 1994.[38]

Es war das heroische Zeitalter der Globalisierung, und die USA begannen als erste, Industrieproduktion nach Mexiko und Asien zu verlagern. 1994 wurde – gegen den Widerstand der amerikanischen Industriegewerkschaften und Teilen der Demokratischen Partei – die Nordamerikanische Freihandelszone Nafta (North American Free Trade Agreement) etabliert. Im gleichen Jahr wurde in der Uruguay-Runde das Gatt-Abkommen (General Agreement on Tariffs and Trade) ratifiziert; damit wurden weltweit Zölle um 744 Milliarden Dollar gesenkt. Und schließlich wurde die Welthandelsorganisation (World Trade Organization, WTO) gegründet, deren Ziel es ist, unter Einbindung aller kapitalistischen Staaten der Welt auf eine globale Freihandelsordnung hinzuarbeiten. Gleichzeitig versuchte Clinton, die wachsenden asiatischen Märkte in einer Freihandelszone zu vereinigen und besonders die geschützten japanischen Märkte für amerikanische Exporte und Investitionen zu öffnen.[39]

---

37 Ambrose/Brinkley, 407.
38 Zitiert nach ebd., 410.
39 Ebd., 413.

Länder der »Dritten Welt«, die mit Schuldenkrisen und De-Industrialisierung zu kämpfen hatten, konnten sich nach dem Untergang der Sowjetunion nur noch an einen Block der Geldgeber richten. Der »Washington Consensus« wurde zum Schlagwort für die Reformagenda, die vielen dieser Länder von der Weltbank und dem Internationalen Währungsfonds oktroyiert wurde: Öffnung für Auslandsinvestitionen, Privatisierung der Staatsbetriebe, Handelsliberalisierung, Abbau von Subventionen und Sozialprogrammen, freie Wechselkurse. Die ganze Welt schien sich dem westlichen Kapital zu öffnen. Sogar das kommunistische China wurde nun endgültig in die Weltwirtschaft integriert. Schon seit den Achtzigern waren dort amerikanische Konzerne aktiv, aber um die Geschäfte auf eine stabile Basis zu stellen, brauchte es eine politische Übereinkunft zwischen Washington und Peking. Als Bill Clinton 1993 China den »Most-Favoured-Nation-Status« zuerkannte, war das ein wichtiger Schritt auf diesem Weg. Damals lag die Niederschlagung der Proteste auf dem Platz des Himmlischen Friedens (Tianmen) nur vier Jahre zurück. Doch Clinton sah in vertieften Wirtschaftsbeziehungen gerade einen Schritt zur Demokratisierung Chinas – denn der Reformprozess habe, »auf eine gewisse Weise«, schon begonnen: »Eine aufstrebende chinesische Mittelschicht richtet die Antennen ihrer Fernseher nach HongKong, um CNN zu empfangen. Handys und Faxgeräte tragen implizit die Ideen von freierer Kommunikation in sich«,[40] ließ die Clinton-Regierung verlauten.

Auch bei der Osterweiterung von Nato und EU schien die Expansion des westlichen Modells erfolgreich zu sein. Es sollte bis zum Georgienkrieg 2008 dauern, bis die westliche Expansionsagenda in den post-sowjetischen Raum den ersten Rückschlag erfuhr – ein Vorgeschmack der viel schwerwiegenderen Ukraine-Krise seit 2014. Und 2008 war noch aus anderem Grund ein Wendepunkt in dem großen Projekt der amerikanischen Weltordnung: Im Irak tobte auch nach einer massiven Truppenaufstockung der Bürgerkrieg – alle Hoffnungen des Demokratie-Exports waren längst in Rauch aufgegangen. Auch die Weltfreihandelsagenda stockte: Die Verhandlungen der Doha-Runde zur Reform der WTO und zur Realisierung weltweiter Zollsenkungen, die auf die Uruguay-Runde hätte folgen sollen, brachen endgültig zusammen, nicht zuletzt, weil durch den industriellen Aufstieg Chinas die Karten auf der Welt neu gemischt wurden.

---

40 https://china.usc.edu/statement-president-clinton-most-favored-nation-status-china-1993 .

Die neunziger Jahre waren eine Boom-Ära, die längste wirtschaftliche Expansion des 20. Jahrhunderts, und an ihrem Ende schien sogar das Problem der Arbeitslosigkeit gelöst, dass die USA seit 1973 geplagt hatte. Doch unter der Oberfläche sind im Rückblick schon die Konturen der westlichen Wirtschaftskrise unserer Zeit erkennbar – eine Wirtschaft, die ihren Reichtum immer ungleicher verteilt, die langsamer wächst und in der anhaltend hohe Profite durch stetige Marktliberalisierung, Deregulierung, Outsourcing, Expansion des Kreditwesens, stagnierende Löhne und Sozialabbau immer wieder aufs Neue erkauft werden müssen. Auf die optimistischen Neunziger, in denen man noch glauben konnte, dass die neoliberalen Konzepte erfolgreich und dauerhaft für Wachstum sorgen würden, folgte das Platzen der Dotcom-Blase. Und wenige Jahre später erfasste die heftigste Wirtschaftskrise seit den dreißiger Jahren die USA. Sie enthüllte die Fragilität der Entwicklung der letzten Jahre.

Ein Effekt dieser schleichenden Stagnation war der Tod der Sozialdemokratie. Mitte-Links-Parteien entschieden sich in Zeiten des langsameren Wachstums dafür, neoliberal zu regieren, statt wie zuvor wenigstens einen Teil des wachsenden Kuchens für die Arbeiterschicht in Anspruch zu nehmen. Ihren Platz nahm immer mehr eine über Medien und Kulturfragen mobilisierende Rechte ein. 1994 eroberten die Republikaner unter der Führung von Newt Gingrich die Mehrheit im Kongress. Angefeuert von einer neuen rechtspopulistischen Medienkultur, die vor allem im »Talk Radio« massenwirksam zum Ausdruck kam, etablierten sie eine neue Art der aggressiven rechten Kampfpolitik. So bestimmten die Konservativen auch während der Präsidentschaft Bill Clintons die Agenda. »Wenige Figuren in der modernen Geschichte haben mehr zum Aufstieg Trumps beigetragen als Gingrich«, schreibt ein Journalist im Magazin »The Atlantic« im Rückblick aus dem Jahr 2018.[41] Seitdem, und im Grunde bis heute, befand sich die Demokratische Partei auf nationaler Ebene in der Defensive. Aus Bill Clintons Präsidentschaft wurde ein weiterer Triumph der Konservativen. Clinton erfüllte sein Versprechen, »den Wohlfahrtsstaat, wie wir ihn kennen, zu beenden«, und setzte eine drastische Kürzung der Sozialhilfe durch; seine drakonische Strafrechtsreform, führend vom damaligen Senator Joe Biden verantwortet, führte in der Folge zu einem massiven Anstieg der Gefängnispopulation.

---

41 https://www.theatlantic.com/magazine/archive/2018/11/newt-gingrich-says-youre-welcome/570832/ .

Im Rückblick erscheinen beide Reformen als zwei Antworten auf das gleiche Problem: Wie sollte man mit dem Teil der Bevölkerung umgehen, dessen Arbeitskraft nur noch sporadisch gebraucht wurde? Die Geografin Ruth Wilson Gilmore beschrieb 2007 in ihrem Buch *Golden Gulag – Prisons, Surplus, Crisis and Opposition in Globalizing California* die paradoxe Entwicklung des kalifornischen Gefängnissystems, in dem die Zahl der Insassen trotz sinkender Kriminalität und trotz der allgemeinen wirtschaftlichen Prosperität Kaliforniens von 1982 bis 2000 um fast 500 Prozent wuchs.[42] Betroffen von diesem landesweiten Trend waren vor allem Afroamerikaner. 2010 stellte Michelle Alexander in dem vielbeachteten Buch *The New Jim Crow* die These auf, das US-Justizsystem sei als politisches System der sozialen Kontrolle mit dem alten System der rassistischen Apartheid vergleichbar.[43]

Die Blase platzt

George W. Bush reklamierte für sich, er stehe für einen »barmherzigen Konservatismus«. Als er 2000 als Präsidentschaftskandidat antrat, erteilte er der internationalistischen Außenpolitik eine Absage und betonte, amerikanische Truppen sollten nicht eingesetzt werden, um in anderen Ländern *nation-building* zu betreiben. Es kam bekanntlich anders. Der Fall der zivilisatorischen Schranken dieser Jahre – die Legalisierung der Folter, die Ausweitung des Überwachungsstaats, der chauvinistische Diskurs über die »barbarische« muslimische Welt – setzten eine Brutalisierung in Gang, an deren Ende Trump stehen würde. Gleichzeitig untergrub das krachende Scheitern des *war on terror* im Irak und in Afghanistan den politischen Konsens, auf dem die bisherige US-Außenpolitik fußte.

Seine Ablehnung der Außenpolitik der Bush-Zeit war einer der wichtigsten Punkte, mit denen sich Trump 2015 von den übrigen republikanischen Kandidaten absetzte. »Wir haben 2 Billionen ausgegeben, mit denen wir unser eigenes Land hätten aufbauen können«, erklärte er bei einem Wahlkampfauftritt 2016. »Und statt dessen ist der Mittlere Osten ein Desaster.«[44] Gleichzeitig sprach er sich für die barbarischen – aber eben nur die barbarischen – Aspekte des *war on terror* aus: Er kritisierte die »politisch korrekte Kriegführung der USA« und versprach, die Familien von Isis-Terroristen töten zu

---

42 https://cominsitu.files.wordpress.com/2018/08/gilmore-ruth-wilson-golden-gulag-2007.pdf .
43 https://www.washingtonpost.com/business/2020/06/04/us-spends-twice-much-law-order-it-does-social-welfare-data-show/ .
44 https://www.realclearpolitics.com/video/2016/02/17/trump_on_iraq_how_could_we_have_been_so_stupid_one_of_the_worst_decisions_in_the_history_of_the_country.html .

lassen.[45] Auch erklärte er, dass er Waterboarding selbst dann unterstützen würde, »wenn es nicht funktioniert, denn die haben es verdient«; er werde noch viel schlimmere Foltermethoden wieder einführen.[46] Trump rechnete mit Bushs Kriegen ab, stand aber gleichzeitig für eine Fortsetzung vieler Tendenzen dieser Zeit. Bushs unilaterale Entscheidung für die Irak-Invasion, seine Missachtung der UN und der Genfer Konvention, die Aufkündigung des Anti-Ballistic Missile Treaty, die aggressive Politik gegen Iran und Nordkorea, die Nicht-Ratifizierung des Kyoto-Protokolls, die hurrapatriotische, nationalistische Rhetorik – das alles war gar nicht so untrumpisch.

Vergleicht man aber die großen außenpolitischen Linien, wie sie von Bush und von Trump formuliert worden sind, unterscheiden sie sich wie Tag und Nacht. Während Trump von den Grenzen und dem Scheitern der amerikanischen Außenpolitik sprach, sahen sich die USA zu Beginn des Jahrtausends noch als die »einzig verbliebene Supermacht«, eine Art »Hyperpower«, die in ambitionierten Kriegsprojekten versuchen konnte, die Welt neu zu ordnen. Bushs *freedom agenda* war das Versprechen, die bisherige internationalistische Außenpolitik noch entschlossener und aggressiver fortzusetzen. Das betraf nicht nur die *regime change*-Kriege im Irak und in Afghanistan, sondern auch die Osterweiterung von EU und Nato. In einem »Fact-Sheet« des Weißen Hauses von 2008 heißt es, die Bush-Regierung habe »die Entwicklung der Demokratie in Georgien und der Ukraine durch ihre Unterstützung von Zivilgesellschaft und demokratischen Aktivisten in der erfolgreichen Rosenrevolution in Georgien und der Orangenen Revolution in der Ukraine unterstützt und trägt weiter zur Entwicklung der Demokratie in diesen Ländern bei«.[47] Trump setzte diesem Selbstbewusstsein ein Ende. Dass er unentwegt von besseren Beziehungen mit Putin sprach, war in seiner Partei ein Skandal; es konnte aber viele seiner Wähler überzeugen, weil die *freedom agenda* in der Ukraine bereits in einen unlösbaren Krieg gemündet war.

Auch wirtschaftlich war die amerikanische Staatspolitik unter Bush noch das, was Trump später als »globalistisch« angreifen würde. Unter Bush wurde die Internationalisierung der Fertigungsketten weiter vorangetrieben. Die endgültige Öffnung Chinas, die zur geradezu symbiotischen Verbindung von »Chimerica« führen würde, vollzog sich in seiner Amtszeit. 2001 wurde Chi-

---

45 https://edition.cnn.com/2015/12/02/politics/donald-trump-terrorists-families/index.html .
46 https://www.washingtonpost.com/politics/trump-says-torture-works-backs-waterboarding-and-much-worse/2016/02/17/4c9277be-d59c-11e5-b195-2e29a4e13425_story.html .
47 https://georgewbush-whitehouse.archives.gov/infocus/freedomagenda/ .

na Mitglied der Welthandelsorganisation. Bis dahin hatte der US-Kongress jedes Jahr aufs Neue den »Most-Favoured-Nation-Status« Chinas abnicken müssen; jetzt waren die Wirtschaftsbeziehungen dauerhaft durch das Regelwerk der WTO geordnet.

Für amerikanische Unternehmen war die Produktion in China ein lukratives Geschäft, weniger aber für die amerikanischen Industriearbeiter. Man sprach vom »China-Schock«: Einige Ökonomen schätzten, dass zwischen 1999 und 2011 bis zu 2,4 Millionen Arbeitsplätze in den USA durch die chinesische Konkurrenz vernichtet wurden. Das habe zum allgemeinen schwachen Wachstum in dieser Zeit beigetragen: In den Jahren vor der Finanzkrise wuchs die Zahl der Arbeitsplätze nur noch um 0,9 Prozent jährlich, im Unterschied zu den 2,6 Prozent in den neunziger Jahren bis zur Dotcom-Krise. Während sich China als Weltexporteur etablierte, schritt die De-Industrialisierung in den USA voran, und die Beschäftigung in der fertigenden Industrie sank von 17,2 Millionen 1999 auf 11,4 Millionen im Jahr 2011.[48] Gleichzeitig wuchs das Außenhandelsdefizit besonders mit China scheinbar unbegrenzt, und damit auch die in China angehäuften Dollar-Devisen.[49]

Der industrielle Niedergang in den USA war oft lokal und regional begrenzt. Anstatt wie der ideale, endlos flexible Arbeitnehmer aus den ökonomischen Modellen in andere Branchen oder Regionen zu wechseln, blieben vor allem weniger qualifizierte Arbeiter oft vor Ort und rutschten in den Niedriglohnsektor oder die Arbeitslosigkeit ab: »Die Anpassung des Arbeitsmarkts an den Handelsschock war überwältigend langsam, die Teilnahme am Arbeitsmarkt blieb dauerhaft niedrig und die Arbeitslosenraten für mindestens ein Jahrzehnt erhöht«, schrieben Ökonomen in einer Studie von 2016.[50] Das ist die Realität der post-industriellen Gegenden, die es vor allem im Mittleren Westen, aber eben seit 2000 überall in den USA gibt.

Doch zunächst einmal wurde mit dem Globalisierungsmodell sehr viel Geld verdient: Amerikanische Konzerne profitierten von billigen, entrechteten Arbeitern in China und eröffneten eine Fabrik nach der anderen; die Exportunternehmen konnten Maschinen und dergleichen nach China liefern – und durchschnittliche Amerikaner konnten sich zumindest über ihre stagnierenden Einkommen mit billigen Produkten Made in China hinweg-

48 http://economics.mit.edu/files/11560 .
49 Siehe Crashed, 47.
50 http://chinashock.info/wp-content/uploads/2016/06/ChinaShockARE.pdf ; auf Seite 21 findet sich eine Karte der betroffenen Regionen.

trösten. Zwar knirschte und knarzte es in der US-Wirtschaft, aber zumindest für die Wohlhabenden waren die Bush-Jahre goldene Zeiten. Sie profitierten von drastischen Steuerkürzungen und einem Immobilienboom: Die Immobilienpreise verdoppelten sich in den zehn Jahren vor 2006 fast, das bedeutete einen Vermögenszuwachs für amerikanischen Haushalte von 6,5 Billionen Dollar. So konnte auch die große Mehrheit der Amerikaner, und letztlich die ganze Welt, am Wohlstand dieser trügerischen Aufschwungphase teilhaben. Denn der US-Immobilienmarkt war in dieser Zeit so etwas wie das Gravitationszentrum der Weltwirtschaft. »Nach einer Schätzung beträgt der Anteil der US-Immobilien am weltweiten (Immobilien-)Vermögen sage und schreibe 20 Prozent«, schreibt Adam Tooze über die Größenordnungen. »Amerikanische Eigenheime machen neun Prozent der Gesamtsumme (aller Vermögenswerte weltweit) aus. Zur Zeit der Krise besaßen 70 Prozent der amerikanischen Haushalte ein eigenes Zuhause – in Zahlen: über 80 Millionen. Die gleichen Haushalte waren für die Weltwirtschaft die größte Nachfragequelle. Im Jahr 2007 kauften amerikanische Verbraucher rund 16 Prozent der weltweiten Produktion, und nichts verlieh ihnen ein besseres Gefühl als steigende Immobilienpreise.«[51] In den Jahren 2000 bis 2007 wuchs die globale Nachfrage allein wegen des steigenden amerikanischen Konsums um 937 Milliarden Dollar.

Die Immobilien – die ja stetig an Wert zu gewinnen schienen – dienten als Sicherheit für eine gewaltige Kreditblase. Immer mehr Kapital aus der ganzen Welt floss in die USA, um den explodierenden Hypothekenmarkt zu finanzieren. Die Privatschulden der Amerikaner waren schon seit den Siebzigern stetig gewachsen; diese Entwicklung beschleunigte sich ab 2001, und direkt vor der Finanzkrise erreichten die Privatschulden mit 100 Prozent des Bruttosozialprodukts einen Rekordwert.[52] Die »Eigentumsgesellschaft«, die Bush ausgerufen hatte,[53] war in Wirklichkeit eine Schuldnergesellschaft, die sich beim Kollaps 2007 als unhaltbar erwies. Das Ergebnis war die größte Finanzkrise seit den zwanziger Jahren des letzten Jahrhunderts. Nur eine Generation nach dem Ende des Kalten Krieges schienen die USA wirtschaftlich und außenpolitisch in der Krise zu stecken.

51 Tooze, 57; https://pdf.euro.savills.co.uk/global-research/around-the-world-in-dollars-and-cents-2016.pdf .
52 https://fred.stlouisfed.org/graph/?graph_id=219975&category_id= .
53 http://www.nbcnews.com/id/6902224/ns/politics-state_of_the_union/t/bush-offers-ownership-society/#.XvjWUorgqUk .

Obama und die Tea Party

Wirtschaftskrise und republikanischer Widerstand

2008 gab es zwei Ereignisse, die zur Radikalisierung der US-Rechten und damit acht Jahre später zu Trumps Wahlsieg beitrugen: Zum einen wählten die Amerikanerinnen mit Barack Obama den ersten schwarzen Präsidenten ihrer Geschichte. Zum anderen geschah dies während der schwersten Wirtschaftskrise seit dem Zweiten Weltkrieg, in deren Verlauf Millionen Menschen arbeitslos wurden und fast zehn Billionen Dollar an Privatvermögen sich in Luft auflösten. Das traf besonders die Mittelschicht, die mit Aktien und Immobilien fürs Alter vorgesorgt hatte.[54]

Obama machte mit Themen Wahlkampf, die auch Trump später ausschlachten würde: Er positionierte sich gegen die Kriege, vor allem den im Irak, und seiner damaligen Rivalin im Vorwahlkampf, Hillary Clinton, warf er vor, Nafta unterstützt zu haben.[55] Als er die Wahl gewonnen hatte, war das ein ekstatischer Moment für Millionen von Amerikanern. Der lange Alptraum der Bush-Ära war vorbei, Aufbruchsstimmung lag in der Luft.

Andere sahen die Sache gelassener. Als Alan Greenspan, der frühere Vorsitzende der amerikanischen Zentralbank, vor der Wahl 2008 gefragt wurde, welchen Kandidaten er unterstütze, antwortete er: »Wir sind in der glücklichen Lage, dass, dank der Globalisierung, politische Entscheidungen in den USA größtenteils durch Marktkräfte ersetzt wurden. Abgesehen von National Security macht es kaum noch einen Unterschied, wer der nächste Präsident wird. Die Welt wird vom Markt regiert.«[56]

Obamas dringendste Aufgabe im Amt war die Stabilisierung des Finanzsystems und das Management der Wirtschaftskrise. Hunderte Milliarden Dollar mussten in die Banken gepumpt werden, um den Systemkollaps zu verhindern. Obama hatte viele Kabinettsmitglieder und Berater direkt aus der Finanzbranche rekrutiert, dementsprechend reibungslos lief dieser Pro-

---

54 »The crisis was the worst U.S. economic disaster since the Great Depression. In the United States, the stock market plummeted, wiping out nearly $8 trillion in value between late 2007 and 2009. Unemployment climbed, peaking at 10 percent in October 2009. Americans lost $9.8 trillion in wealth as their home values plummeted and their retirement accounts vaporized. In all, the Great Recession led to a loss of more than $2 trillion in global economic growth, or a drop of nearly 4 percent, between the pre-recession peak in the second quarter of 2008 and the low hit in the first quarter of 2009, according to Moody's Analytics.« https://www.washingtonpost.com/business/economy/a-guide-to-the-financial-crisis--10-years-later/2018/09/10/114b76ba-af10-11e8-a20b-5f4f84429666_story.html .
55 https://edition.cnn.com/2008/POLITICS/02/25/clinton.obama/index.html .
56 Tooze, 662 f.

zess.[57] Für die Banken war die Krise schnell überwunden,[58] die Bailouts (staatliche Rettungsmaßnahmen qua Schuldenübernahme) stützten das System, betrügerische Praktiken wurden kaum geahndet, und bald konnte es mit der Kapitalakkumulation weitergehen. Doch für die breite Mittelschicht war die Krise existenzbedrohend. Die Hauspreise brachen ein, und 2008 verloren amerikanische Pensionsfonds 23 Prozent ihrer Investments, das entsprach 5,4 Billionen Dollar.[59] Obwohl die wirtschaftliche Lage unter Obama stetig besser wurde, sank die Arbeitslosigkeit nur langsam. Der Begriff *jobless recovery* setzte sich durch. Hinter den bald wieder normalen Wachstumszahlen würde sich noch jahrelang eine schleichende soziale Krise abspielen.

Die Demokratische Partei, schrieb der ehemalige Nixon-Wahlkämpfer Kevin Phillips 1990 in der »New York Times« (»NYT«), sei die »zweit-enthusiastischste kapitalistische Partei der Geschichte«.[60] Das änderte sich auch nicht in den Jahren nach der Krise, die oft als neues *gilded age* bezeichnet wurde: Die soziale Ungleichheit war so hoch wie zuletzt 1928; überall im Land gab es Zeltstädte, massenhafte Obdachlosigkeit und Zwangsversteigerungen. Eine ganze Generation musste damals feststellen, dass sie es wirtschaftlich wohl nicht so gut haben würde wie ihre Eltern.

Während Obama vor allem versuchte, die wirtschaftliche Kernschmelze zu verhindern, richteten sich die Republikaner in einer Totalopposition ein, die sie für acht Jahre nicht aufgeben würden. Das entsprach der Stimmung der demoralisierten rechten Basis, geschah aber auch im Sinne vieler Unternehmer, die fürchteten, die Wirtschaftskrise könnte linke Reformen hervorbringen. Tatsächlich war Obama der erste liberale Präsident seit den Siebzigern, der von Steuererhöhungen sprach, den Klimawandel ernst nahm und nicht müde wurde, über die Nöte der ums Überleben kämpfenden Arbeiterschicht zu sprechen. Für die Rechten machte ihn das zum »Sozialisten«. Doch mit der Wirklichkeit hatte diese Etikettierung wenig zu tun. Schnell stellte sich heraus, dass Obama vor allem ein geschickter moderater Politiker war, der überhaupt kein Interesse daran hatte, die neoliberalen Grundlagen des Systems zu ändern. Statt seine Partei für eine Reformagenda zu mobilisieren, propagierte er eine überparteiliche, pragmatische Politik.[61]

---

57 https://www.motherjones.com/politics/2009/12/henhouse-meet-fox-wall-street-washington-obama/ .
58 https://blogs.wsj.com/wealth/2010/04/30/top-1-increased-their-share-of-wealth-in-financial-crisis/ .
59 https://link.springer.com/article/10.1057/gpp.2009.25 .
60 https://www.nytimes.com/1990/06/17/magazine/a-capital-offense-reagan-s-america.html .
61 https://www.forbes.com/2008/11/11/obama-transition-bipartisan-oped-cx_dg_1112gerstein.html#3b7712a89e41 .

Aus dem parteiübergreifenden Kompromiss machte Obama geradezu einen Fetisch.

Bereits vor Obamas Amtseintritt hatten die Demokraten mit der Bush-Regierung die Bedingungen des Bailouts verhandelt. Die Hypothekenbanken Fannie Mae und Freddie Mac mussten noch von der Bush-Regierung verstaatlicht werden, die Entscheidung fiel im Juli 2008, mitten im Wahlkampf. Schon damals regte sich Widerstand am rechten Rand der Republikanischen Partei. Anfang September kollabierte dann die Investmentbank Lehmann Brothers – wenige Tage darauf schickte das Finanzministerium einen Gesetzentwurf an den Kongress, der der Regierung erlauben sollte, bis zu 700 Milliarden Dollar auszugeben, um vor dem Bankrott stehende Großbanken zu stabilisieren. Es war ein Bailout, wie er in der modernen Geschichte beispiellos war, und er sollte in wenigen Tagen vom Parlament abgenickt werden. Jetzt lief der rechte Flügel der Republikanischen Partei endgültig Sturm – ein Abgeordneter aus Kentucky nannte das Vorhaben »unamerikanischen Finanz-Sozialismus«, einer aus Texas fluchte über die »Geldsäcke aus New York City«, die jetzt erwarteten, »dass Otto Normalverbraucher den Gürtel enger schnallt und für diesen ganzen Blödsinn zahlt«.[62]

Tatsächlich verweigerten vor allem Republikaner dem von Präsident Bush mit den Demokraten ausgehandelten Troubled Asset Relief Program (Tarp), mit dem die Regierung Anteile an gefährdeten Finanzinstituten aufkaufte, ihre Stimme; das Gesetz scheiterte zunächst im Parlament. Der Dow Jones fiel um 778 Punkte, in wenigen Stunden wurden 1,2 Billionen Dollar an der Börse verloren. Auch in Europa verschärfte sich daraufhin die Krise. Als wenige Wochen später ein modifizierter Bailout erneut im Kongress verhandelt wurde – die Verabschiedung war zur Vermeidung eines Marktkollapses buchstäblich alternativlos geworden –, stimmten die meisten Demokraten, aber nur 46 Prozent der Republikaner dafür.[63]

Während die Demokraten die Rolle der verantwortungsbewussten Staatslenker übernahmen, radikalisierten sich die Republikaner. Konfrontiert mit einer nie dagewesenen ökonomischen Erschütterung, schalteten sie in den Modus der Totalopposition gegen den ersten afroamerikanischen Präsidenten. Aus diesem Geist entstand die Tea Party, eine aktivistische konservative Mobilisierung, die 2010 zu einem historischen Wahlsieg der Republikaner

---

62 Zitiert nach Tooze, 214.
63 Tooze, 231.

beitrug. Die von Obama bereits ernüchterte demokratische Basis blieb bei dieser Wahl zu Hause. Die Republikaner gewannen die Mehrheit im Repräsentantenhaus zurück und konnten damit Obamas Reformagenda noch effektiver blockieren – und etwa die Demokraten zwingen, die Steuersenkungen der Bush-Ära beizubehalten.[64] Die Tea-Party-Kandidaten bildeten zwar nur eine Fraktion in der Partei, aber sie gaben zunehmend die Marschrichtung vor. Optimisten sahen damals in der Tea Party nur einen letzten, vergeblichen Widerstandskampf der alten, weißen Rechten gegen das neue Amerika. Aber, wie der amerikanische Journalist Tim Alberta schrieb: »The Tea Party still exists, except now it's called Make America Great Again.«[65]

Das ideologische Fundament der Tea Party

Die Tea Party war eine diffuse Bewegung, dezentral organisiert und massenmedial gehyped. Ihre Botschaften wirkten auf Außenstehende wirr und wahnhaft – etwa wenn sie Obama gleichzeitig einen Kommunisten und Faschisten nannten. Aber die Protestbewegung wurde von Anfang an von politischen Organisationen und Think-Tanks begleitet, die ihr eine zuverlässig wirtschaftsliberale Prägung verpassten. Wohlhabende Industrielle stellten Millionen zur Verfügung, professionelle politische Gruppen organisierten Kampagnen und Wahlkämpfe. Auch von Fox News und der Republikanischen Partei wurde die Tea Party kräftig unterstützt – ihr Antiregierungsfuror passte perfekt in die gewöhnliche republikanische Strategie, jegliche Erweiterung des Sozialstaats, Steuererhöhungen und Regulierungen zu bekämpfen. Besonders die Ablehnung des Banken-Bailouts durch die Tea Party erlaubte es, die öffentliche Debatte nach 2008 schnell vom Versagen der Großbanken hin zur staatlichen Rettungspolitik zu lenken – und damit zu den enormen Defiziten, die sich aufgetürmt hatten.

Nach der Finanzkrise entstand (auch in Europa) der naive Eindruck, die ideologischen Grundlagen des neoliberalen Wirtschaftssystems seien diskreditiert und der Weg deshalb frei für strukturelle Veränderungen. »We are all socialists now«, titelte das Magazin »Newsweek« 2009. Überall, besonders in den Feuilletons und den linksliberalen Magazinen, wurden »Marktgläubigkeit« und »neoliberale Ideologie« zu Grabe getragen. Das Gegenteil aber passierte: Die »diskreditierten« neoliberalen Ideen kehrten zurück, vor al-

---

64 https://www.theguardian.com/world/2010/dec/06/barack-obama-bush-tax-cuts .
65 Zitiert nach Alberta, 6.

lem in Form der Austeritätsprogrammatik, mit der man auf die Staatsschulden antwortete, die das Ergebnis der Finanzkrise waren. Philip Mirowski schreibt in seinem Buch *Never Let a Serious Crisis Go to Waste – How Neoliberalism Survived the Financial Meltdown*: »Die politische Rechte ging aus den Tumulten noch stärker und ungehemmter hervor, als sie vor dem Crash war.«[66] Die Tea Party leistete dazu einen wichtigen Beitrag: Als die Demokraten versuchten, die Wall Street schärfer zu regulieren, etwa durch das Dodd-Frank-Gesetz 2010, das unter anderem auch den Zwang zur staatlichen Rettung »systemrelevanter« Banken aufheben sollte, mussten sie nicht nur hart mit der Wall Street und ihren Lobbyisten verhandeln, ihnen begegnete auch heftiger Widerstand aus der Republikanischen Partei, besonders aus deren Tea-Party-Fraktion, die zwar die Bailouts abgelehnt hatte, aber in diesem Fall entschlossen die Wall Street verteidigte.[67]

2009 kontrollierten die Demokraten noch Kongress und Senat und nutzten die Gelegenheit für eine Gesundheitsreform. Auch hier war der Widerstand der Tea Party erbittert. Dabei war »Obamacare« kaum mehr als ein Kompromiss mit der Rechten und den gewaltigen kommerziellen Interessen im Gesundheitssystem: ein marktbasiertes, komplexes Reformpaket, das die private Versicherungsbranche eher noch subventionierte, statt ihre Profite zu beschneiden, und das dabei nicht einmal allen Amerikanern eine Krankenversicherung bot. Ebenso war es beim Klimaschutz: Statt eines ambitionierten Plans erließ Obama zurückhaltende Vorschriften für den Handel mit Emissionszertifikaten (Cap and Trade). Doch die Tea Party schaltete auch hier auf Totalopposition und agitierte gegen jede staatliche Förderung alternativer Energien. Die Mehrheit der Tea-Party-Aktivisten leugnete noch 2013 die Existenz des Klimawandels.[68]

Der größte Erfolg der Tea Party war die Nutzung der Staatsschulden zur Durchsetzung einer harten Sparpolitik. Dabei verfielen die Tea-Party-Republikaner auf eine skrupellose Methode, die zwar effektiv war, aber auch die Stabilität der staatlich gestützten Wirtschaftsordnung gefährdete, indem sie die Bonität der amerikanischen Bundesregierung untergrub. Die Republikaner verlangten von der Regierung Milliarden-Einschnitte im Staatshaushalt

---

66 Mirowski, 1 f.

67 https://www.washingtonpost.com/news/wonk/wp/2013/10/12/the-tea-party-thinks-it-hates-wall-street-it-doesnt/ . https://www.bloomberg.com/news/articles/2011-01-06/tea-party-caucus-founder-bachmann-pushes-measure-to-repeal-dodd-frank-law .

68 https://www.washingtonpost.com/news/the-fix/wp/2013/11/01/only-tea-party-members-believe-climate-change-is-not-happening-new-pew-poll-finds/ .

und weigerten sich 2011 und 2013 wochenlang, die Schulden-Obergrenze des Staates zu erhöhen, was 2013 schließlich zu einer 16tägigen Einstellung der Geschäfte der Bundesregierung führte. Bereits 2011 hatte die Rating-Agentur Standard and Poor's (S&P) das Kredit-Rating der USA auf AA+ gesenkt. »Die waghalsige Politik der letzten Monate zeigt, dass nach unserer Wahrnehmung die amerikanische Staatsführung und Politikgestaltung unstabiler, uneffektiver und weniger vorhersagbar wird als bisher angenommen«, erklärte S&P damals. Doch die republikanische Strategie ging auf: Die Tea Party erzwang den Budget Control Act, der in den nächsten zehn Jahren eine Reduzierung der Verschuldung um bis zu 2,1 Billionen Dollar vorsah.[69] Die demokratische Reformagenda war damit endgültig eingehegt.

Für die besitzende Klasse war die Krise bald überwunden, auch die Aktienmärkte und der Welthandel erholten sich wieder.[70] »Die amerikanische Wirtschaft hat sich größtenteils erholt«, schrieb die »Washington Post« zum zehnjährigen Jahrestag des Krisenausbruchs. »Im späten August (2018) hat der amerikanische Aktienmarkt einen Rekord für den längsten Anstieg in seiner Geschichte aufgestellt. Auch die Hauspreise haben sich stabilisiert, die Arbeitslosigkeit ist niedrig und lag im Juli bei 3,9 Prozent.«[71]

Besonders das Finanzsystem überstand die Krise blendend: Die Großbanken waren schnell größer als je zuvor und machten schon ab 2009 wieder Rekordprofite. Die Spätfolgen trug vor allem die arbeitende Bevölkerung. Viele fanden lange keinen Job, und wenn doch, war er oft schlechter bezahlt. Laut einer Schätzung der Federal Reserve Bank of San Francisco führte die Krise zu einem aufs ganze Leben gerechneten Einkommensverlust von 70.000 Dollar für jeden Amerikaner.[72] Und obwohl sich der Immobilienmarkt bald erholt hatte, hatten Hunderttausende Privateigentümer ihr Haus verloren. Viele, die es irgendwie geschafft hatten, weiter ihre Hypotheken zu bedienen, waren mit ihren Immobilienkrediten »under water« – das heißt, sie schuldeten der Bank mehr Geld, als ihr Haus wert war. Noch 2017 betraf das laut einer Schätzung 4,4 Millionen Hausbesitzer.[73] Hinter den sich bald normalisie-

---

69 https://www.nytimes.com/2011/08/03/us/politics/03fiscal.html .

70 »While the initial contraction was, if anything, sharper than 1929-30, around year two of the crisis, both equity markets and world trade began to turn around in a way they had not in the Great Depression.« Mirowski, 171.

71 https://www.washingtonpost.com/business/economy/a-guide-to-the-financial-crisis--10-years-later/2018/09/10/114b76ba-af10-11e8-a20b-5f4f84429666_story.html .

72 https://www.frbsf.org/economic-research/publications/economic-letter/2018/august/financial-crisis-at-10-years-will-we-ever-recover/ .

73 https://www.washingtonpost.com/business/economy/a-guide-to-the-financial-crisis--10-years-later/2018/09/10/114b76ba-af10-11e8-a20b-5f4f84429666_story.html .

renden Wirtschaftszahlen spielte sich eine schleichende soziale Katastrophe ab. In den letzten Jahren sprachen Forscher von den »Verzweiflungstoden«, die seit der Jahrtausendwende vor allem unter weniger gebildeten Weißen enorm zugenommen hatten. Diese nahmen sich in immer größerer Zahl das Leben oder starben an den Folgen von Alkohol und Drogen.[74]

Die Agenda der Tea Party

Die Tea Party gab sich wie jede populistische Bewegung als überparteilicher Volksaufstand aus, aber letztlich war es der rechte Flügel der Republikaner, der sich hier formierte. Ihre Anhängerschaft war dementsprechend weiß, eher alt, eher vermögend und sehr religiös.[75] Es waren oft jene Amerikaner, die die Krise besonders gut überstanden hatten: älter, besser gebildet, mit einem guten Job oder schon im Ruhestand. Sie waren strikt gegen den Sozialstaat – mit Ausnahme der jahrzehntealten Programme Medicaid und Social Security für Rentner, die sie selbst nutzten.[76]

Die Tea Party stützte den neoliberalen Status quo, doch zeigt sich an ihr beispielhaft, wie neoliberales Denken nahtlos in reaktionären Nationalismus übergeht. Hinter der ur-amerikanischen Botschaft von Freiheit und *small government* stand das engstirnige, oft christlich-fundamentalistisch geprägte Ressentiment der weißen Mittelschicht, für die weite Teile der Bevölkerung – Obamas Wähler eben, man kann sich seinen Teil denken – bloß Schmarotzer waren, die das Land in den Abgrund führten. Das war rassistisch, wurde aber stets entsprechend dem libertären Leistungsdenken formuliert, das Menschen in »produktiv« und »unproduktiv« einteilt – in »Makers« und »Takers«.

Die Entstehung der Tea Party war diesbezüglich sehr bezeichnend. Zwar rekurriert die Bezeichnung »Tea Party« auf die antibritische »Boston Tea Party« von 1773, trat in ihrer heutigen Bedeutung aber erst am 19. Februar 2009 in Erscheinung, als der ehemalige Hedgefonds-Manager und CNBC-Redakteur Rick Santelli live im Fernsehen einen Wutanfall bekam. Vom Tra-

---

74 https://www.nytimes.com/2012/01/31/opinion/brooks-the-great-divorce.html . »Economic decline / deaths of despair: Obesity, diabetes, heart disease, kidney disease, and liver disease are all two to three times more common in individuals who have a family income of less than $35,000 than in those who have a family income greater than $100,000. Among low-educated, middle-aged whites, the death rate in the United States—alone in the developed world—increased in the first decade and a half of the 21st century. Driving the trend is the rapid growth in what the Princeton economists Anne Case and Angus Deaton call ›deaths of despair‹—suicides and alcohol- and drug-related deaths.«

75 https://scholar.harvard.edu/files/williamson/files/tea_party_pop_0.pdf ; https://www.nytimes.com/2010/04/15/us/politics/15poll.html?_r=0 .

76 https://www.msnbc.com/rachel-maddow-show/despite-promises-trump-takes-aim-social-security-medicare-n1134611 .

ding-Floor der Börse in Chicago schrie er sich in Rage. Anlass war der Plan der US-Regierung, 275 Milliarden zu investieren, um unter Druck geratenen Besitzern von Immobilienhypotheken die Möglichkeit zu geben, zu besseren Konditionen umzuschulden. Nicht um die Bailouts der Großbanken ging es ihm – es war das Vorhaben der Regierung, auch einige »normale« Hausbesitzer zu retten, die damals kurz vor der Zwangsversteigerung standen, das das Fass zum Überlaufen brachte. Die Regierung sollte die Bevölkerung fragen, »ob wir wirklich die Hypotheken der Loser subventionieren wollen oder ob wir nicht zumindest Autos kaufen oder Häuser bei Zwangsversteigerungen erwerben und an Leute geben wollen, die zumindest die Aussicht haben, dass sie langfristig prosperieren werden – also die Leute belohnen, die das Wasser tragen, statt diejenigen, die das Wasser trinken«.[77]

Tatsächlich kauften nach der Krise nicht nur vermögende Privatpersonen, sondern auch institutionelle Investoren und Hedgefonds Hunderttausende zwangsversteigerte Häuser auf, um sie in Mietimmobilien zu verwandeln.[78] In diesem Zusammenhang forderte Santelli, dass Millionen ihre Häuser besser verlieren sollten, damit die »Gewinner« investieren, Profite machen und so die Geschäfte wieder richtig Fahrt aufnehmen können. »This is America!«, rief er und zeigte auf die ihm zujubelnden Trader, »we are the silent majority«. Er werde eine Art neue Tea Party anführen, gegen alle Maßnahmen, die eine Marktbereinigung verhindern würden. Nur wenige Tage später tauchten plötzlich überall im Land merkwürdige Demonstranten in George-Washington-Perücken auf: Die Tea Party war geboren.

Mit ihrer Entstehungsgeschichte ist diese Bewegung gut umrissen: Eine populistische Revolte der Wohlhabenden gegen eine liberale Elite, die den Großbanken und den »Losern« Amerikas die Milliarden nur so in den Rachen schmeißt, aber produktive Amerikaner, die die Zeche am Ende zahlen müssen, auspresst – das war das klassenpolitische und moralische Selbstverständnis dieser neuen rechten Bewegung. Ein Motiv, das, gelinde gesagt, sehr rechtsoffen war. Denn schnell rüsteten sich nicht nur Börsentrader, sondern auch das gesamte Sammelsurium der amerikanischen Rechten zum Kampf um die Seele Amerikas: christliche Fundamentalisten, Einwanderungsgegner und Waffennarren. Wie Glenn Beck in seinem Tea-Party-Bestseller *Common Sense: The Case Against an Out-of-Control Government* schrieb: »Das hier ist

---

77 https://www.youtube.com/watch?v=zp-Jw-5Kx8k .
78 https://www.theatlantic.com/technology/archive/2019/02/single-family-landlords-wall-street/582394/ .

keine Debatte über Geld, es ist ein Kampf auf Leben und Tod um unsere persönliche und nationale Freiheit. Die Wirtschaft ist nur das Vehikel, aber es trägt uns zu einer kompletten Umbildung Amerikas. Wacht auf! Die Ketten der wirtschaftlichen Sklaverei wurden von beiden Parteien und vielen Präsidenten geschmiedet, aber sie werden gerade unseren Kindern und Enkeln um den Hals gelegt.«[79]

Die Tea Party ist oft als »Astroturf« bezeichnet worden, als eine gefakte Graswurzelbewegung, hinter der in Wirklichkeit organisierte Kapitalinteressen standen. Besonders fasziniert war das liberale Amerika von den Brüdern Charles und David Koch, die zusammen das größte Privatvermögen der USA besitzen: zwei erzlibertäre Überzeugungstäter, die jahrzehntelang marktradikale Think-Tanks und andere rechte Gruppen förderten.[80] Sie finanzierten mit Americans For Prosperity die vielleicht mächtigste Tea-Party-Organisation (1,5 Millionen Mitglieder).[81] 2010 hob der Oberste Gerichtshof mit dem Citizens-United-Urteil die legalen Grenzen für Wahlkampfspenden praktisch auf. Seitdem wird die US-Politik mit Geld geflutet wie nie zuvor.

Doch so nützlich die Tea Party für die verschiedensten Kapitalinteressen auch war – es war nicht gerade das Zentralkomitee der herrschenden Klasse, das diese Bewegung organisierte. Es waren vor allem Provinzmillionäre und das, was man in Deutschland »Familienunternehmer« nennen würde. »Merkwürdige Ölmilliardäre, Kasinobesitzer und Waschmittelverkäufer im Bündnis mit Walmart-Managern, Immobilienmaklern, pensionierten Zahnärzten« schienen damals die Politik zu bestimmen, schrieb Mike Davis. Sollten diese Provinzkapitalisten die Republikaner übernehmen, »würden Konzernvorstände zweifellos ihr Investment in eine Partei überdenken, die offenbar im Vergleich nur noch an zweiter Stelle steht, wenn es um das Management der langfristigen, globalen Interessen des amerikanischen Kapitalismus geht«.[82] Nachdem die Tea Party die Regierungsfähigkeit und die Bonität der USA aufs Spiel gesetzt hatte, wurde es dem Zentralausschuss des amerikanischen Kapitals denn auch zu bunt. Die Chamber of Commerce – der weltgrößte Unternehmensverband – startete eine Kampagne gegen die rechten Rebellen in der Republikanischen Partei. »Keine Spinner auf unserer Wahlliste« lautete der Slogan der Handelskammer für die Zwischenwah-

79 Beck, 19.
80 Siehe Jane Mayer: *Dark Money*. New York 2008.
81 https://www.washingtonpost.com/wp-dyn/content/graphic/2010/09/26/GR2010092600175.html .
82 https://newleftreview.org/issues/II79/articles/mike-davis-the-last-white-election .

len im Jahr 2014. Die Demokraten mussten die Rolle des »verantwortungsbewussten« ideellen Gesamtkapitalisten zunehmend allein ausfüllen. Senator Chuck Schumer, ein führender Demokrat aus New York, drückte das so
aus: »Demokraten und Unternehmer haben bei einer Reihe von Fragen Ge-
meinsamkeiten. ... Die Tea Party hat die Republikanische Partei so weit nach
rechts gerückt, dass die Wirtschaft heute dem demokratischen Mainstream
nähersteht als den Republikanern.«[83]

Die Tea Party war auch eine Protestbewegung gegen den real existierenden Kapitalismus. Ihm wurde ein idealisierter *free market capitalism*
entgegengestellt, wie ihn die Gründerväter Amerikas angeblich erdacht hatten: frei von jeglicher staatlicher Intervention und gereinigt von der Korruption des Finanzwesens. Der Begriff *crony capitalism* bürgerte sich auf
der Rechten in dieser Zeit ein, um den von den *special interests* kontrollierten, degenerierten Kapitalismus zu beschreiben. Besonders Banken sahen Tea-Party-Aktivisten kritisch, die sie für parasitäre »Banksters« hielten,
die den freien Markt untergruben.[84] Dagegen setzten sie die Ideologie des
ehrlichen Geschäftsmanns und wackeren Arbeiters, der sich an die Regeln
hält und von den korrupten Rackets an der Spitze und der vom Wohlfahrtsstaat abhängigen Unterschicht ausgeplündert wird. Die Tea Party basiere
auf der Idee, »dass die Mittelschicht ins Armenhaus getrieben wird, von para-
sitären Mächten von oben und von unten«, wie der Journalist Chip Berlet
schrieb.[85]

Die libertär-ökonomische Rhetorik des US-Konservatismus bot der Basis
vor allem so etwas wie eine moralische Metaphorik, mit der sie nationalistische Sehnsüchte ausdrückte. Laut Theda Skocpol und Vanessa Williamson,
Autorinnen einer sozialwissenschaftlichen Studie über die Tea Party, sprachen die Anhänger der Bewegung tatsächlich nur sehr selten über ökonomische Fragen, »und sie gaben nie den Unternehmen oder den Superreichen
die Schuld für Amerikas Probleme. Der Alptraum des gesellschaftlichen Niedergangs wird meistens in kulturellen Farben gemalt, und die Bösewichte in
diesem Bild sind schmarotzende Gruppen, liberale Politiker, arrogante Akademiker, ›big government‹ und die Mainstreammedien.«[86]

---

83 Tooze, 545.
84 https://nymag.com/intelligencer/2014/07/why-democrats-cant-be-the-party-of-business.html .
85 Berlet, 58.
86 Skocpol/Williamson, 75.

Die Angst vor der Obama-Nation

2008 war ein Triumph der Demokraten: Sie eroberten nicht nur das Weiße Haus, sondern auch den Senat und den Kongress. In der Folge konnten sie einige Punkte ihrer liberalen Agenda durchsetzen: Homosexuelle durften zum Militär, und 2012 erließ Obama einen Abschiebestopp für junge Migranten. Viele glaubten damals, dass demografische Trends geradezu zwangsläufig für eine demokratische Mehrheit sorgen würden. 2013 war zum ersten Mal die Mehrheit der Neugeborenen nicht weiß. Im gleichen Jahr heirateten zwölf Prozent einen Menschen anderer Hautfarbe – noch immer ein niedriger Wert, aber ein Rekord bis dahin. Zum ersten Mal sprach sich eine Mehrheit der Amerikaner für die Zulassung von gleichgeschlechtlichen Ehen aus, und 2015 wurden diese vom Obersten Gerichtshof landesweit legalisiert. Die konservative Hegemonie, die die amerikanische Politik so lange geprägt hatte, schien an ihr Ende zu kommen. Die Bevölkerung wurde diverser, urbaner, gebildeter, weniger religiös und gesellschaftspolitisch liberaler[87] – und die republikanischen Wähler immer älter. *40 More Years – How the Democrats will Rule the Next Generation* heißt ein Buch aus dieser Zeit.[88]

Diese Perspektive trieb zahlreiche Rechte in den Wahnsinn. Und Wahnsinn ist hier keine Übertreibung. Vielen auf der Rechten, die es gewohnt waren, dass jemand wie George W. Bush ihnen von der Spitze des Staates ihre eigene Identität zurückspiegelte, erschien Obama fremd und unamerikanisch. Obwohl der neue Präsident immer wieder seinen christlichen Glauben öffentlich zelebrierte, glaubten im Jahr 2015 noch 29 Prozent aller Amerikaner und 43 Prozent (!) aller Republikaner, er sei ein Muslim.[89] Immer wieder wurde insinuiert, Obama sei ein Radikaler, der sich gegen das weiße Amerika verschworen habe. Er besitze Videos, behauptete der damals noch lebende rechte Medienaktivist Andrew Breitbart 2012 auf Fox News, die bewiesen, dass Obama als Student mit »radikalen Ideologen« sympathisierte, die »behaupten, dass Amerika immer noch ein rassistisches Land sei ... und man das System radikal transformieren müsse, um Rassismus abzuschaffen«. Das zeige, »dass ethnische Spaltung und Klassenkrieg im

---

87 https://www.pewresearch.org/2017/01/10/how-america-changed-during-barack-obamas-presidency/ .
88 https://www.amazon.de/40-More-Years-Democrats-Generation/dp/1416596283 .
89 https://www.washingtonpost.com/news/acts-of-faith/wp/2015/09/14/a-startling-number-of-americans-still-believe-president-obama-is-a-muslim/ .

Zentrum von dem stehen, was 2008 als ›hope und change‹ verkauft worden ist«.[90]

Damals traten die paranoiden Züge der US-Rechten deutlicher als je zuvor zutage – besonders im Nachrichtensender Fox News, der sich der radikalen Anti-Obama-Opposition verschrieb. Der prominenteste Star auf Fox News war in dieser Zeit der mormonische Fernsehprediger Glenn Beck, der zur wichtigsten Führungsfigur der Tea Party avancierte. Ab 2009 hatte er eine eigene Show zur besten Sendezeit, in der er in langen, wirren Monologen sein Millionenpublikum vor Obamas »radikaler sozialistischer« Agenda warnte. Obama sei ein »Rassist« mit einem »tiefsitzenden Hass auf weiße Menschen und die weiße Kultur«.[91]

Beck war ein ur-amerikanischer Untergangsprediger, der regelmäßig in Tränen ausbrach, wenn er an die finsteren Mächte dachte, die Amerika zerstören wollten. Schaute man sich seine Show an, fühlte man sich in fremde, atavistische Zeiten zurückversetzt, in den alten Westen vielleicht, als Untergangsprediger durchs Land gezogen waren und vor dem kommenden Armageddon gewarnt hatten. In seiner Show wurden jahrzehntelange Geheimpläne zur Zerstörung Amerikas aufgedeckt. Vor seinen Verschwörungsdiagrammen herumlaufend, bombardierte er seine Zuschauer mit Namen und Zusammenhängen: Edward Bernays, Sigmund Freund, Cass Sunstein, die Weathermen, schwarze Aktivisten, progressive NGOs und soziale Bewegungen – sie alle waren Teil der Verschwörung, hinter der eine ominöse »intelligente Minderheit« stünde, die die Fäden zog und einen Geheimplan zur »grundlegenden Transformation des Landes« verfolgte.[92]

Gegen George Soros brach er eine Kampagne los, nannte ihn den »Puppenspieler« einer antiamerikanischen Verschwörung. Er habe die Aufstände und Farbenrevolutionen in Tschechien, der Ukraine und Georgien finanziert, Währungen kollabieren lassen,[93] und als nächstes wolle er in Amerika für einen Umsturz sorgen: »Er hat es selbst gesagt, immer wieder, dass, ›so wie ich andere schlechte Regierungen gestürzt habe, ich es auch in diesem Land machen werde‹.« Mit Hillary Clinton als engster Verbündeter habe Soros längst eine Art »Schattenregierung« aufgebaut. Selbst die Demokra-

---

90 https://www.foxnews.com/transcript/exclusive-breitbart-com-unveils-unedited-video-of-obama-and-radical-professor .

91 https://www.politico.com/blogs/michaelcalderone/0709/Foxs_Beck_Obama_is_a_racist.html .

92 https://www.youtube.com/watch?v=6l545MG9iDk .

93 https://www.businessinsider.com/glenn-beck-george-soros-is-really-george-schwartz-2010-11?r=DE&IR=T .

tische Partei sei nur noch eine Hülle dieser Macht – es sei »alles längst Teil der Show«. Die Anweisungen gingen möglicherweise sogar direkt an Präsident Obama: »Habt ihr euch schon mal gefragt, wer bei seinem Blackberry am anderen Ende sitzt? ... Mit wem muss Obama reden, wessen Nachrichten muss er lesen? Wer schreibt die verdammten Reden in den Telepromptern?« Und das Ziel der Verschwörung? »Globalisierung«, eine »globale Weltgesellschaft, ohne Grenzen oder individuelle Regierungen« – »one World Government«. Becks Show hatte ihre Wurzeln im christlichen Fundamentalismus und im paranoiden Antikommunismus des 20. Jahrhunderts. Soros verfolge linksradikale, totalitäre Umsturzpläne: »Vor achtzig Jahren, als George Soros geboren wurde, ahnte wohl niemand, dass Wirtschaften kollabieren, Währungen wertlos werden, Wahlen gestohlen und Regime gestürzt werden würden – und ein Milliardär würde sich im Zentrum des ganzen befinden.«

War das antisemitisch? Die »Financial Times« kommentierte trocken: »Schauen wir uns das mal an – er wirft einem Finanzier, von dem er wiederholt betont, dass er jüdisch ist, vor, ein ›Puppenspieler‹ zu sein, ein Mann ohne nationale Loyalität, der riesige Profite damit einfährt, Regierungen zu stürzen, Währungen zu manipulieren und allerlei Ereignisse aus dem Hintergrund zu steuern. Warum diskutieren wir da überhaupt?«[94]

Die Paranoia, die unter Trump alltäglich werden würde, das Gerede über Globalisten und den »Deep State«, der den Staatsapparat kontrolliere – das alles war bei Glenn Beck schon da und lief nach der Wirtschaftskrise jahrelang bei einem der größten Nachrichtensender des Landes. Beck war marginal und Mainstream zugleich. Zwar war er wie die Tea Party, dessen Gesicht er war, ein nützlicher Idiot des Kapitalismus, doch viele Konzerne wollten bald nicht mehr, dass ihre Werbung während seiner Sendung lief. Aber die Republikanische Partei profitierte gerne von seinem Massenappeal und seiner Fähigkeit, die Basis zu mobilisieren. Als 2012 der Mormone Mitt Romney gegen Obama kandidierte, machte er es sich zunutze, dass der Mormone Beck zwar seit 2011 nicht mehr von Fox ausgestrahlt wurde, aber immer noch über ein riesiges Radiopublikum verfügte und besonders in der christlich-fundamentalistischen Wählerschaft großes Vertrauen besaß. Beck machte für Romney Wahlkampf und erklärte seinen christlichen Zuhörern, die Mormonen eigentlich für Heiden hielten,

94 https://www.ft.com/content/bf19e25b-a162-3aaa-87d7-944945c219ea .

dass es »nicht komisch ist, Mormone zu sein, und nicht komisch, als Mormone Präsident zu sein«.[95]

Nach Romneys Niederlage gegen Obama bei den Präsidentschaftswahlen 2012 fühlten sich viele Republikaner, als würden sie vor einem Abgrund stehen. »Wenn sich nichts ändert, wird es zunehmend schwierig für Republikaner, in der näheren Zukunft noch eine Präsidentschaftswahl zu gewinnen«, heißt es in einer Parteianalyse der Niederlage von 2012.[96] »Junge Wähler rollen über das, wofür die Partei steht, die Augen, und viele Minderheiten glauben irrigerweise, dass Republikaner sie nicht mögen und sie nicht in ihrem Land haben wollen.« »Die Stimmung unter amerikanischen Konservativen ist nun eine apokalyptische Verzweiflung«, beschrieb der ehemalige Redenschreiber von George W. Bush, David Frum, die Lage an der rechten Graswurzelfront.[97] Auf Fox News erklärte der Moderator Bill O'Reilly die Bedeutung von Romneys Wahlniederlage: Das »weiße Establishment« sei nun am Ende, die Minderheiten hätten das Steuer übernommen. »Das traditionelle Amerika gibt es nicht mehr.« Und die Minderheiten »wollen Zeug. Sie wollen Dinge haben. Und wer gibt ihnen diese Dinge? Präsident Obama.«[98]

»The Last White Election« lautet der Titel eines Essays von Mike Davis von 2013, in dem er die Radikalisierung der Konservativen unter Obama analysierte. Damals bekam der reaktionäre Block – groß, aber immer noch eine Minderheit der Bevölkerung – zunehmend das Gefühl, er würde die Hoheit über das Land verlieren, und steigerte sich in eine nationalistische Radikalopposition hinein. »Eine oft genannte Furcht bei Tea-Party-Aktivisten«, schreiben Williamson und Skopcol, »ist, dass Präsident Obama den illegalen Immigranten die Staatsbürgerschaft gibt, um so einen neuen Wählerblock zu schaffen«.[99]

---

95 https://www.nytimes.com/2012/11/04/us/politics/beck-acts-as-a-bridge-between-romney-and-evangelical-christians.html .
96 https://online.wsj.com/public/resources/documents/RNCreport03182013.pdf .
97 https://edition.cnn.com/2012/11/12/opinion/frum-conservatives-despair/index.html .
98 https://www.theguardian.com/world/video/2012/nov/07/election-2012-bill-oreilly-white-establishment-minority-video .
99 Skopcol/Williamson, 33.

»Amerika den Amerikanern«

Der Umgang Amerikas mit Migranten reicht zwar noch nicht an die Brutalität europäischer Zustände, an Moria und Lesbos oder die zentrale Mittelmeerroute heran, aber auch die amerikanischen Verhältnisse sind fürchterlich: ein gewaltiger, 1.126 Kilometer langer Grenzzaun an Amerikas Südgrenze, Hunderttausende Abschiebungen im Jahr, Migranten, die in einem monströsen Gefängnissystem festgehalten werden, in dem Gewalt, sexueller Missbrauch und Rechtsbruch an der Tagesordnung sind, und Migrationsbehörden, die auch weit ab von der Grenze im Landesinneren Jagd auf »Illegale« machen und willkürlich Menschen kontrollieren dürfen. All dies beschreibt das amerikanische Migrationssystem unter Obama – zu einem Zeitpunkt also, bevor Trump überhaupt als Politiker ernstgenommen wurde. Trump ist der vorläufige Endpunkt einer langen Geschichte, ihre Kulmination, kein radikaler Bruch.

In den Sechzigern war das alte, explizit rassistische Einwanderungsregime der USA reformiert worden. Es war im Lichte der Bürgerrechtsbewegung und des Kalten Krieges, in dem die USA mit der Sowjetunion um die *hearts and minds* der »Dritten Welt« konkurrierten, nicht mehr haltbar. Die Folge war einerseits ein Anstieg der legalen Einwanderung, vor allem aus Asien, Afrika und Südamerika. Zu Beginn des 21. Jahrhunderts ließen die USA jedes Jahr mehr als eine Million Einwanderer ins Land. Dadurch veränderte sich die demografische Balance nachhaltig, schon in wenigen Jahrzehnten könnte es keine weiße Mehrheit in den USA mehr geben.

Andererseits aber schränkte man mit der Reform in den Sechzigern die Einwanderung aus Mexiko stark ein. Da die amerikanische Wirtschaft auch weiterhin auf mexikanische Arbeitskräfte angewiesen war, kamen in der Folge immer mehr »illegale« Einwanderer ins Land. Ihre Zahl stieg kontinuierlich und erreichte vor der Wirtschaftskrise 2008 ihren Höhepunkt mit über zehn Millionen Menschen. Es entstand dauerhaft eine Bevölkerungsgruppe, die – dessen waren sich alle bewusst – die USA nie wieder verlassen würde, die aber auch keine Aussicht auf die Staatsbürgerschaft hatte. Diese Arbeiterinnen wurden zwar in den USA gerne eingesetzt, doch gleichzeitig gab es einen parteiübergreifenden Konsens, dass der »Grenzschutz« stetig ausgeweitet werden müsse. Die Grenze wurde durch gewaltige Zäune gesichert und mit zunehmend militarisierten Methoden überwacht; es entstand eine riesige Bürokratie, die auch im Land Migranten verfolgte und sie, wenn sie ihrer habhaft wurde, abschob.

Die ab den Neunzigern als Anti-Einwanderungsbewegung wachsende rassistische Bewegung gewann immer mehr Einfluss in der Republikanischen Partei. Sie konnte alle Reformen verhindern, die den »Illegalen« eine Chance auf Staatsbürgerschaft hätten bieten können. Besonders während der Amtszeit Obamas – nach der Wirtschaftskrise – gewann die Fremdenfeindlichkeit unter den Republikanern an Einfluss und wurde gleichzeitig schriller, paranoider, extremer. Trump steht am vorläufigen Endpunkt dieser Entwicklung. Gleichwohl haben die Anti-Einwanderungsideologen in der Trump-Regierung durchaus den Anspruch, einen radikalen Bruch herbeizuführen. Ganz in der Tradition des US-Konservatismus wollen sie auch in dieser Hinsicht »die Sechziger« ungeschehen machen und die damals begonnene Entwicklung zurückdrehen, um den Charakter der USA als primär weiße Nation zu erhalten. Ganz bewusst wenden sie sich damit gegen das, was bisher ein fundamentaler Teil des amerikanischen Selbstverständnisses war – dass nämlich die USA ein »Land der Einwanderer« sind.

Tatsächlich sind sie das schon immer gewesen. Als Projekt kolonialistischer Siedler bestand das Staatsvolk, zu dem die amerikanischen Ureinwohner nicht zählten, zu 100 Prozent aus Einwanderern. Im 19. Jahrhundert gingen 80 Prozent aller Einwanderer weltweit nach Amerika, auch im 20. Jahrhundert nahm kein Land so viele Einwanderer auf, wie die USA.[100] Das bedeutete freilich nicht, dass die USA schon immer ein multikulturelles Paradies gewesen wären. Denn auch fremdenfeindlichen Rassismus hat es in den USA schon immer gegeben, die Angst, dass Einwanderer das Land kulturell – oder sogar »rassisch« – verändern würden. Die Geschichte der USA zeigt allerdings, wie flexibel und historisch wandelbar Vorstellungen von »nationaler Kultur« waren und sind. Denn die Maßstäbe, nach denen bestimmt wird, wer Teil dieser Kultur ist, haben sich ständig verschoben. Im 18. Jahrhundert waren es die Deutschen, durch die »Überfremdung« drohte. Die vorrangig britische Kolonialbevölkerung glaubte, die Deutschen würden sich nicht integrieren, kein Englisch lernen, und ihre Kultur sei unvereinbar mit der britisch-protestantischen. Der Bürgermeister von Philadelphia bezeichnete die deutschen Einwanderer als den »Abschaum der Welt«.[101] Sie

---

100 Lee, 3.
101 Ebd., 24.

wurden irgendwann als »echte Amerikaner« akzeptiert, auch weil man sie schlicht brauchte, um weitere Teile des Kontinents zu besiedeln. Als dann nach der Revolution 1790 gesetzlich geregelt wurde, wer amerikanischer Staatsbürger werden konnte, war die einzige Voraussetzung, dass man eine *free white person* sei; Religion und vorherige Nationalität spielten keine Rolle.[102]

Dieses Muster wiederholte sich: Einwanderergruppen, die zuerst verachtet und sogar als »rassisch minderwertig« angesehen wurden, wurden irgendwann quasi eingemeindet. Als Katalysator dieser Entwicklung wirkte oft die zentrale *color-line* der amerikanischen Geschichte. Bisher als »fremd« angesehene Gruppen wurden in den Rang der »Weißen« aufgenommen, welche sich in Abgrenzung zu Afroamerikanern und Ureinwohnern definierten.

Nach den Deutschen waren es im 19. Jahrhundert die Iren, die als gefährliche und minderwertige Einwanderer galten. Aus der noch aus England stammenden Verachtung der Katholiken erwuchs in den inzwischen unabhängigen Kolonien die Angst, dass katholische Einwanderer die protestantische Identität der USA zerstören würden. In der Mitte des 19. Jahrhunderts kamen mehrere Millionen irische Einwanderer in die USA, in diesen Zeitraum fiel die große Hungersnot in Irland, bei der innerhalb eines Jahrzehnts 15 Prozent der irischen Bevölkerung an Hunger und Krankheit starben.[103] In Amerika galten sie als arbeitsscheu und kriminell und gleichzeitig als Lohndrücker, die den einheimischen Arbeitern die Arbeit wegnähmen. Außerdem seien sie als Katholiken nicht geeignet für eine fortschrittliche Zivilisation und könnten unmöglich patriotische Amerikaner werden, weil sie ja letzlich doch nur auf den Papst hören würden. Vergleicht man dieses Argumentationsschema mit der Art, wie in Deutschland zum Teil über muslimische Einwanderer geredet wird, sieht man: Rassismus ist selten originell.

Von 1820 bis 1860 verdreifachte sich die amerikanische Bevölkerung.[104] Zwar stand das Land damals (europäischen) Einwanderern noch offen – man begann gerade erst so richtig mit der gewaltsamen Expansion über den ganzen Kontinent hinweg und konnte dafür nicht genug Siedler haben. Doch schon damals gab es eine mächtige »nativistische« Bewegung. Immer wieder kam es zu antikatholischen, fremdenfeindlichen Krawallen. 1855 fand in Louisville,

---

102 Ebd., 36.
103 Ebd., 44.
104 Denvir, 131.

Kentucky, ein regelrechtes Pogrom gegen Iren und katholische Deutsche statt, bei dem Kirchen angezündet und Dutzende Menschen umgebracht wurden, darunter ein katholischer Priester, den man zu Tode steinigte.[105]

Durch eine Reihe von Kriegen gegen Mexiko und die amerikanischen Ureinwohner schob sich die inneramerikanische Grenze im 19. Jahrhundert immer weiter nach Westen. Der Homestead Act von 1862 versprach allen weißen Siedlern kostenloses Land in den eroberten Territorien und zog immer mehr europäische Einwanderer in die Neue Welt. Nach dem Ende des Bürgerkriegs 1865 wurde im 14. Verfassungszusatz offiziell die *color-line* für US-Bürger aufgehoben: »Alle Personen, die in den Vereinigten Staaten geboren oder eingebürgert sind und ihrer Gesetzeshoheit unterstehen, sind Bürger der Vereinigten Staaten und des Einzelstaates, in dem sie ihren Wohnsitz haben.« Das war vor allem ein Sieg für die amerikanischen Sklaven, schrieb aber auch die Rechte von Einwanderern fest. Bis heute zeichnet die USA aus, dass jeder Mensch, der in den USA geboren wird, automatisch Staatsbürger wird – im Gegensatz zu dem besonders in Deutschland üblichen »Abstammungsprinzip«. So wurde gewissermaßen ein antivölkisches Grundprinzip in der amerikanischen Verfassung verankert. Nicht von ungefähr spielt Trump hin und wieder mit dem Gedanken, diese Basis des amerikanischen Staatsbürgerschaftsverständnisses abzuschaffen.

Der Bürgerkrieg gegen die Südstaaten war zwar gewonnen, aber die *white supremacy* bestand weiter. Die schwarzen Amerikaner wurden nach einer kurzen Periode der politischen Hoffnung – auch auf eine politische Allianz zwischen Schwarzen und armen Weißen gegen die Südstaaten-Aristokratie – schnell wieder zu einer unterdrückten Kaste am unteren Ende der Gesellschaft degradiert. Erst hundert Jahre später erhielten sie zumindest auf dem Papier gleiche Bürgerrechte. Auch in einer anderen Hinsicht wurde das Prinzip der universellen Bürgerrechte jenseits der *race*-Zugehörigkeit schon bald wieder aufgehoben, nämlich mit dem Chinese Exclusion Act von 1882, der jegliche Einwanderung chinesischer Arbeiterinnen verbot.

Nach dem Bürgerkrieg ging der blutige Feldzug, mit dem die USA den Kontinent unterwarfen, zunächst weiter. Das Fundament der fortgesetzten Expansion war nun das Eisenbahnnetz, das nach dem Bürgerkrieg ins ganze Land ausgeweitet wurde. Um die dafür nötigen Arbeitskräfte aufzutreiben, fuhren amerikanische Arbeitsagenten nach China und warben in großem

---

105 Lee, 50.

Stil Arbeiter an. Als in den 1860ern die erste transkontinentale Bahnverbindung gebaut wurde, waren 90 Prozent der Arbeitskräfte Chinesen. Sie arbeiteten unter härtesten Bedingungen und erhielten weniger Lohn als Weiße.[106] 1870 gab es bereits 63.000 Chinesen in den USA, die meisten von ihnen in Kalifornien. Sie wurden nie als potentielle Amerikaner angesehen, wie all die anderen europäischen Einwanderer, sondern standen am unteren Ende der Hierarchie neben den Ureinwohnern und den Schwarzen. Und sobald die Wirtschaft in die Krise geriet, wurden sie zum Ziel fremdenfeindlicher Kampagnen. Besonders die Gewerkschaften taten sich dabei hervor, sie hielten die »Coolies«, wie die chinesischen Arbeiter abfällig genannt wurden, für importierte Arbeitssklaven, die den freien amerikanischen Arbeitern die Chance auf gutbezahlte Jobs wegnähmen. »Meat vs Rice – American Manhood vs. Asiatic Coolieism. Which shall Survive?« – so drückte es der Chef der American Federation of Labor aus.[107]

Der Chinese Exclusion Act von 1882 »markierte einen der wichtigsten Wendepunkte in Amerikas langer Geschichte der Fremdenfeindlichkeit«, schreibt die Historikerin Erika Lee.[108] Als Trumps Justizministerium 2017 den »Muslim Ban« vor Gericht verteidigte, geschah das auch mit Rückgriff auf den Chinese Exclusion Act, der im 19. Jahrhundert vom Obersten Gerichtshof für verfassungskonform erklärt worden war.[109] Das Gesetz galt bis 1943 und wurde erst 1965 endgültig aufgehoben. Ted Roosevelt, von 1901 bis 1909 amerika-nischer Präsident, kommentierte den Chinese Exclusion Act folgendermaßen: Das Gesetz habe verhindert, dass sich das »Rassenproblem«, das durch die afrikanischen Sklaven in den USA entstanden sei, auch im Westen ausbreitete; statt dessen hätten die Weißen den Kontinent für sich alleine beansprucht: »Die Demokratie hat, mit dem klaren Instinkt des rassischen Egoismus, den Rassengegner erkannt und den gefährlichen Fremden draußen gehalten. Die Anwesenheit des Negros in unseren Südstaaten ist ein Erbe der Zeit, als wir noch von einer trans-ozeanischen Aristokratie beherrscht wurden. Die gesamte Zivilisation schuldet dieser demokratischen Politik, die die milden Regionen der neuen und der neuesten Welt als Erbe der Weißen bewahrt hat, einen größeren Dank, als sich in Worten ausdrücken ließe.«[110]

106 Ebd., 80.
107 https://reason.com/2016/02/17/the-chinese-must-go/ .
108 Lee, 92.
109 Denvir, 125.
110 Ebd., 135 ff.

Dieses Zitat zeigt, dass Demokratie und Rassismus in der amerikanischen Geschichte keineswegs ein Widerspruch waren. Laut Roosevelt rührte das »Rassenproblem« von einer »trans-ozeanischen« Elite her, die eigentlich fremd und nicht wirklich amerikanisch gewesen sei. Die weißen Amerikaner dagegen nahmen damals den Westen in Besitz, als ihr demokratisches Recht. In dieser Zeit entstand der Mythos der *Frontier* als ein Reich der demokratischen Freiheit, in dem jeder weiße Europäer, egal welcher Herkunft und Klasse, endlose Möglichkeiten hatte. Dieses egalitäre Recht hätten sich die Weißen in einem Akt der »racial selfishness«, wie Roosevelt es nannte, gegen Ureinwohner und gegen Asiaten erkämpft. Bis ins 20. Jahrhundert hinein, bis in die kalifornischen Suburbs der Reagan-Revolution, bis in die hassverzerrten Gesichter der braven weißen Mütter, die das erste schwarze Kind, das im Süden eine weiße Schule besuchte, anschrien und bespuckten, konnte man im amerikanischen Konservatismus die wütende Entschlossenheit erkennen, sich dieses demokratische Recht niemals wegnehmen zu lassen.

Aber mit dem Ausschluss der Chinesen war die Verteidigung der weißen »Rasse« noch lange nicht vollendet. Um die Jahrhundertwende waren es die Süd- und Osteuropäer, Italiener, Slawen und Juden, durch die »Überfremdung« drohte. Die Zeit um die Jahrhundertwende war von einer beispiellosen Industrialisierung gekennzeichnet, inklusive der enormen Klassenkonflikte, die sie mit sich brachte. In dieser Periode kamen mehr Einwanderer als je zuvor nach Amerika. Zwischen 1880 und 1910 waren es 17,7 Millionen – der Großteil von ihnen stammte aus Süd- und Osteuropa.[111]

Besonders die Wasp-Elite fürchtete, dass diese »minderwertigen« Menschenmassen Amerika ruinieren würden. Dieser elitäre Rassismus ist in F. Scott Fitzgeralds Roman *The Great Gatsby* (1925) verewigt. In einer Szene bricht es aus Tom Buchanan, einem Spross der alteingesessenen Ostküsten-Aristokratie, heraus: »›Die Zivilisation bricht zusammen. Ich bin schrecklich pessimistisch geworden, was alles angeht. Hast du *The Rise of the Colored Empires* gelesen, von diesem Mann Goddard?‹ ›Nein, hab ich nicht‹, antwortete ich, ein wenig überrascht von seinem Tonfall. ›Nun, es ist ein sehr feines Buch, jeder sollte es lesen. Die Idee ist, dass, wenn wir nicht achtgeben, die weiße Rasse – komplett untergehen wird. Es ist alles wissenschaftlich; es ist alles bewiesen.‹«[112] Darin steckt wohl ein Verweis auf das 1916 erschienene

---

111 Lee, 117.
112 F. Scott Fitzgerald: *The Great Gatsby*. Ed. by Michael Nowlin, 2007, Broadview Editions, 58.

Buch des Eugenikers und Anwalts Madison Grant *The Passing of the Great Race; or, The Racial Basis of European History* – auch wenn es damals eine Flut ähnlicher Machwerke gab. Grant warnte in seinem Buch, dass die »nordische Rasse« – »die blau-äugigen, hellhaarigen Völker Nordeuropas« – in den USA von einer Masse »dunkelhaariger« Menschen überrannt werden könnte. Wie heutige Rassisten sah Grant in »den altruistischen Idealen ... und der rührseligen Sentimentalität« die eigentliche Gefahr, die die amerikanische Nation in den »rassischen Abgrund« führen würde.[113] Das Buch wurde ein Bestseller mit Millionenauflage. Hitler würde dem Autor später einen Brief schreiben, in dem er das Buch seine »Bibel« nannte.[114]

Grant war ein Vertreter der wissenschaftlichen Eugenik, die damals weit verbreitet war. Schädelformen und andere angeblich biologische Eigenschaften wurden als Merkmale verschiedener Menschenrassen phantasiert. Die Wasps zählten sich selbst zur »nordischen Rasse«, die besonders individualistisch und hochentwickelt sei; die Iren galten als »keltische Rasse« – sie waren nicht ganz auf demselben Level wie die »nordische Rasse«, wurden aber als »weiß« und relativ unproblematisch angesehen, genauso wie Skandinavier und Deutsche, sogar wenn diese keine Protestanten waren. Ganz unten in der *race*-Hierarchie standen die Ureinwohner, die Schwarzen und die Asiaten. Doch nur knapp über ihnen waren die Süd- und Osteuropäer angesiedelt, die um die Jahrhundertwende millionenfach in die USA einwanderten.[115] Sie seien mental minderbemittelt, physisch schwächer und neigten generell zur Passivität, zum Despotismus und zur wirtschaftlichen Abhängigkeit; sie seien deshalb nicht in der Lage, »amerikanische Werte« anzunehmen. Auch der Antisemitismus verbreitete sich in dieser Zeit zunehmend in der amerikanischen Gesellschaft. Ab 1919 veröffentlichte die Zeitung des Industriemagnaten Henry Ford eine Reihe von Artikeln, in denen behauptet wurde, eine jüdische Verschwörung greife heimlich nach der Macht in Amerika.[116]

Die Süd- und Osteuropäer wurden nicht zuletzt deshalb als nicht ganz weiß betrachtet, weil sie primär dem Industrieproletariat angehörten, dessen bloße Existenz dem Mythos des freien und unabhängigen Amerikaners widersprach. Sie brächten einen politischen Radikalismus mit aus Europa,

113 Lee, 131.
114 https://www.theatlantic.com/magazine/archive/2019/04/adam-serwer-madison-grant-white-nationalism/583258/ .
115 Lee, 115.
116 Ebd., 133.

der zutiefst unamerikanisch sei. »There is no such thing as an American anarchist«, schrieb die Zeitschrift »Public Opinion« nach den Haymarket Riots 1896.[117]

In den zwanziger Jahren wurde dieser Nativismus zur Massenbewegung der protestantischen Mittelschicht im Bündnis mit der Elite: Der Ku-Klux-Klan wurde neu gegründet und hatte bald Millionen Mitglieder im ganzen Land, darunter Gouverneure und Senatoren. Mit dem Slogan »Amerika den Amerikanern« kämpfte die Organisation gegen Katholiken, Juden, Mexikaner sowie gegen politische und kulturelle Degenerationserscheinungen wie Alkoholkonsum, Sozialismus oder die Evolutionslehre. Trumps Vater übrigens wurde 1927 bei einem KKK-Aufmarsch in Queens festgenommen.

Der anschwellende Rassismus mündete schließlich im Immigration Act von 1924. Die jährliche Einwanderung wurde auf 155.000 Personen begrenzt, und restriktive Quoten schlossen vor allem die neuen Einwanderer aus Süd- und Osteuropa aus. So sollte die demografische Balance des Landes »zurückgewonnen« werden. In den folgenden Jahrzehnten kamen tatsächlich die meisten Einwanderer wieder aus Nord- und Westeuropa; die Zahl der Einwanderer aus Süd- und Osteuropa sank rapide.[118] Insgesamt ging die Einwanderung, die bis in die Zwanziger so wichtig für die amerikanische Gesellschaft gewesen war, stark zurück. 1970 waren nur noch fünf Prozent der amerikanischen Bevölkerung im Ausland geboren.[119]

Erst in den sechziger Jahren wurden die amerikanischen Einwanderungsgesetze wieder liberalisiert. Dies geschah durch den Immigration and Naturalization Services Act (auch: Hart-Celler Act) 1965 – dem Jahr, in dem mit dem Voting Rights Act der letzte Rest der offiziellen Rassendiskriminierung abgeschafft wurde. Man wollte sich in den Sechzigern auch in diesem Punkt vom rassistischen Erbe befreien, das im Kalten Krieg eine Last geworden war: Man konkurrierte ja mit der Sowjetunion auch auf der ideologischen Ebene, und die diskriminierenden Einwanderungsgesetze waren dabei ein Nachteil, wie etwa John F. Kennedy 1958 in seinem Buch *A Nation of Immigrants* argumentierte.[120] Kennedy war selbst ein Symbol des

---

117 Denvir, 138. Haymarket Riots: Es gab Proteste, nachdem Polizisten am Vortag zwei Arbeiter getötet hatten. Es wurde eine Bombe gezündet, die sieben Polizisten tötete. Die Täter wurden nie ermittelt, aber sieben Männer wurden zum Tode verurteilt, sechs von ihnen waren Migranten, die meisten aus Deutschland.
118 Lee, 145.
119 Ebd., 227.
120 Ebd., 228.

gesellschaftlichen Wandels; er war irischer Abstammung und wurde der erste katholische Präsident der USA, was damals fast so bedeutend war wie Obamas Wahlsieg 2008.

Präsident Lyndon B. Johnson erklärte, der Immigration and Naturalization Services Act repariere »einen sehr tiefen und schmerzhaften Fehler in dem Stoff der amerikanischen Justiz. Er korrigiert ein grausames und altes Unrecht im Verhalten der amerikanischen Nation.« Aber gleichzeitig wurde stets betont, dass das Gesetz nichts Grundlegendes an der amerikanischen Gesellschaft ändern würde. Wie Senator Ted Kennedy sagte: »Der ethnische Mix dieses Landes wird nicht durcheinandergebracht.«[121] Die Regeln für den Familiennachzug sollten dafür sorgen, dass die »bestehende«, also primär europäische Bevölkerung ihre Verwandten nach Amerika holte.[122] Doch der Wirtschaftsboom in Westeuropa und Ausreiserestriktionen in Osteuropa brachten die Einwanderung aus Europa fast zum Versiegen. Statt dessen versuchten immer mehr Menschen aus der »Dritten Welt«, nach Amerika zu gelangen. Vor 1965 war der Großteil der Einwanderer aus Europa gekommen; in den folgenden Jahrzehnten kamen über die Hälfte aus Lateinamerika und ein weiteres Viertel aus Asien.[123] Zwischen 1976 und 1985 waren es 546.000 jährlich, später würde diese Zahl auf über eine Million steigen. Damit kam eine Entwicklung in Gang, die die demografische Zusammensetzung der USA nachhaltig veränderte.

Das Gesetz hatte jedoch einen weiteren widersprüchlichen Effekt. Denn gleichzeitig wurde auch zum ersten Mal Einwanderung aus Lateinamerika, vor allem aus Mexiko, drastisch limitiert. So entstand das, was es vorher nicht gegeben hatte: eine »illegale« Bevölkerung, die dauerhaft blieb und weiter wuchs. 1964 wurde das »Bracero«-Programm von 1942 für den Zuzug mexikanischer Landarbeiter beendet; die Möglichkeit für Mexikaner, legal in die USA einzuwandern, wurde stark eingeschränkt.[124] Doch die Nachfrage nach Arbeitskräften veränderte sich kaum. Die vorhersehbare Folge war, dass die »illegale« Einwanderung drastisch zunahm. 1960 wurden im Südwesten der USA nur 21.022 »Illegale« aufgegriffen, 1970 waren es 201.780 und 1983 zum ersten Mal mehr als eine Million. Bis zur Wirtschaftskrise 2008 würden die

121 Denvir, 146.
122 Cohen, 134.
123 Denvir, 146.
124 Lee, 249. Zuvor hatte es für Mexikaner jedes Jahr 300.000 Gastarbeitervisen und 35.000 Visen für permanente Niederlassung gegeben; ab den Siebzigern wurde das auf lediglich 20.000 Visen jährlich reduziert; auch der Familiennachzug wurde erschwert.

Zahlen so hoch bleiben.[125] Die Mexikaner wurden in den USA gebraucht, nicht nur wie traditionell in der Landwirtschaft des Südwestens, sondern zunehmend auch als billige Servicearbeiter im ganzen Land: in Restaurantküchen, als Gärtner, Kindermädchen, Putzfrauen. So entstand bis 2008 die permanente Kaste der über zehn Millionen »Illegalen«, die auf der niedrigsten Stufe der amerikanischen Wirtschaft ausgebeutet wurden, aber keine Aussicht auf die Staatsbürgerschaft hatten.

Politischer Nativismus seit den Neunzigern

In den Achtzigern war Fremdenfeindlichkeit noch kein zentrales Anliegen der amerikanischen Politik. Natürlich gab es auch damals jede Menge Rassismus, bis in den gesellschaftlichen Mainstream hinein. Zwar warnte etwa das »Time Magazine« 1983 vor »einem überwältigenden Zustrom von ausländischen Siedlern ..., die sich ebenso wie ein Migrant fühlen wie als Einwanderer, nicht als illegaler Fremder, sondern als Reconquistador«.[126] Doch für Präsident Reagan spielte der Nativismus keine große Rolle. Er war damals noch kein organisiertes Projekt im Konservatismus. In seinen übermütigen Momenten träumte Reagan sogar von offenen Grenzen und zeigte sich stolz darauf, dass Migranten nach Amerika kamen – während seine Regierung gleichzeitig Flüchtlinge aus Zentralamerika terrorisierte, die vor Reagans *dirty wars* geflohen waren. 1986 gab es eine weitere Einwanderungsreform: 2,7 Millionen Einwanderer wurden legalisiert, während gleichzeitig die Mittel für den Grenzschutz erhöht und Abschiebungen erleichtert wurden.[127]

Die »Illegalen« wurden schließlich zu einem Problem der amerikanischen Politik, das kein Politiker, ob konservativ oder liberal, ignorieren konnte. Zu seiner Lösung wird meistens nach dem Muster von 1986 eine »umfassende Einwanderungsreform« vorgeschlagen. Relativ moderate Politiker (erst Bush, dann Obama) versuchten so, den Nativisten *enforcement*, also Grenzschutz und Abschiebungen, anzubieten und im Gegenzug einen Teil der »Illegalen« im Land zu legalisieren. Dieser Deal wurde mehrfach versucht, doch immer wieder zeigte sich, dass die Nativisten an einem Kompromiss nicht interessiert waren. Und so gibt es seit den Neunzigern zwar immer mehr *enforcement* – aber keine Legalisierung. Gleichzeitig konnten all die Grenzsicherungsmaßnahmen nicht verhindern, dass die Zahl der »Illegalen«

---

125 Denvir, 75.
126 Ebd., 148.
127 Ebd., 45.

weiter anstieg. Ein Teufelskreis: mehr »Illegale«, zunehmender Rassismus, weitere Aufrüstung der Migrationsabwehr – nur Legalisierung stand nicht mehr auf dem Programm.

In den Neunzigern trat der Nativismus ins Zentrum der politischen Bühne. Für ihn stand besonders Pat Buchanan, der 1992 versuchte, Präsidentschaftskandidat der Republikaner zu werden und dabei George Bush Sr. herausforderte. Buchanan nahm viel von der späteren politischen Entwicklung vorweg: Er sprach die Interessen der heimischen Arbeiterklasse an, die vor der Globalisierung in Schutz genommen werden müsste. Damit war der Freihandel gemeint, aber auch das Insistieren auf »Identität«. Bei Nafta ginge es »um mehr als Handelspolitik«; »Nafta ist das Schlachtfeld, auf dem die widerständigen Kräfte eines neuen Patriotismus gegen Amerikas außenpolitische Elite um die Kontrolle des Schicksals der Nation kämpfen«, Nafta sei »das Grundgerüst für die Weltregierung«. Nach den Rodney-King-Riots 1992 in Los Angeles sagte Buchanan, »Ausländer kommen illegal in unser Land und brennen eine der großen amerikanischen Städte nieder«, und er forderte einen »Zaun« an der Grenze zu Mexiko.[128]

Die Demokraten machten den Rechtsruck mit, wie Bill Clinton, der erklärte: »Wir können es uns nicht leisten, die Kontrolle über unsere Grenzen zu verlieren, während wir gleichzeitig nicht für die Arbeitsplätze, Gesundheit und Bildung unserer eigenen Leute sorgen können.«[129] 1996 unterzeichnete Clinton ein von beiden Parteien unterstütztes Gesetz, das illegale Einwanderer von fast allen sozialen Dienstleistungen des Staates ausschloss.[130]

Unter Clinton verfestigte sich das Paradigma eines harten Grenzschutzes. Noch in den Neunzigern konnte man relativ leicht die Grenzen überqueren. Ironischerweise änderte sich das gerade mit Nafta, das für »grenzenlosen« Freihandel steht – aber Menschengruppen unterliegen eben strengeren Restriktionen als Waren. Die Clinton-Regierung machte sich als erste die Vorstellung zu eigen, dass man die Grenze komplett »schützen« könne, wenn man dies wolle. 1996 unterzeichnete Clinton, der sich im Wahlkampf befand, ein Gesetz, dem zufolge fünf Jahre lang jedes Jahr 1.000 zusätzliche Grenzschutzagenten eingestellt werden sollten. Die Zahl dieser Agenten verdoppelte sich bis 2000. Dies war Teil von Clintons *tough-on-crime*-Kampagne, mit der er sich dem konservativen Zeitgeist anbiederte. 1996 erklärte sein wich-

128 Ebd., 65, 90.
129 Ebd., 66.
130 Lee, 279.

tigster Berater, Rahm Emanuel, der auch später für Obama arbeiten würde: »After years of neglect, we are finally restoring the rule of law, locking down the Southwest Border.«[131] In den Neunzigern entstand so ein parteiübergreifender Konsens, dem zufolge illegale Einwanderer eine schwere Bedrohung darstellen, gegen die man sich mit allen Mitteln zur Wehr setzen müsse.

Die Grenze wurde militarisiert. Sowohl Technologie als auch Personal des Grenzschutzes kamen zunehmend vom US-Militär. Intern nannten die Agenten die Migranten »Tonks«, was auf das Geräusch verwies, das ein Schlag mit einer schweren Taschenlampe auf den Kopf hervorruft. Berichten zufolge hatten Grenzschützer Waffen dabei, um diese neben einer Leiche liegen zu lassen, wenn man einen Migranten erschossen hatte, um behaupten zu können, er habe zuerst geschossen. Immer wieder wurden Migrantinnen sexuell missbraucht. 1980 gingen zwei hispanische Agenten undercover als Migranten über die Grenze, um solche Missstände aufzudecken. Sie wurden festgenommen und zusammengeschlagen.[132]

Nafta sollte eigentlich die Einwanderung aus Mexiko reduzieren, indem dort Jobs geschaffen wurden. Und tatsächlich verlegten in der Folge amerikanische Konzerne große Teile ihrer Produktion dorthin. Das Nachbarland wurde für die USA, was Osteuropa für die deutsche Industrie ist: ein Reservoir billiger Arbeitskraft direkt vor der Haustür, das leicht in die heimischen Fertigungsketten integriert werden konnte. Doch einen Aufschwung bedeutete das für Mexiko nicht. Denn die Integration der Märkte hatte zur Folge, dass die riesigen amerikanischen Agrarkonzerne Mexiko mit billigen Exporten fluten konnten. Millionen Mexikaner verloren ihren Lebensunterhalt in der Landwirtschaft, immer mehr machten sich auf den Weg nach Norden. Die schärfere Grenzüberwachung hielt sie nicht auf, sie drängte sie nur von den relativ sicheren Übergängen in die Wüste ab und trieb die Preise in die Höhe, die die Migranten den Schmugglern zahlen mussten. Im Jahr 2000 gab es 8,6 Millionen »Illegale« in den USA, Tendenz steigend.[133]

Migrationsreformen unter Busch und Obama

Sowohl während Bushs als auch während Obamas Amtszeit scheiterten die Versuche, die Migration gesetzlich zu regulieren, immer wieder am Widerstand der Hardliner, die schon die geringste »Legalisierung« für Verrat hiel-

---

131 Denvir, 103.
132 Ebd., 78.
133 Ebd., 107.

ten. Nur die Maßnahmen zum Grenzschutz, die diese Hardliner hätten ruhigstellen sollen, wurden umgesetzt und zusehends radikalisiert. 9/11 führte auch in dieser Frage zu einem härteren Vorgehen. Als Bush 2006 eine Einwanderungsreform einbrachte, kündigte er in einer *Prime Time Address* an: »Wir haben noch keine volle Kontrolle über die Grenze, und ich beabsichtige, das zu ändern.«[134] Das Gesetz enthielt unter anderem den Bau eines Hunderte Meilen langen Grenzzauns. Doch die Nativisten unter den Republikanern wollten nicht einmal diesen Kompromiss akzeptieren – die Reform scheiterte im republikanisch kontrollierten Senat. Implementiert wurde dann lediglich der Secure Fence Act, der 700 Meilen Grenzzaun vorsah. Die heutigen Verteidiger Trumps verweisen gerne (und mit einigem Recht) auf dieses Gesetz, um zu zeigen, dass die Idee einer »Mauer« keineswegs außerhalb des bisherigen politischen Konsenses lag. Sie können zudem darauf verweisen, dass Barack Obama, Hillary Clinton und Joe Biden damals im Senat für den Secure Fence Act stimmten.[135]

Unter Bush fand auch eine Neuorganisation der Migrationsbehörden statt, die Teil des neuen Department for Homeland Security (DHS) wurden. Damit zog endgültig eine militärische Verteidigungslogik in die amerikanische Migrationspolitik ein. Das Budget des Grenzschutzes war schon von 263 Millionen Dollar im Jahr 1990 auf 1,4 Milliarden Dollar 2002 gestiegen. In den folgenden Jahren verdoppelte es sich auf drei Milliarden bis 2010 und stieg weiter auf fast vier Milliarden 2015 – inflationsbereinigt macht das einen Anstieg um 700 Prozent von 1990 bis 2015 aus.[136]

Während Obamas Amtszeit stieg die Zahl der Abschiebungen höher als je zuvor in der Geschichte der USA. 2012 waren es 400.000, im selben Jahr hatte das DHS 477.523 Migranten in Gewahrsam genommen. Unter Obama, der von Kritikern den Titel »Deporter in Chief« verpasst bekam, wurden so viele Migranten wie nie zuvor abgeschoben, insgesamt 5.370.849 Menschen.[137] Die Zahlen sind so enorm, weil es sich dabei zum Teil um direkte Abschiebungen von an der Grenze aufgegriffenen Migranten handelte. Die meisten wurden abgeschoben, ohne Zugang zu einem Anwalt zu erhalten, nur 15 Prozent der Abgeschobenen sind überhaupt vor einem Richter erschienen.[138] Auch die Migrationsbehörden wurden unter Obama weiter ausgebaut. Die Poli-

---

134 Ebd., 193.
135 Ebd., 116.
136 Ebd., 111.
137 Lee, 283.
138 Cohen, 58.

zei- und Zollbehörde Immigration and Customs Enforcement (ICE) ist die bekannteste, doch bedeutender ist wohl die Zoll- und Grenzschutzbehörde Customs and Border Protection (CBP), die mit 21.000 Agenten fast doppelt so groß ist wie das FBI. Die Bundesagenten, die Trump 2020 in Städte wie Portland schickte, um Demonstranten zu bekämpfen, waren Agenten der CBP, die dem Department for Homeland Security untersteht. Die CBP darf bis weit hinter die Grenzen Menschen kontrollieren und verhaften – als Verdachtskriterium für eine Kontrolle genügt es, »die übliche Erscheinung einer aus Mexiko stammenden Person« zu haben, wie ein amerikanisches Gericht schon in den Siebzigern festgelegt hatte.[139] Zwischen 2010 und 2015 haben CBP-Agenten 35 Menschen erschossen. Exzessive Gewalt, Misshandlung und sexueller Missbrauch sind keine Seltenheit; die Politologin Elizabeth F. Cohen geht von einer hohen Dunkelziffer aus.[140]

Es ist schwer zu sagen, ob diese repressiven Maßnahmen tatsächlich die Einwanderung reduziert haben. Die Zahlen sanken zumindest kaum. Erst gegen Ende von Bushs Amtszeit kam die Trendwende; die illegale Migration an Amerikas Südgrenze begann zum ersten Mal seit Jahrzehnten wieder zu sinken. Grund dafür war die Wirtschaftskrise, wegen der es immer weniger Nachfrage nach der Arbeitskraft der Einwanderer gab. Als Trump 2016 in den Wahlkampf zog, nahm die Zahl der mexikanisch-stämmigen Menschen in den USA ab, weil immer mehr von ihnen nach Mexiko zurückkehrten. Die Zahl der »Illegalen« war 2016 mit 10,8 Millionen so niedrig wie zuletzt 2003.[141]

Obwohl also die Zahl der »illegalen« Einwanderer bereits seit 2008 zurückging, folgte auch Obama dem ausgetretenen Weg: Um die Nativisten zu beschwichtigen und ihre Unterstützung für eine »umfassende Reform« zu erkaufen, verschärfte er die Grenzschutzmaßnahmen weiter. Die Nativisten gaben freilich keinen Zentimeter nach. Übrig blieb die Verschärfung der Maßnahmen. So war man 2016 an dem Punkt angekommen, der am Anfang des Kapitels geschildert wurde: ein gewaltiger Grenzzaun an Amerikas Südgrenze, Milliardenbudgets für den Grenzschutz, Hunderttausende verhaftete und abgeschobene Migranten jedes Jahr, die unter teilweise schlimmsten Zuständen festgehalten wurden, bei denen Misshandlungen und Rechtlosigkeit zum Alltag gehörten. In diesem Kontext sprach Trump in der Rede, in der er seine Präsidentschaftskandidatur bekanntgab, die berühmten Sätze:

139 Ebd., 50.
140 Ebd., 21.
141 Lee, 285.

»When Mexico sends it's people, they're not sending their best. They're sending people that have lots of problems, and they're bringing those problems with us. They're bringing drugs. They're bringing crime. They're rapists. And some, I assume, are good people.« Und ganz Amerika tat so, als wäre das etwas völlig Neues, nie zuvor Gehörtes.

Trump im Wahlkampf

»Das rote Blut der Patrioten«

Wer gehofft hatte, dass Donald Trump als Präsident gemäßigter auftreten würde als im Wahlkampf, wurde schon von seiner Amtsantrittsrede enttäuscht. Trump machte klar, was er von seinem Vorgänger Obama hielt: »Heute übertragen wir die Macht nicht einfach von einer Regierung auf eine andere oder von einer Partei zu einer anderen – wir übertragen die Macht von Washington und geben sie euch zurück, dem amerikanischen Volk.« Die illegitime Herrschaft des ersten schwarzen Präsidenten, so war deutlich zwischen den Zeilen zu lesen, war nun endlich beendet. Selbst die versöhnlich gemeinten Passagen klangen wie eine Drohung. »Das Fundament unserer Politik wird die totale Treue zu den Vereinigten Staaten von Amerika sein«, erklärte er. Ein Herz voller Patriotismus habe »keinen Raum für Vorurteile, denn wir alle bluten das gleiche rote Blut der Patrioten«. Ganz ohne gemeinsames Blut geht es anscheinend nicht.

Dass Trump keineswegs für alle Amerikaner, ja nicht einmal für die Mehrheit der Amerikaner sprach, zeigte sich schon am nächsten Tag. Zwischen drei und fünf Millionen gingen bei den landesweiten Womens Marches gegen den Präsidenten auf die Straße – bis 2020 war das der größte Massenprotest in der amerikanischen Geschichte, weitaus größer noch als gegen den Irakkrieg.[142] Das liberale Amerika war wie betäubt von Trumps historischem Sieg. Die Republikaner hatten Mehrheiten in Senat und Repräsentantenhaus gewonnen, und auch auf der Ebene der Bundesstaaten kontrollierten sie nach wie vor die meisten Parlamente und Gouverneursämter. Die Wahlbezirke, die Trump gewann, machten 85 Prozent der Fläche Amerikas aus. Abseits der Küsten hatte Hillary Clinton kaum mehr als »Universitätsstädte, Reservate von Native Americans und Gegenden mit schwarzen oder hispanischen Mehrheiten« gewonnen, schrieb die »NYT«.[143]

Doch die Wirklichkeit hinter der rotgefärbten Siegeskarte war ambivalenter: Trump gewann auf dem flachen Land, doch Clinton setzte sich deutlich in den Städten durch. Insgesamt erhielt sie mit 62,1 Millionen mehr Stimmen als Trump mit seinen 61 Millionen. Und ganze 53 Prozent der Trump-

142 https://www.independent.co.uk/news/world/americas/womens-march-anti-donald-trump-womens-rights-largest-protest-demonstration-us-history-political-a7541081.html .
143 https://www.nytimes.com/interactive/2016/11/16/us/politics/the-two-americas-of-2016.html .

Wähler sagten in einer Umfrage, sie hätten vor allem gegen Clinton stimmen wollen, nicht für Trump.[144]

Trump war damit ein merkwürdiger Volkstribun: zwar von einer enthusiastischen Bewegung verehrt, aber von vielen nur widerwillig unterstützt und bei der Mehrheit der Bevölkerung vom ersten Tag seiner Amtszeit an unbeliebt, wenn nicht gar verhasst.[145] »Für viele Amerikaner fühlt es sich so an, als habe die Wahl 2016 das Land in zwei Teile geschnitten«, schrieb die »NYT«. Das war auch – zumindest geografisch – der Fall: Mehr als je zuvor waren die republikanischen Wähler in Bezirken konzentriert, in denen eine überwältigende Mehrheit für Trump gestimmt hatte.[146] Bereits im Wahlkampf spürte man, dass hier zwei sehr unterschiedliche Welten, zwei völlig andere Realitäten aufeinandertrafen. Auch demografisch waren Trump-Wähler sehr einheitlich: Sie waren zu 88 Prozent weiß, lebten hauptsächlich in ländlichen Gebieten oder den Vororten, und sie waren religiöser, älter und öfter männlich als Demokraten. Und sie waren weniger gebildet: 43 Prozent aller Clinton-Wähler hatten einen Universitätsabschluss, aber nur 29 Prozent der Trump-Wähler.

Amerikanische Wahlen finden freilich ohne die Beteiligung des mit Abstand größten Wählerblocks statt: 42 Prozent der Wahlberechtigten gingen 2016 gar nicht zur Wahl. Nichtwähler haben wenig Geld, oft keine Universitätsbildung, sind überproportional nicht weiß und eher jung.[147] Diese (potentiellen) Wähler, eigentlich ein Querschnitt der amerikanischen Arbeiterklasse, kommen in der Öffentlichkeit kaum vor. Aber nur ihre Demobilisierung, ihre Entfremdung vom politischen Prozess und den beiden herrschenden Parteien, ermöglichte den Trump-Wählern ihren Sieg. Statt dessen trat nun die »weiße Arbeiterklasse« ins Zentrum der medialen Aufmerksamkeit. Trump hatte diese Bevölkerungsgruppe offensiv angesprochen. Buchstäblich einige Zehn- bis Hunderttausende Arbeiter in den ehemaligen Industrieregionen des Mittleren Westens hatten zwar früher für Obama, 2016 aber nicht für Clinton gestimmt und damit die knappe Wahl entschieden. Auch hatten die Republikaner vor allem bei weniger gebildeten Menschen hinzugewonnen. Schnell setzte sich die Vorstellung durch, die Demokraten seien die Partei

144 https://www.pewresearch.org/fact-tank/2016/09/02/for-many-voters-its-not-which-presidential-candidate-theyre-for-but-which-theyre-against/ .

145 https://projects.fivethirtyeight.com/trump-approval-ratings/ .

146 https://www.nytimes.com/interactive/2016/11/16/us/politics/the-two-americas-of-2016.html .

147 https://www.pewresearch.org/politics/2018/08/09/an-examination-of-the-2016-electorate-based-on-validated-voters/ .

der urbanen, liberalen Oberschicht und der Minderheiten – und Trump die »Rache«, der »Hilfeschrei« gar, der vom rauen Wind des Freihandels gebeutelten einfachen Arbeiter- und Mittelschicht, der provinziellen und verachteten Weißen.

Doch tatsächlich gehörte zur weißen Arbeiterschicht (definiert als: kein College-Abschluss und Verdienst unter dem Median-Einkommen) nur knapp ein Viertel der Trump-Wähler, wie eine spätere, gründlichere Untersuchung feststellte.[148] Das wirklich erstaunliche an der Wahl 2016 war, wie normal die Wählerkoalitionen auf beiden Seiten geblieben waren und wie wenig sie sich im Vergleich zu den vorherigen Wahlen geändert hatten. Im Grunde wurde Trump von den traditionellen Wählern der Republikanischen Partei gewählt.[149] Und die waren, wie immer, wohlhabender als die der Demokraten: Das Median-Einkommen von Trump-Wählern lag laut Umfragen bei 72.000 Dollar/Jahr – bei Demokraten waren es nur 61.000 und in der Gesamtbevölkerung sogar nur 55.775 Dollar.[150]

Schon 1959 hatte der Soziologe Samuel Lipset die in den USA einflussreiche These des *working class authoritarianism* formuliert: Die Arbeiterschicht sei besonders anfällig für autoritäres Denken, nur eine breite Mittelschichtsgesellschaft biete deshalb eine stabile Basis für die Demokratie: »Niedriger Status und niedrige Bildung prädisponieren Individuen für extremistische, intolerante ... Formen des politischen und religiösen Verhaltens.« Auch den hysterischen McCarthyismus der damaligen Zeit beschrieben viele als einen Extremismus der ländlichen Hinterwäldler, statt als die Bewegung aus der Mitte der Gesellschaft, die er war.[151] Nach Trumps Wahl war es ähnlich: Viele wollten sich nicht eingestehen, dass Trump nicht von den Ausgeschlossenen, sondern von der Mitte der amerikanischen Gesellschaft gewählt worden war. Seine Wähler kamen aus der Mittelschicht, für sie war Trumps Nationalismus überhaupt kein Widerspruch zur patriotischen amerikanischen Zivilreligion. Im Gegenteil: Die Partei Reagans war Trump verfallen. Trump war ungebeten bei den Vorwahlen der Republikaner aufgetaucht und hatte es geschafft, die Partei durch die schiere Wucht seiner Performance in eine neue Richtung zu lenken. Wie das möglich war, ist die eigentliche Frage.

---

148 https://www.washingtonpost.com/news/monkey-cage/wp/2017/06/05/its-time-to-bust-the-myth-most-trump-voters-were-not-working-class/ .
149 siehe S.4, https://as.nyu.edu/content/dam/nyu-as/sociology/documents/manza-publications/Forum.pdf .
150 https://fivethirtyeight.com/features/the-mythology-of-trumps-working-class-support/ .
151 Siehe: Michael Rogin: *The Intellectuals and McCarthy*. Cambridge/MA 1967.

Liberale Eliten

Über Trumps Charisma zu sprechen, ist schwierig. Dass er ein abstoßender und lächerlicher Mensch ist, liegt auf der Hand. Soweit man das überblicken kann, hat er in der Öffentlichkeit noch nie das geringste Zeichen von Großzügigkeit, Zurückhaltung oder Selbstlosigkeit gezeigt. Linken und Liberalen fällt es deshalb schwer, ihn so zu sehen, wie seine Fans ihn wahrnehmen. Wie keinem anderen Politiker auf der Rechten ist es ihm gelungen, einen Draht zu seinem Publikum zu finden. Er ist unterhaltsam, ein geübter Entertainer. Wenn er bei seinen Rallyes von der Bühne vor sich hin assoziiert, wenn er seinen politischen Kontrahenten demütigende Spitznamen verpasst und sie fast mühelos bloßstellt und lächerlich macht, zeigt er Feeling für Timing, Pointen und Sprache. Ironischerweise wirkt er gerade, weil er sich seit Jahrzehnten fürs Fernsehen inszeniert, wie ein »echter Mensch« und nicht wie ein Politiker. Trump spricht wie ein Comedian oder der Host einer Late-Night-Show. Er klingt aber auch so, wie viele Menschen »privat« sprechen: witzelnd, rücksichtslos, unkontrolliert. Nicht so, wie man im Büro sprechen muss, auch nicht wie der kontrollierte Politikprofi Hillary Clinton, und schon gar nicht wie der souveräne Technokrat Barack Obama, der immer ein wenig überheblich wirkte, zumindest auf Männer, die nicht ertragen können, dass sie diesem liberalen Afroamerikaner in punkto Bildung und Lässigkeit nicht das Wasser reichen können.

Trump dagegen, so weiß man aus der Presse, liebt Fast Food. Im Wahlkampf ließ sich der Milliardär regelmäßig in seinem Privatjet McDonald's servieren. Als er 2019 ein College-Football-Team im Weißen Haus empfing, servierte er ihnen eine Auswahl von »Amerikas großartigsten Fastfood-Läden«, wie es die Pressesprecherin ausdrückte[152] – McDonald's, Wendy's, Burger King, Domino's. Trump, der stolz grinsend mit ausgebreiteten Armen im Weißen Haus vor einem riesigen Buffet aus Hamburgern und Pommes steht – das ist vielleicht eines der aussagekräftigsten Bilder seiner Amtszeit. Derlei hat in der US-Politik eine hohe symbolische Bedeutung; Trumps Kontrahentin Hillary Clinton versuchte, sich im Wahlkampf an afroamerikanische Wähler anzubiedern, indem sie behauptete, sie habe in ihrer Handtasche immer ein wenig »hot sauce« dabei. Obama dagegen wurde von Fox News als »elitär« beschimpft, weil er bei der Bestellung eines Hamburgers nach »Dijon-Senf« gefragt hatte.

---

152 https://twitter.com/PressSec/status/1084980942870118401 .

Dass Essenskultur so eng mit politischer Identität verbunden ist, verweist auf die bizarre Kulturkampfwelt, in der sich amerikanische Politik abspielt. Das Weltbild der amerikanischen Konservativen ist auf einem Feindbild aufgebaut. Schaut man Fox News, hört man konservative Radioshows oder klickt sich durch das rechte Internet, stolpert man immer wieder über die *liberal elites* – anscheinend ist das eine mächtige Kaste reicher, sich für etwas Besseres haltender Linksliberaler, die in den Universitäten, in Hollywood, den Medien und der Demokratischen Partei sitzen und von dort voller Verachtung auf die einfachen, echten Amerikaner im *fly-over-country* herabschauen, die noch an Gott und »Mann und Frau« glauben. In diesem symbolischen Theater geht es offenbar um Habitus und Klassenunterschiede, aber auf eine verzerrte, geradezu auf den Kopf gestellte Weise. Trump war schon als Kind Millionär, ist mit Chauffeur und Villa aufgewachsen und zeigte immer wieder, nicht zuletzt in seiner Reality-Show »The Apprentice«, in der er einen grausamen und gehässigen Boss spielte, dass er für »Loser« nichts übrig hat. Trotzdem konnte er sich als *common man* inszenieren, der als Außenseiter gegen die Eliten antrat.

Hillary Clinton wurde früh in dieses Psychodrama hineingezogen. Eigentlich ist sie eine eher konservative, religiöse Frau. Aber seit sie vor über 30 Jahren als Bill Clintons Ehegattin die nationale Bühne betrat, haben Konservative alles, was ihnen an Liberalen und Feministinnen verhasst war, auf sie projiziert. 2016 war sie deshalb das perfekte Gegenüber für Trump; leicht streberhaft, trocken und kontrolliert, war sie das genaue Gegenteil seiner ungezügelten Aggressivität. Millionen Menschen, die, so kann man vermuten, sich eingeengt und frustriert fühlten, nahmen Trumps Angebot an, endlich einmal über die Stränge zu schlagen und bei seiner regressiven Rebellion mitzumachen: Er benahm sich wie das egozentrische, rücksichtslose Arschloch, das so viele Menschen gerne wären, aber das zu sein sie sich im Alltag nicht trauen.

Es gibt aber auch einen anderen Grund dafür, dass Trumps Kompromiss- und Furchtlosigkeit von seinen Anhängern so sehr gefeiert wurde. Die reaktionäre Basis der Republikaner hatte immer mehr das Gefühl, der kulturelle Underdog zu sein: Während man in den Achtzigern noch behaupten konnte, die »schweigende Mehrheit« der Amerikaner stehe hinter den eigenen reaktionären *family values*, war das 2015 immer weniger plausibel. Trump wurde nicht zuletzt von reaktionären Christen als jemand gelesen, der sich der zunehmend liberalen Hegemonie in der amerikanischen Kultur endlich widersetzen würde, und zwar völlig kompromisslos, ohne sich zu entschuldigen.

Schon lange vor Trump, sogar schon vor Obama und der Tea Party, war in den USA von einer politischen »Polarisierung« gesprochen worden: von der Spaltung des Landes in rot und blau, konservativ und liberal, ländlich und urban-kosmopolitisch – kurz: von zwei gesellschaftspolitischen »Stämmen«, die sich bei vielen Themen unversöhnlich gegenüberstehen. Die zunehmende Krassheit dieser Polarisierung, die in den letzten Jahren in vielen westlichen Gesellschaften zu beobachten war, hat zu einer Blüte soziologischer und pseudo-soziologischer Analyse geführt. Am bekanntesten ist vielleicht David Goodharts Slogan von den *somewheres* und *anywheres* – eine These, auf die sich sowohl Rechtsradikale wie Alexander Gauland als auch das liberale Feuilleton einigen können.[153]

Dieser Sichtweise ist die Apologie des Nationalismus schon eingeschrieben: Es geht nicht mehr um Politik und Ideologie, sondern um kulturell verwurzelte *somewheres*, die sich reflexhaft gegen die »liberal-kosmopolitischen« Angriffe auf ihre Lebenswelt zur Wehr setzen. Doch hinter der kulturellen Fassade verbergen sich handfeste politische Konflikte, und so war es auch bei Trump. Trump repräsentiert einen konservativen Nationalismus, der panische Angst hat(te), seine gesellschaftliche Dominanz zu verlieren, der mit einer Stagnation der Wirtschaft konfrontiert war und dem Bröckeln der globalen US-Hegemonie zusehen musste. Dieses Gefühl des Niedergangs prägte die Bewegung – aber auch das Alltagsgefühl vieler weißer Konservativer, die in ihrem Land schon lange nicht mehr im Zentrum der Kultur stehen. Ob Unternehmen, Medien oder die Kulturindustrie, überall wurde seit Jahren immer deutlicher, dass der Zeitgeist auf der anderen Seite stand: auf der Seite der Liberalen, der Minderheiten, der LGBT-Rechte.

Das zeigte eine der wichtigsten Kulturkampf-Schlachten der Obama-Ära, die um die Ehe für Homosexuelle. Die Human Rights Campaign wurde von zahlreichen großen Konzernen finanziert (Amazon, Apple, Coca-Cola, Dell, Google, Citibank, American Airlines), etliche Hollywood-Stars unterstützten sie. Als reaktionärer Christ konnte man da durchaus das Gefühl bekommen, »die Eliten« stünden gegen dich. Das, was oft »Identitätspolitik« genannt wird – das Bekenntnis zu den Rechten von Minderheiten, von Schwarzen, Trans-

---

153 https://www.zeit.de/2018/03/gesellschaftlicher-zusammenhalt-europa-studie-wir-und-die-anderen/komplettansicht.

gender und auch von Frauen –, ist in der Obama-Zeit zumindest unter Liberalen ziemlich hegemonial geworden und hat einen prominenteren Platz in großen Medien und dem kulturellen Mainstream gefunden. Obama hat mit diesem Politikmodus nie viel zu tun gehabt. Auch Hillary Clinton hatte 2008 gegen Obama noch von rechts kandidiert. Doch 2016 war das anders: Clinton sprach über Themen wie Polizeigewalt, sie traf sich mit Aktivisten der Black-Lives-Matter-Bewegung und betonte die Notwendigkeit, gegen »strukturellen Rassismus« zu kämpfen. Auch dass sie eine Frau war, wurde von ihr offensiv thematisiert – im Gegensatz zu 2008, wo sie noch erklärt hatte, »I am not running as a woman«.[154]

Das hatte auch wahltaktische Gründe: Im Vorwahlkampf wurde Clinton von Bernie Sanders herausgefordert, der mit seinem Sozialpopulismus vor allem junge linke Wähler ansprach. *Wokeness*, im Stil des progressiven Neoliberalismus (Nancy Fraser), bot Clinton die Möglichkeit, gleichzeitig »progressiv« und in wirtschaftspolitischen Fragen konservativ aufzutreten. Aber es war eben auch Ausdruck der Tatsache, dass weite Teile des Landes liberaler geworden waren. Der konservative Stil der Clintons aus den Neunzigern war nicht mehr zeitgemäß. Trump, mit seinem christlich-fundamentalistischen Vize-Präsidenten Mike Pence, seinem Sexismus, seiner aggressiven Ausdrucksweise und seiner vornehmlich männlichen und christlichen Wählerschaft, war der Anführer der Millionen von Menschen, die das nicht mitmachen und an ihrer alten Vision der amerikanischen Nation, mit sich im Zentrum, festhalten wollen.

Identitätspolitik

Konservative werfen der Identitätspolitik vor, liberale Grundsätze wie die Gleichbehandlung, »Farbenblindheit« oder den offenen Diskurs anzugreifen und statt dessen Menschen in festen Kategorien gegeneinanderzustellen. Bei der Identitätspolitik geht es jedoch um Identitäten in einem schwächeren Sinne, es geht um das, wozu ich aus politischen Gründen gemacht wurde und was ich überwinden will: ein »rassifizierter« Mensch, ein »Ausländer«, der nicht wirklich zur normalen Bevölkerung dazugehört. Deshalb hat Identitätspolitik paradoxerweise eine »universelle« Drift: Es geht um Gleichheit, nicht Besonderheit. Es gibt aber auch in der progressiven Identitätspolitik gewisse Tendenzen zur »Re-Essentialisierung«, also ein Bestreben, Menschen nach

---

154 Sides/Tesler/Vavreck, 119.

ihrer Hautfarbe festen »Kulturen« zuzuordnen. Soweit es solche Tendenzen gibt, die Identitätspolitik darauf reduzieren, ein fair geordnetes Zusammenleben abgeschlossener Ethnien zu organisieren, ist das ein Verrat an ihrem ursprünglichen kritischen Anspruch. Denn dieser bestand nicht darin, die Differenz aufs Podest zu stellen und zu bewahren, sondern sie als Ergebnis politischer Herrschaftsverhältnisse zu kritisieren.

Problematischer aber ist eine andere Tendenz im antirassistischen Diskurs. Der linke afroamerikanische Politologe Adolph Reed gab einem Essay den Titel »Antiracism: a neoliberal alternative to a left«. Das klingt erst einmal paradox, da Afroamerikaner stets zu den größten Verlierern neoliberaler Reformen gehörten – die Attacken auf Gewerkschaften, Arbeitsrechte und Sozialstaat trafen Schwarze besonders stark, weil sie überproportional in der prekären Arbeiterklasse vertreten sind. Um zu verstehen, wie Reeds Überschrift gemeint ist, muss man sich den liberalen antirassistischen Diskurs anschauen und untersuchen, wie er ideologisch funktioniert.

Der Autor Ta-Nahesi Coates ist der wohl prominenteste Vertreter dieser Strömung. Seit 2014 haben seine anspruchsvollen Essays, die ausgiebige historische Recherche mit einem literarischen Stil verbinden, enorme Aufmerksamkeit erhalten. Coates' Sicht der Dinge – besonders seit Trumps Wahlsieg – ist extrem pessimistisch. Für ihn ist die »weiße Suprematie« in den USA nie beendet worden, sie habe nur subtilere Formen angenommen. Bis heute stehe Amerika in der Tradition der »Plünderung schwarzer Körper«, dies sei das »blutige Erbstück«, auf dem die Privilegien der Weißen fußen. Historisch ist das richtig, doch bei der Analyse der Gegenwart stößt dieses Framework an seine Grenzen. Berühmt wurde Coates mit einem langen Stück im »Atlantic«: »The Case for Reparations«.[155] In dem Text zeigt er anschaulich, dass Afroamerikaner in der Nachkriegszeit bei der staatlich geförderten Vergabe von Immobilienkrediten, die Millionen Weißen den Aufstieg in die Mittelschicht ermöglichten, bewusst diskriminiert wurden. Das ist eine klare, auch nach liberalen Maßstäben eindeutige Ungerechtigkeit, gegen die man auf Wiedergutmachung klagen kann, nach dem klassischen Muster des *class action suits* – und genau das ist im Grunde Coates' Idee der Reparationen.

Es ist ein Fortschritt, wenn die spezifische Geschichte der rassistischen Diskriminierung zunehmend anerkannt wird. Aber es stellt sich dann die Frage, was dagegen zu tun sei. Problematisch wird es, wenn alle sozialen Be-

---

155 https://www.theatlantic.com/magazine/archive/2014/06/the-case-for-reparations/361631/ .

nachteiligungen durch den »Identitäts«-Filter wahrgenommen werden. Denn die heutige Lage vieler Afroamerikaner lässt sich kaum verstehen, wenn man die besondere Brutalität der amerikanischen Klassengesellschaft ignoriert.

Im 20. Jahrhundert wurden Afroamerikaner durch die rassistischen Hierarchien Amerikas in eine bestimmte Klassenposition gedrängt. Erst ab der Mitte des 20. Jahrhunderts wurden sie ins Industrieproletariat aufgenommen (unter anderem weil 1924 die Einwanderung begrenzt wurde), doch auch dort nur auf unterster Stufe. Sie verloren als erste ihre Jobs, als die De-Industrialisierung der alten Industriezentren einsetzte. Gleichzeitig wurden sie gewissermaßen in die verfallenden Stadtzentren abgeschoben, während sich die weiße Mittelschicht in die Vorstädte absetzte, zu denen Schwarze kaum Zugang hatten. Als Ergebnis entstand das »urbane Elend« der Afroamerikaner, das bis ins 20. Jahrhundert dadurch aufrechterhalten und verstärkt wurde, dass in den USA Ressourcen geografisch äußerst ungleich verteilt werden, die reichen Suburbs also ein ganz anderes materielles Niveau der öffentlichen Fürsorge haben als die ärmeren Städte. Und für dieses »Armutsproblem« wurden Schwarze dann noch bis in die neunziger Jahre auf rassistische Weise verantwortlich gemacht. Bis heute haben liberale Politiker – inklusive Obama – dieser schwarzen Unterschicht kaum mehr zu bieten als überhebliche Selbsthilfepredigten.

Aus dieser Geschichte – und nicht allein aus der noch heute stattfindenden Diskriminierung – ergeben sich die gegenwärtigen Disparitäten, die den »strukturellen Rassismus« in zahlreichen Bereichen der Gesellschaft belegen. Afroamerikaner haben (tendenziell) die schlechtesten Jobs, am wenigsten Geld, die am meisten unterfinanzierten Schulen, praktisch kein Vermögen, die schlechteste Krankenvorsorge usw. Zwar ist es ein wichtiger erster Schritt, wenn sich in der weißen Bevölkerung das Bewusstsein durchsetzt, dass es sich hier um Auswirkungen des Rassismus handelt. Doch für den nächsten Schritt – nämlich an diesen Verhältnissen tatsächlich etwas zu ändern – braucht es mehr als nur Bekenntnisse. Dies kann nur durch linke Sozialpolitik geschehen – durch Mindestlohn, Sozialstaat, Umverteilung. Doch wurden genau diese Forderungen von Ta-Nahesi Coates als unzureichend kritisiert, als Bernie Sanders sie im Wahlkampf 2016 formulierte – Coates warf ihm »Klassenreduktionismus« vor und kritisierte ihn dafür, dass er sich nicht für Reparationszahlungen einsetzte.

Man erkennt hier, was geschieht, wenn der freischwebende Rassismus zum Zentrum der Politik gemacht wird: Politik wird moralisch aufgeladen, entfernt sich aber von konkreten materiellen Bedingungen. Gerade bei der eigentlich konkreten Forderung nach »Reparationen« ist das der Fall: »Was auch Coates' Absicht sein mag, sein Werk ist gerade wegen der politischen Unmöglichkeit von ›Reparations‹ so beliebt«, schrieb der linke Politikwissenschaftler Touré Reed. »Coates' Essays sind weniger ein kämpferischer Aufruf, rassistische Ungleichheiten zu beheben, als dafür, eine nationale Debatte über ›race‹ zu führen.«[156] Coates stellt in seinen Texten fast nie konkrete polit-ökonomische Forderungen. Statt dessen schließt er seinen Text über »Reparations« mit dem Aufruf: »Was wir brauchen, ist eine Aussprache der Familiengeheimnisse, eine Übereinkunft mit alten Geistern. Was wir brauchen, ist eine Heilung der amerikanischen Psyche und die Austreibung der weißen Schuldhaftigkeit.« Dieser performative Antirassismus findet bei den privilegierten Weißen, die liberale Medien und Politik dominieren, großen Anklang. Wohlhabende Menschen reden lieber über die Heilung der amerikanischen Psyche als über Geld und suchen die Gründe für das alltägliche Elend der schwarzen Arbeiterklasse lieber in historischen Sünden oder dem Rassismus der »Bedauernswerten« als in der kapitalistischen Gesellschaftsordnung.

Deshalb gehen linke Kritiker wie Touré Reed so weit, Coates und Obama als zwei Seiten der Medaille des neoliberalen *race*-Diskurses zu beschreiben. Während Präsident Obamas optimistischer »post-racialism« der »liberalen Gleichgültigkeit für die Notlage marginalisierter Menschen« das Wort geredet habe, würde Coates' »›post-post-racial‹« Standpunkt »das weiße liberale Händeringen und öffentliche Schuldbekenntnisse bestärken, als Alternative zu echten, praktikablen Lösungen für Ungleichheiten«.[157]

Reaktionärer Backlash: Das »Project 1619«

Zwar gibt es gute Gründe, aus linker Perspektive den liberalen Antirassismus zu kritisieren (als bloßes Simulacrum sozialer Gerechtigkeit, das auf der symbolischen »Anerkennungs«-Ebene verharrt, aber an gesellschaftlichen Strukturen wenig ändert), aber man sollte verstehen, warum Trump-Anhänger den zunehmend rassismuskritischen Zeitgeist hassen. Unter Obama hatten die Rechten das Gefühl, dass etwas ins Kippen gerät, dass die demografischen und kulturellen Veränderungen gewissermaßen eine »Herr-

---

156 Touré, 150.
157 Ebd., 151.

schaft der Minderheiten« einleiten würden. Anders lässt sich nicht erklären, warum sie sich so radikal gegen jede kritische Auseinandersetzung mit dem Rassismus wehren. Beispielhaft zeigt das die Auseinandersetzung um eine harmlose Sonderausgabe des »NYT-Magazins«, die vom Außenminister der Vereinigten Staaten als Produkt »marxistischer Ideologie« gegeißelt wurde, die im Dienste der chinesischen Kommunisten stünde.

Das »Project 1619« erschien als Sonderausgabe des »NYT-Magazins« im August 2019 – zum 400. Jahrestag der Ankunft der ersten versklavten Afrikaner in den englischen Kolonien Nordamerikas. Die Essays thematisierten das Erbe der Sklaverei und analysierten, wie diese die US-Geschichte und Gegenwart geprägt hatte. Das Projekt wurde enorm positiv aufgenommen. Die leitende Journalistin Nikole Hannah-Jones erhielt einen Pulitzer-Preis für ihren Einleitungsessay, und die Texte wurden vom Pulitzer-Zentrum aufbereitet, um daraus Unterrichtsmaterial für Schulen zu machen. Doch Trumps Außenminister Mike Pompeo war nicht begeistert. In einer wichtigen Rede im Juli 2020 in Philadelphia warnte er, das »Projekt 1619 will, dass ihr glaubt, dass unser Land für die Sklaverei gegründet wurde. Sie wollen, dass ihr an die marxistische Ideologie glaubt, der zufolge es nur Unterdrückte und Unterdrücker gibt. Die Kommunistische Partei Chinas muss sich gefreut haben, als sie sahen, dass die ›NYT‹ diese Ideologie verbreitet. Ich lehne sie ab. Es ist eine Verleumdung unseres großartigen Volkes.«[158]

Man muss sich anschauen, was das »Project 1619« tatsächlich ist – und was nicht –, um zu verstehen, wie bizarr und reaktionär diese Reaktion ist. Es stimmt, in ihrem einleitenden Essay schreibt die »NYT«-Journalistin Hannah-Jones: »Anti-black racism runs in the very DNA of this country.« Doch hinter dieser Kritik steht der Glaube an die »founding ideals« Amerikas, wie Hannah-Jones in einem Begleitinterview in der »NYT« betonte.[159] Der erste Satz ihres Einleitungsessays lautet »My dad always flew an American flag in our front yard«; sie erzählt von ihrem Vater, der Soldat wurde, dessen Ambitionen aber durch den Rassismus der Jim-Crow-Ära zerstört wurden.[160] Und dennoch hatte dieser Mann darauf bestanden, an sein Land zu glauben, und jeden Tag die Flagge gehisst, was Hannah-Jones als Kind nicht verstanden hatte, sogar peinlich fand, war ihr doch schon früh bewusst geworden, wie

---

158 https://foreignpolicy.com/2020/07/17/pomepo-human-rights-commission-trump-racial-injustice-alienates-diplomats-attack-1619-project/ .
159 https://www.nytimes.com/2019/09/06/us/nikole-hannah-jones-interview.html .
160 https://www.nytimes.com/interactive/2019/08/14/magazine/black-history-american-democracy.html .

sehr dieses Land seine afroamerikanischen Bürger gedemütigt hatte. Tatsächlich aber hätten die Afroamerikaner schon immer eine zentrale Rolle in der amerikanischen Geschichte gespielt, nicht nur weil die ihnen abgepresste Arbeit den enormen Reichtum der USA geschaffen habe, sondern weil die »idealistischen, patriotischen Bemühungen der schwarzen Amerikaner« die amerikanische Demokratie zu dem gemacht hätten, was sie heute ist. Deshalb habe »niemand einen größeren Anspruch auf diese Flagge und dieses Land und Patriotismus« als die Afroamerikaner.

Und so endet ihr Essay mit einer Szene aus ihrer Kindheit, in der ihr Lehrer die Schüler auffordert, einen Aufsatz über ihr »ethnisches Erbe« zu schreiben, um die multikulturelle Vielfalt des amerikanischen *melting pot* zu feiern. Für Hannah-Jones war das eine schwierige Erfahrung – im Gegensatz zu ihren weißen Mitschülerinnen hatte ihre Familie kein »Herkunftsland« –, sie wählte dann einfach ein zufälliges afrikanisches Land. »Heute wünsche ich mir«, schreibt sie, »dass ich zu meinem jüngeren Ich zurückkehren und ihr sagen könnte, dass die Abstammung ihrer Vorfahren hier, in diesem Land, begonnen habe und dass sie kühn und stolz die Sterne und Streifen auf dieser amerikanischen Flagge malen soll.«

Man erkennt den Wunsch, sich gleichberechtigt in die Nationalgeschichte einzuschreiben. Dass die Rechten sogar in dieser patriotischen Sehnsucht einen »Dolch, gerichtet auf das Herz unserer Nation« sehen, wie es der rechte Medienstar Ben Shapiro ausdrückte,[161] macht klar, wovor sie sich eigentlich fürchten: In ihren Augen ist »ihr« Land bedroht, wenn zuvor marginalisierte Gruppen ihren eigenen Platz im »echten Volk« beanspruchen.

Red State America vs. Blue State America

Als sich in den späten Sechzigern die amerikanische Wählerschaft neu ordnete, geschah das entlang der Frage, ob man für die Sixties und alle progressiven gesellschaftlichen Entwicklungen dieser Zeit war – oder dagegen. Das damals vollzogene »Realignment« (Neuausrichtung) bestimmt bis heute die amerikanische Politik. Vor allem die Konservativen verstanden es bestens, alle politischen Konflikte kulturell und identitär aufzuladen und für ihre Mobilisierung zu nutzen. »Politics is downstream from culture«, lautet ein berühmter Slogan des 2012 verstorbenen rechten Medien-Populisten Andrew Breitbart. Wie routiniert das inzwischen praktiziert wird, zeigte Trump im

---

161 https://twitter.com/benshapiro/status/1257403663074471936 .

August 2020, als er über Biden behauptete: »He is against God, he is against Guns, he is against Energy.«[162]

Die Frage der »Waffenrechte« demonstriert besonders gut, wie die Kulturalisierung der Politik funktioniert. Natürlich ist der Gebrauch von Gewehren bei der ländlichen Bevölkerung tief verwurzelt, und es ist verständlich, dass die Republikanische Partei dieses Anliegen für sich entdeckte. Aber die National Rifle Association (NRA) hat daraus seit den siebziger Jahren eine geradezu fanatische Bewegung gemacht. Mit einer professionellen, mit Millionen Dollars gefütterten Propagandamaschine hat sie Generationen vor allem weißer, konservativer Männer eingetrichtert,[163] dass das Tragen von Schusswaffen Ausdruck tiefer amerikanischer Identität und Freiheit sei – und jeder, der das in Frage stelle, die Grundfesten der Gesellschaft antaste. Unter Trump schließlich wurde aus der NRA endgültig eine proto-faschistische Propagandaorganisation, die ihre schwerbewaffneten Anhänger dazu auffordert, militant Widerstand gegen die liberale Bedrohung zu leisten.[164]

In einem Video von 2017 warnte die NRA ihre Anhänger:

Sie nutzen die Medien, um die echten Nachrichten zu zerstören. Sie nutzen die Schulen, um den Kindern beizubringen, dass der Präsident ein neuer Hitler ist. Sie nutzen Filmstars und Sänger und Comedy-Shows, um ihr Narrativ immer und immer wieder zu wiederholen. Und dann nutzen sie ihren Expräsidenten, um den »Widerstand« zu unterstützen. Es gibt nur einen Weg, um das zu stoppen und unser Land und unsere Freiheit zu retten: die Gewalt ihrer Lügen mit der geballten Faust der Wahrheit zu bekämpfen.[165]

Es hat lange gedauert, bis der Kulturkampf diese Radikalität erreichte. Und es wäre nicht so gekommen, wenn diese Propaganda nicht ganz konkret im Interesse der Republikanischen Partei und ihrer politischen Agenda liegen würde. Die amerikanische Politik war lange von einem tiefen neoliberalen Konsens geprägt, und besonders die Republikaner mussten fast zwangsläufig auf kulturelle Konflikte zurückgreifen, um ihre Wähler bei der Stange zu halten. Oft ist das so eindeutig, wie es Thomas Frank in seinem Buch über den rechten Populismus beschrieben hat: Politische Eliten stellen kulturel-

162 https://twitter.com/bubbaprog/status/1291431249844862981 .

163 https://www.researchgate.net/publication/259526523_The_National_Rifle_Association_and_the_White_Male_Identity .

164 https://www.vox.com/world/2017/6/29/15892508/nra-ad-dana-loesch-yikes https://medium.com/@HistOfTheRight/the-nras-fascist-propaganda-911b84f1a8b4 .

165 https://www.theatlantic.com/magazine/archive/2018/06/nratv-live-streaming-the-apocalypse/559139/ .

le Fragen in den Vordergrund, damit einfache Leute für Plutokraten stimmen.[166] Ein Werbespot des marktliberalen Club For Growth aus dem Jahr 2004 führt das exemplarisch vor. Was sie vom demokratischen Kandidaten Howard Dean halten, wird ein älteres, weißes Ehepaar auf der Straße gefragt – »Howard Dean soll seine steuererhöhende, regierungsvergrößernde, Latte-trinkende, Sushi-essende, Volvo-fahrende, ›NYT‹ lesende, gepierate, Hollywood-liebende, linke Freak Show mit zurück nach Vermont nehmen, wo sie hingehört.«[167]

Trump hat gezeigt, dass dieses Ressentiment die eigentliche Triebkraft vieler republikanischer Wähler war. Für konservative Intellektuelle war das oft eine schmerzhafte Erkenntnis: »Um sich Trump anzuschließen«, klagte der ehemalige Redenschreiber von George W. Bush, Ari Fleischer, »muss man glauben, dass die Essenz dessen, wofür die Republikanische Partei einmal stand ... in Wirklichkeit nur ein Marketing-Slogan war und nichts bedeutet hat. ... Trump hat jedem Kritiker der Republikanischen Partei recht gegeben. ... Er hat das alles wahr gemacht.«[168] Trumps Triumph im republikanischen Vorwahlkampf hatte einen sehr simplen Grund: Er gab der Basis genau, was sie wollte. Als Vorbereitung seiner Wahlkampagne ließ er Tausende Stunden von rechtem Talk Radio analysieren: Er hörte denen zu, die täglich zu Millionen von rechten Wählern sprachen, und danach richtete er sich.

Das republikanische Establishment dagegen hatte immer noch im Hinterkopf, dass die Republikaner in Zukunft mehr Minderheiten und auch Frauen ansprechen müssten, wenn sie nicht als Wahlverein einer schrumpfenden Minderheit reaktionärer Rentner enden wollten. Jeb Bush, der mit einer aus Mexiko stammenden Frau verheiratet ist, punktete auf der Wahlkampfbühne mit seinem fließenden Spanisch. Aber der Basis stand der Sinn nach etwas ganz anderem, und Trump nutzte das aus. Wenn es um Einwanderung, den Islam und aggressive Rhetorik gegen Minderheiten ging, war er härter drauf als die anderen und damit näher bei den Wählern.[169] Auch versprach er, die Renten und die Krankenversorgung für Rentner zu schützen – ein enorm populäres Versprechen, das die wirtschaftsfreundlichen Republikaner nicht über die Lippen brächten. Tatsächlich sind republikanische Wähler

166 Thomas Frank: *Whats the Matter with Kansas. How Conservatives Won the Heart of America*. Metropolitan Books, New York 2004.
167 https://www.youtube.com/watch?v=K4-vEwD_7Hk .
168 Robert P. Saldin/Steven M. Teles: *Never Trump. The Revolt of the Conservative Elites*. Oxford 2020, 128.
169 Sides/Tesler/Vavreck, 35.

durchschnittlich weniger orthodox »wirtschaftsliberal« als ihre Politiker.[170] Trumps Erfolgsrezept war deshalb eigentlich verblüffend einfach, resümierten drei Politikwissenschaftler: »Trump holte einfach viele republikanische Wähler genau da ab, wo sie waren.«[171]

Weiße Identitätspolitik

Schon in den Jahren vor Trump hat sich das amerikanische Parteiensystem immer mehr entlang der »Identitäten« gespalten. Die Republikaner wurden zwar nicht die Partei der Weißen, denn natürlich gibt es eine riesige liberale weiße Wählerschaft – aber sie wurden immer mehr zu einer weißen Partei und damit zur Partei jener Weißen, denen ihre weiße Identität wichtig ist.[172] Politikwissenschaftler sprachen von der »Rassifizierung« der Parteienlandschaft: Vor allem Weiße ohne College-Abschluss wechselten zu den Republikanern, sie wählten 2016 zu 57 Prozent Republikaner und lediglich zu 33 Prozent Demokraten.[173]

Barack Obamas Wahlsieg 2008 war in vielerlei Hinsicht der Urknall der republikanischen Radikalisierung. Oft war damals die Prognose zu lesen, die langfristige demografische Entwicklung des Landes werde den Demokraten in die Hände spielen, weil die USA immer multikultureller werden und die Republikaner schon in wenigen Jahrzehnten keine Mehrheit mehr haben würden. Die junge Generation ist nicht nur ethnisch diverser, sondern auch viel liberaler als die Babyboomer, die mehrheitlich Trump wählten. Besonders in ehemaligen konservativen Hochburgen wie Georgia, Florida und sogar Texas droht wegen dieser Entwicklungen die Macht der konservativen Weißen zu schwinden. Einige Republikaner fürchten, das ganze Land könne eine Entwicklung durchmachen, wie sie sich in Kalifornien schon vollzogen hat: Heute Hochburg der Liberalen, hatte es dort früher eine starke Republikanische Partei gegeben; Nixon und Reagan begannen dort ihre politischen Karrieren. Doch seit langem wächst der Anteil der nicht-weißen Wähler in Kalifornien, auch das gesellschaftliche Klima wird immer liberaler. Zwar sind viele Latinos – wie übrigens auch Afroamerikaner – durchaus offen für konservative Politik, für eine Betonung der Religion oder der Familie etwa. Aber die Republikaner in Kalifornien reagierten auf den demografischen Wandel

170 Ebd., 70.
171 Ebd., 35.
172 Siehe ebd., 25.
173 Ebd., 26 f.

seit den Neunzigern mit immer krasserer Fremdenfeindlichkeit und stießen die nicht-weißen Wähler vor den Kopf. Gegenwärtig ist an einen republikanischen Wahlsieg in Kalifornien nicht mehr zu denken.

Die Macht der Republikaner steht damit auf tönernen Füßen. Schon heute ist ihr Einfluss nur noch deshalb so groß, weil ihre Wähler im amerikanischen Wahlsystem strukturell bevorzugt werden: Sowohl bei der Präsidentschaftswahl als auch im mächtigen Oberhaus des Parlaments, dem Senat, ist die konservative weiße Landbevölkerung deutlich überrepräsentiert. So schickt der weitgehend menschenleere Cowboystaat Wyoming mit seinen 580.000 Einwohnern genauso viele Senatoren nach Washington wie die 40 Millionen Kalifornier. Die 21 bevölkerungsärmsten Bundesstaaten haben zusammen so viele Einwohner wie Kalifornien, aber 21mal so viele Senatoren. Diese verzerrenden Effekte nehmen seit längerer Zeit zu, weil das demografische Ungleichgewicht zwischen den bevölkerungsreichen Küsten und der Landmitte immer größer wird. Bei sechs der letzten sieben Präsidentschaftswahlen haben die Demokraten landesweit die meisten Stimmen – das sogenannte »popular vote« – gewonnen.[174]

Diese demografische Entwicklung und die aus ihr resultierende Panik sind zentrale Elemente des Trumpismus. Der Trump-Unterstützer Michael Anton warnte 2016 in einem vielbeachteten Essay vor dem »endlosen Import von Dritte-Welt-Ausländern«, der dazu führe, dass »die Wahlbevölkerung immer linker, immer mehr demokratisch und weniger republikanisch sowie immer weniger amerikanisch« werde. Donald Trump repräsentiere die letzte Möglichkeit, die USA vor dem Untergang zu retten. Der Text mit dem Titel »The Flight 93 Election« war eines der eindeutigsten Dokumente der republikanischen Radikalisierung. Der Titel verweist auf das Flugzeug, das am 11. September 2001 von Terroristen entführt und dank des heroischen Einsatzes einiger Passagiere zum Absturz gebracht worden war, bevor es seine Selbstmordmission vollenden konnte. Genau so beschreibt Anton Amerika vor der Wahl 2016: »2016 ist die Flug-93-Wahl: Stürmt das Cockpit oder ihr sterbt. Vielleicht sterbt ihr sowieso. Ihr – oder euer Parteiführer – kommt vielleicht ins Cockpit und wisst nicht, wie man das Flugzeug landet. Es gibt keine Garantien. Außer einer: Wenn ihr es nicht versucht, ist euch der Tod sicher.«[175]

---

174 https://www.neues-deutschland.de/artikel/1112931.demokratie-in-den-usa-trumps-demografi-sche-panik.html .
175 https://claremontreviewofbooks.com/digital/the-flight-93-election/ .

Die Demokraten sind in dieser Metapher die Terroristen, die die Kontrolle über das Land an sich gerissen haben und es in den Untergang führen wollen. Trump sei zwar unberechenbar, aber er habe, »wenn auch unvollständig und inkonsistent, die richtigen Positionen bei den richtigen Themen – Einwanderung, Handelspolitik und Kriegführung – formuliert« und könne die Katastrophe so vielleicht noch abwenden. Auf das konservative Establishment könne man sich nicht mehr verlassen. Es habe längst seinen Frieden mit der »Davos-Elite« gemacht und würde sich auf kümmerliche Weise »selbst zensieren«. Auch der Wahlspruch der Neokonservativen sei längst: »Die Welt erobern, die Welt einladen.« Trump allein habe es gewagt, sich diesem globalistischen Konsens zu widersetzen. Nur er sei »aufgestanden, um zu sagen: Ich will leben. Ich will, dass meine Partei lebt. Ich will, dass mein Land lebt. Ich will, dass mein Volk lebt. Ich will diesen Wahnsinn beenden.«[176] Michael Anton diente unter Trump bis 2018 als Direktor für Strategische Kommunikation des Nationalen Sicherheitsrates.

Der Niedergang

Wenn Donald Trump und Hillary Clinton über die USA sprachen, klang das wie Tag und Nacht. Trump war unfassbar pessimistisch, er warnte pausenlos vor dem Niedergang Amerikas. Clinton dagegen sprach mit Optimismus über die Zukunft des Landes. »America is already Great« war ihre Antwort auf Trumps »Make America Great Again«. Clinton verwies dabei auf die gute Wirtschaftslage: Unter Obama, so die Botschaft, war die Wirtschaftskrise überwunden worden, die Arbeitslosigkeit sank stetig. Die Wirklichkeit im Land sah freilich anders aus, die Spätfolgen der Krise waren keineswegs überwunden, und weite Teile der Bevölkerung blickten in eine düstere Zukunft. Im Oktober 2015 stimmten bei einer Umfrage 69 Prozent der Amerikaner der Aussage zu: »Ich bin wütend, weil unser politisches System für die Insider mit Geld und Macht wie an der Wall Street oder in Washington arbeitet, anstatt für normale Menschen.« Und 54 Prozent sagten: »Das wirtschaftliche und politische System in unserem Land benachteiligt Leute wie mich.« Fast die Hälfte aller Amerikaner sagten, »Amerikas beste Tage liegen hinter uns«, und über die Hälfte waren der Ansicht, dass sich »die amerikanische Kultur und Lebensweise« seit den Fünfzigern zum Schlechteren verändert haben.[177]

---

176 Ebd.
177 Sides/Tesler/Vavreck, 12.

Wie gesagt: Es ist falsch, von Trump-Wählern als von ökonomisch Benachteiligten zu sprechen: Sie waren allgemein wohlhabender als der Bevölkerungsdurchschnitt. Aber die regionale Spaltung zwischen »Trump-Country« und dem Rest des Landes hat eine eindeutig ökonomische Dimension. Trump-Wähler, heißt es in einer Wahlanalyse der »NYT« mit dem Titel »The Geography of Trumpism«, wohnen eher in ländlichen Regionen, wo viele Menschen keinen High-School-Abschluss haben und sich nach der Krise Arbeitslosigkeit festgesetzt hat. Wer nur auf die offiziellen Statistiken schaute, übersah diesen Trend – denn grundsätzlich wird dort nur gezählt, wer noch aktiv nach Jobs sucht. Wer aufgegeben hat, krank ist oder sich um die Familie kümmert, taucht in der Statistik nicht auf. »Landesweit haben 23 Prozent der 25- bis 54jährigen im März nicht gearbeitet, 2000 waren es nur 18 Prozent«, schrieb die »NYT« 2016. »Die Gegenden, in denen Trump am beliebtesten war, lagen in diesem Trend vorne.«[178] Trump war vor allem in jenen Regionen erfolgreich, heißt es weiter, »in denen ein hoher Anteil von Arbeitern in Branchen arbeitet, wo man mit den Händen arbeitet, vor allem der fertigenden Industrie«. Wegen der Automatisierung und der Verlagerung von Produktion ins Ausland befanden sie sich schon seit Jahrzehnten im Niedergang.

In der post-industriellen High-Tech-Ökonomie Amerikas sind vor allem die Städte – die kosmopolitischen, multikulturellen Zentren der Weltwirtschaft – strukturell im Aufwind, ländliche Gebiete stagnieren oder befinden sich im Niedergang. Analytiker des Brookings-Instituts sprachen deshalb in einer Wahlanalyse von »im Grunde zwei unterschiedlichen ökonomischen Nationen innerhalb Amerikas«.[179] Wahlbezirke, in denen Demokraten gewannen, leisteten 60,9 Prozent der ökonomischen Aktivität des Landes und beheimateten vor allem *advanced industries* mit einem hohen Grad an Technisierung und Spezialisierung und einer dementsprechend hochqualifizierten Arbeiterschaft. In republikanischen Bezirken dominierte die einfache Industrie mit geringem Technisierungsgrad und einer weniger qualifizierten Arbeiterschaft. Genau diese zurückfallenden Teile des Landes sprach Trump an, indem er versprach, die Industrie zurückzubringen und mit einem gewaltigen Infrastrukturprogramm wieder für massenhaft »Handarbeit« zu sorgen.

178 https://www.nytimes.com/2016/03/13/upshot/the-geography-of-trumpism.html .
179 https://www.brookings.edu/blog/the-avenue/2018/11/16/americas-two-economies-remain-far-apart/ .

Die Wahl 2016 sei effektiv ein Kampf zwischen »high-output-America« (Clinton, 64 Prozent des Bruttosozialprodukts, BSP) und »low-output-America« (Trump, 36 Prozent des BSP) gewesen.[180] Das hatte sich schon zuvor abgezeichnet – 2000 und 2004 etwa.[181] Aber ein derartig krasses Missverhältnis habe es in der modernen Geschichte noch nicht gegeben. Der Trend war so deutlich, dass, wenn man allein die zu 90 Prozent von weißen bewohnten Wahlbezirke betrachtet, die wohlhabenden Bezirke fast geschlossen für Clinton, die ärmeren für Trump gestimmt hatten.[182]

Auch Trump vertrat wohlhabende Weiße, aber eben aus Gegenden, in denen es wirtschaftlich bergab ging. Er sprach für das stagnierende Amerika, das nicht davon profitierte, dass es in die globalen Verwertungszusammenhänge integriert war, sondern sogar darunter litt – denn die einfache Industrie war es vor allem, die durch Freihandel und vor allem den »China-Schock« dezimiert worden war. Auch der Niedergang der Beschäftigung in der fertigenden Industrie aufgrund von wachsenden Importen aus Asien war stark regional konzentriert.[183] Immer wieder sprach Trump im Wahlkampf von der Opiat-Epidemie, die seit Jahren vor allem im ländlichen, weißen Amerika Hunderttausende Tote forderte. Insgesamt war in den Gegenden, in denen Trump erfolgreicher als Mitt Romney war, die Lebenserwartung langsamer gestiegen. Viele dieser Gegenden verzeichneten mehr »Tode aus Verzweiflung« durch Drogen, Alkohol und Selbstmord.[184] Trump sprach von diesen Realitäten, Clinton schien sie zu beschweigen. Die aktuelle Prosperität, betonte Trump, sei nur eine des Aktienmarkts und der niedrigen Zinsen, sie sei nur eine Illusion: »Wir haben die schlechteste Wirtschaftserholung seit der Großen Depression. Und glaubt mir, wir sind in einer Blase. Das einzige, das gerade gut aussieht, sind die Aktienmärkte, und wenn die Leitzinsen hochgehen, wird alles zusammenbrechen.«[185]

180 https://www.brookings.edu/blog/the-avenue/2016/11/29/another-clinton-trump-divide-high-output-america-vs-low-output-america/ .
181 https://www.amazon.com/Red-State-Blue-Rich-Poor/dp/0691143935#reader_0691143935 .
182 https://www.nytimes.com/interactive/2018/07/27/upshot/white-voters-precinct-analysis.html .
183 Einflussreich die Studien von Dron und Hanson von 2013: https://www.nber.org/papers/w22637.pdf?fbclid=IwAR2qdObZW8DwhruRWq7PtEP5YCqjmyE1dFo4_E3Id4I8FFTGRHGQQpu2D8A ; und 2016: https://www.nber.org/papers/w22637.pdf?fbclid=IwAR2qdObZW8DwhruRWq7PtEP5YCqjmyE1dFo4_E3Id4I8FFTGRHGQQpu2D8A .
184 Sides/Tesler/Vavreck, 172.
185 https://www.youtube.com/watch?v=6AeJys7Euck .

Strangers in their Own Land

2016 veröffentlichte die Soziologin Arlie Hochschild *Strangers in their Own Land*, das als soziologisches Porträt von Trump-Wählern große Beachtung fand. Jahrelang hatte sie Tea-Party-Aktivisten in Louisiana begleitet und versuchte dann, basierend auf 5.000 Seiten transkribierter Interviews, deren Weltsicht zu beschreiben. Konservativ regierte Staaten, so Hochschild, seien »ärmer, haben mehr minderjährige Mütter, mehr Scheidungen, schlechtere Gesundheit, mehr Übergewicht, mehr gewaltsame Tode und niedrigere Bildungsraten«.[186] Für Louisiana gelten alle diese Punkte: Es ist einer der ärmsten Staaten der USA, ländlich geprägt, mit extrem schlechten Bildungswerten. 25 Prozent der Kinder leben unterhalb der Armutsgrenze – und 2016 stimmten 58 Prozent der Wähler für Trump. Die Jobs, die es gibt, finden sich vor allem in der Öl- und Chemieindustrie. Diese wird von den republikanischen Regierungen mit extrem laxen Umweltauflagen hofiert. Die Konsequenz ist eine enorme Umweltverwüstung. Fast jede Person, mit der Hochschild sprach, konnte entsprechende Geschichten erzählen – vom Krebs, den man sich bei der Arbeit in den Raffinerien geholt hat, von für immer verschmutzten Flüssen und von ganzen Wohnvierteln, die unbewohnbar wurden. 2010 wurde die Küste Louisianas von einem gewaltigen Ölteppich verheert, als die BP-Bohrinsel »Deep Water Horizon« havarierte. 90.000 Fischer wurden arbeitslos, weil das Meer verseucht war.[187]

Und dennoch waren die Menschen, mit denen Hochschild sprach, überzeugte Anhänger der Republikaner – der Partei, die der Industrie noch jedes ökologische Hindernis aus dem Weg räumt. Selbst nach der »Deep Water Horizon«-Katastrophe lehnte die Mehrheit der Bevölkerung ein von der Obama-Regierung verordnetes mehrmonatiges Pausieren der Tiefseebohrungen vor der Küste ab.[188] Wie ist das möglich? Warum identifizieren sich diese Leute so stark mit einer Agenda des freien Unternehmertums, von der sie selbst kaum profitieren? Warum lehnen sie Sozialprogramme und eine gesetzliche Krankenversicherung ab, obwohl sie davon profitieren würden?

Die Menschen, die Hochschild porträtiert, sind oft unzufrieden – sei es, weil sie ihr ganzes Leben zu hart arbeiten mussten, weil sie durch Krankheit oder andere Schicksalsschläge alles verloren haben oder weil ihnen schon immer eine Perspektive gefehlt hat. Aber sie haben Wege gefunden, sich mit ih-

---

186 Hochschild, XX.
187 Ebd., 65.
188 Ebd., 66.

rer Situation abzufinden: durch demonstrativen Stoizismus und Stolz darauf, keine fremde Hilfe annehmen zu müssen. Vielen half die fundamentalistisch-evangelikale Kultur, die ihnen eine Gemeinschaft bietet, wo sie regelmäßig »Kraft beziehen, um zu ertragen, was zu ertragen ist«.[189]

Hochschilds empathische Schilderung beschreibt das tiefe Ressentiment von Menschen, die sich völlig der kapitalistischen Leistungsideologie verschrieben haben, unter deren Räder sie gleichwohl geraten sind, die jeden Tag kämpfen mussten. Nun wachen sie umso erbitterter darüber, dass auch sonst bloß niemand etwas umsonst bekommt. »Du stehst geduldig in der Schlange zum amerikanischen Traum und wartest«, beschreibt Hochschild diese konservative »Grunderzählung« – eine Art symbolische Geschichte, die die grundsätzliche Weltwahrnehmung ihrer Interviewpartner wiedergeben soll. »Doch dann siehst du Menschen, die sich vordrängeln.« Darunter vor allem Schwarze, die von der Antidiskriminierungspolitik profitieren oder Sozialhilfe erhalten. Oder karrierefixierte Frauen, die Jobs ergattern, die die älteren Männer selbst nie hatten. Zudem Immigranten, Mexikaner, Somalis oder syrische Flüchtlinge, die sich nach oben arbeiten. Das ist für diese Leute umso schwerer zu ertragen, als sie das Gefühl haben, dass es für sie selbst nicht vorangeht. Ein pessimistisches Unbehagen findet sich bei fast allen Interviewten: »Ist die Wirtschaft auf seltsame Art stehengeblieben? Geht es meinem Unternehmen gut? Kriege ich dieses Jahr eine Gehaltserhöhung? Gibt es noch gute Jobs für alle? Oder nur ein paar? Werde ich für immer in der Schlange stehen? Du hast seit Jahren keine Gehaltserhöhung gekriegt, und es sieht auch in Zukunft nicht gut aus. Tatsächlich, wenn du nur einen High-School-Abschluss oder einen BA hast, ist dein Einkommen die letzten zwanzig Jahre gesunken.«[190]

Und dann ist da das bittere Gefühl, von denen dort oben verraten worden zu sein. »Du wirst misstrauisch«, beschreibt Hochschild die »Grunderzählung« weiter. »Wenn sich Leute in der Schlange vordrängeln, muss ihnen jemand helfen. Wer? Ein Mann überwacht die Schlange, läuft hoch und runter und passt auf, dass sie ordentlich und der Zugang zum Traum fair ist. Sein Name ist Präsident Barack Hussein Obama. Aber – hey – du siehst, wie er den Vordränglern zuwinkt. Er hilft ihnen. Er hat Sympathie für sie, aber nicht für dich. Er ist auf ihrer Seite. Er sagt dir, dass die Vordrängler beson-

189 Ebd., 124.
190 Ebd., 136.

dere Behandlung verdienen, weil sie es schwerer gehabt haben als du.« – »Du
fühlst dich betrogen. Der Präsident ist ihr Präsident, nicht deiner. Obamas
Geschichte ›stinkt‹ irgendwie. Du bist kein paranoider Typ, aber ... Ein Freund
fragt dich, ob dir aufgefallen ist, dass Obama während des Ramadan seine
Armbanduhr abnimmt.« Die kulturellen Fundamente, mit denen sich diese
Menschen aufwerten – ihre Religion, ihre christliche Moral, der Patriotismus – scheinen immer weniger respektiert zu werden. Umso trotziger halten
sie daran fest: »Du hast vielleicht nicht das größte Haus, aber du kannst stolz
darauf sein, Amerikaner zu sein. Und jeder, der Amerika kritisiert – nun, er
kritisiert dich.«[191]

Man kann lange überlegen, wie passend dieses Bild ist. Die meisten der
Interviewpartner von Hochschild gestanden zu, dass es ihr Empfinden wirklich trifft. Zumindest aber gibt dieses Buch Auskünfte darüber, was – neben
dem rassistischen Ressentiment – die subjektiven Antriebe der provinziellen
und »abgehängten« Trump-Wähler sind. Da wäre zum einen eine Gier nach
Anerkennung. Der liberalen Presse ist das oft entgangen, aber niemand lobt
sein Publikum so offensiv wie Trump. Die »vergessenen Männer und Frauen«
preist er bei jeder Gelegenheit als »good people« – und gibt ihnen die Möglichkeit, sich mit ihm zu identifizieren. »Ihr seid nicht länger vergessen«,
sagte Trump bei einer Rallye in Ohio. »Ihr seid die großartigen Leute. Ihr arbeitet hart, ihr zahlt eure Steuern, und ihr werdet vergessen. Und ihr seid die
Schlauesten. Wisst ihr, wenn die von der Elite sprechen. Die Elite. Ihr kennt
die Elite nicht. Die sind nicht die Elite. Ihr seid Elite. Ihr seid die Elite!« (Jubel). »Ich bin Präsident geworden, nicht die. Das heißt: Ihr seid Präsident
geworden.« Dann wartet Trump den Jubel ab und sagt langsam und genüß-
lich: »Und es macht sie wahnsinnig.«[192] Auch das, was diesen Menschen hei-
lig ist, preist Trump am laufenden Band: die Flagge, die Religion, die Arbeit.
Die linksliberalen Miesmacher, die an all dem nur das Schlechte sehen, die
selbst die Geschichte des Landes als rassistisch denunzieren und immer nur
Minderheiten anpreisen, nie den Durchschnittsamerikaner, bringt Trumps
Triumph zum Schweigen.

Und zum zweiten ist da eine »Mitgefühls-Müdigkeit« – eine große Wut,
die diese Menschen packt, wenn die Gesellschaft oder die Medien verlangen,
dass sie mit anderen mitfühlen sollen, mit syrischen Flüchtlingen zum Bei-

---

191 Ebd., 139 f.
192 https://www.youtube.com/watch?v=r8HOvlqckeU .

spiel. Das regt eine Frau besonders an den liberalen Medien auf: dass die nicht auf ihrer Seite stehen. Im Gegenteil: Sie wollen sogar, dass sie sich schuldig fühlt. Auf die Behauptung, dass es andere Opfer gibt, reagiert sie mit Wut: »Das ist PC. Das wollen Liberale, dass Zuhörer wie ich fühlen. Ich mag das nicht. Und ich will auch nicht, dass mir gesagt wird, dass ich eine schlechte Person bin, weil mir dieses (syrische Flüchtlings-) Kind nicht leid tut.«[193]

Trump zuzuhören, der verspricht, »ihre Stimme« zu sein, sei für die meisten der Porträtierten fast wie ein Erweckungserlebnis gewesen, schreibt Hochschild. Die Ekstase, der sie sich bei Trumps Wahlkampfauftritten hingeben, gleiche einem religiösen Ereignis: »Die Quelle der Ehrfurcht und Erregung ist nicht nur Trump selbst; es ist die Einheit der großen Menge an Fremden, die sich um ihn sammeln. Wenn die Rallye selbst sprechen könnte, würde sie sagen: ›Wir sind die Mehrheit!‹« Darin liege ein »mächtiges Versprechen – aus Verbitterung, Verzweiflung, Depressionen herausgehoben zu werden. Die ›Bewegung‹, wie Trump seinen Wahlkampf zunehmend nennt, wirkt als großes Antidepressivum.« Trump erlaube es ihnen, sie selbst zu sein, ohne sich zu schämen. Es sei ein befreiendes Gefühl, nicht mehr PC sein zu müssen. »Leute denken, wir sind keine guten Menschen, weil uns die Schwarzen und die Immigranten und die syrischen Flüchtlinge nicht leid tun«, sagt ein Trump-Wähler. »Aber ich bin ein guter Mensch, und sie tun mir nicht leid.« Es fühlte sich gut an, an Trump zu glauben. An diesem Vertrauen, dieser Begeisterung festzuhalten und jede Skepsis und Gegenstimme auszublenden, schreibt Hochschild, »wurde zu einer Angelegenheit des emotionalen Selbstinteresses«.[194]

Transgression als Befreiung

Trumps Rallyes waren Phänomene – kein anderer Kandidat, besonders nicht Hillary Clinton, schaffte es, regelmäßig so viele Menschen anzuziehen. Trump fühlte sich bei diesen Veranstaltungen völlig in seinem Element, er konnte vor seinen Fans den Entertainer geben, fast nach Belieben vor sich hinreden und sich dafür bejubeln lassen. Bei seinen Auftritten konnte Trump auch die autoritären Bedürfnisse seiner Anhänger befriedigen. »Schmeißt ihn raus«, schrie er ins Mikrophon, während die (oft schwarzen) Demonstranten von der Polizei durch die johlende Menge abgeführt wurden. »Ich würde ihm gerne

---

193 Hochschild, 128.
194 Ebd., 226 ff.

ins Gesicht schlagen, ich sag es euch.« – »Er gibt der Menge Energie, wenn er redet«, sagte ein begeisterter Unterstützer zu einem Fernsehreporter. »Das ist das, was wir brauchen. Wir brauchen Energie in diesem Land.«[195] Wer glaubt, da den Beginn einer faschistischen Bewegung ausmachen zu können, irrt wohl. Es handelt sich um Events, um etwas wie ein Rockkonzert. Trump war vor allem ein Medienphänomen. Aus seiner Wahl resultierten keine organisierten Gruppen, keine Bewegung. Die »Trump-Army« besteht aus Fernsehzuschauern, Social-Media-Kriegern und Empfängern von Email-Bettelbriefen.

Durch Trump hat die Kulturindustrie die Politik endgültig gekapert. Fiktion, Stories und Lügen traten ins Zentrum, wurden zur eigentlichen Substanz der Politik. Masha Gessen schrieb, Trump lüge aus denselben Gründen, aus denen jeder Autokrat lügt: um seine Macht zu beweisen – »to assert power over truth itself«.[196] Das übertreibt wohl Trumps Macht genauso wie seine Ernsthaftigkeit. Gessen hat jedoch Recht damit, dass Trump mit seinen permanenten Lügen nicht primär die Absicht verfolgt, die Öffentlichkeit zu täuschen oder zu manipulieren. Seine Lügen – und die Weigerung, sich dafür zu schämen – sind ein Zeichen der Loyalität zu dem Weltbild, das er und seine Anhänger teilen. Er demonstriert damit gewissermaßen, auf welcher Seite er steht.

Für die US-Rechte scheint Wahrheit etwas primär Symbolisches zu haben; es geht um Loyalität zum eigenen Stamm. Nur so lassen sich die zahlreichen Wahnvorstellungen erklären, die bis ins 21. Jahrhundert kaum an Attraktivität eingebüßt haben: die Evolutionsgegnerschaft, die Klimaleugnung und so weiter. Sie fungieren primär als Metaphern, die gegen die Autorität der urbanen, liberalen Kultur gerichtet sind. Diese Tradition geht weit zurück, schon in den zwanziger Jahren hatten christliche Fundamentalisten im Snopes-Monkey-Trial vor Gericht für das Recht gestritten, den »Kreationismus« in der Schule lehren zu können. Auch damals schon machten sie sich damit zum Gespött der nationalen Medien. Der berühmte populistische Politiker William Jennings Bryan, der allgemein als progressiv gilt, stellte sich damals klar auf die Seite der Evolutionsgegner. »Mein Gott ist der Gott der Ungebildeten wie des Gelehrten«, schrieb Bryan. Wissenschaftler versuchten, »eine Oligarchie im freien Amerika zu errichten, die tyrannischste, die es je gegeben hat«. Die Realitätsverweigerung ist aus dieser Sicht so et-

---

195 https://www.youtube.com/watch?v=MQD3Lj-VzK0 .
196 https://www.nybooks.com/daily/2016/12/13/putin-paradigm-how-trump-will-rule/ .

was wie ein demokratischer Kampf des einfachen Volkes gegen die liberalen, säkularen Eliten. So beschrieb es der Trump-Anhänger (und seriöse Außenpolitik-Experte) Michael Doran. Er sah in Bryans Haltung »eine Revolte des Jacksonian Populismus gegen zentralisierte Macht«; in der Tradition dieser Revolte stehe Trump noch heute.[197]

Dadurch, dass Trump offensichtliche Lügen erzählte, machte er sich zum Komplizen seiner Anhänger. Aus der Ekstase, die sich bei seinen Rallyes beobachten lässt, spricht das medial inszenierte Gefühl des reaktionären Blocks, wieder die Hoheit übernommen zu haben. Hier ist eine Dialektik von Befreiung und Unterdrückung am Werk – Trump-Fans erfahren sich gerade dann als frei, wenn sie ohne Rücksicht auf andere die Sau rauslassen können. Trumps Krassheit, seine ungeschliffene, sexistische, hetzerische Energie wurden so zu einem Ausweis seiner Authentizität. Und je mehr er in den Medien kritisiert wurde, in den Comedy-Shows verspottet, von Demokraten abgetan und angefeindet, je mehr er die liberalen Eliten zur Weißglut und Verzweiflung brachte, desto klarer schien er auf der Seite seiner Anhänger zu stehen – gegen die anderen.

So kann man auch erklären, warum gerade Evangelikale diesen New Yorker Milliardär feierten, der Pornostars Schweigegeld zahlte, um seine außerehelichen Affären zu vertuschen. Natürlich hat sich Trump auch oft sehr direkt an die Evangelikalen gewandt und ihnen greifbare politische Macht versprochen. Kurz vor dem Beginn des Vorwahlkampfs in Iowa erklärte er: »Ich sage euch, das Christentum wird bedroht und belagert.« Wenn er Präsident werde, würde sich das ändern. »Das Christentum wird Macht haben. Wenn ich dort bin, werdet ihr jede Menge Macht haben, ihr braucht niemanden sonst.«[198] Evangelikale sind politisch sehr gut organisiert, sie können deshalb leicht als Klientel politisch integriert werden. Sie sind auch völlig dem Mainstream entfremdet; das Gefühl, von der übermächtigen liberalen Kultur belagert oder gar verfolgt zu werden, ist das Fundament ihrer kulturellen Identität. In Trumps Weigerung, sich den Spielregeln der Political Correctness zu unterwerfen, erkannten sie ein Zeichen seiner Zuverlässigkeit.

Diesen Kampf gegen »politische Korrektheit« inszenierte Trump immer und immer wieder. 2015 kritisierte er die »politisch korrekte Kriegführung« gegen den »Islamischen Staat« (Isis) und versprach, er werde »knock the hell

---

197 https://www.hudson.org/research/14265-the-theology-of-foreign-policy .
198 https://www.nytimes.com/2020/08/09/us/evangelicals-trump-christianity.html .

out of them«. Man solle »die Familien der Terroristen töten«.[199] Während der zweiten Präsidentschaftsdebatte verteidigte er seinen »Muslim Ban« mit den Worten: »We could be very politically correct, but whether we like it or not, there is a problem.«[200] Und gleichzeitig funktionierte der Appell an eine das Land beherrschende politische Korrektheit auch wie eine Verschwörungs-erzählung: Da gibt es Wahrheiten, die niemand ausspricht, weil sie politisch unkorrekt wären. Die Herrschenden verheimlichen etwas. Sie sind nicht auf *eurer* Seite, sondern auf *deren* Seite.

Gegen die Eliten

Die »Eliten« standen im Zentrum der Trumpschen Agitation – im Hass auf sie erreichte er die Vereinigung mit seinen Anhängern, die Identifikation als ihre Stimme. Hillary Clinton – eine in jeder Hinsicht moderate Politike-rin – nahm in Trumps Rhetorik dämonische Züge an. Sie repräsentierte die schattenhaften Machenschaften, mit denen sich die Eliten gegen den Wil-len des echten amerikanischen Volkes verschworen hatten. Aus der Tatsache, dass sie sich wie jeder amerikanische Politiker – und jeder Republikaner – über die großzügigen Wahlkampfspenden an die kapitalistische Klasse und die materiellen Interessen der Oberschicht band, malte Trump ein Bild der grenzenlosen Korruption. Hillary Clinton will »keep our rigged system in place«. Und sie stehe unter der Fuchtel aller möglichen internationalen In-teressengruppen. Das beweise vor allem die Clinton Foundation, die in der ganzen Welt Spenden einsammelte.[201]

Gefüttert wurde dieses Narrativ durch die von Wikileaks veröffentlich-ten Emails, in denen auch Auszüge aus Reden veröffentlicht wurden, die Clinton hinter verschlossenen Türen vor Wall-Street-Größen und anderen nennenswerten Geldgebern gehalten hatte. In einer dieser Reden sagte sie, man brauche »sowohl eine öffentliche wie eine private Position« in der Politik. Daraus sprach kaum mehr als das gewöhnliche Handwerkszeug neoliberaler Politiker, die verstehen, dass man kapitalfreundliche Reformen am besten durchsetzen kann, indem man im Wahlkampf über andere Dinge redet. Für Trumps Anhänger war es der Beweis einer Verschwörung.

---

199 https://edition.cnn.com/2015/12/02/politics/donald-trump-terrorists-families/index.html .
200 https://www.theguardian.com/us-news/2016/nov/30/political-correctness-how-the-right-inven-ted-phantom-enemy-donald-trump .
201 https://edition.cnn.com/2016/08/10/politics/donald-trump-hillary-clinton-pay-to-play/index. html https://theweek.com/speedreads/644302/donald-trump-calls-clinton-foundation-most-corrupt-enterprise-political-history .

In einem Wahlspot Trumps hieß es: »In Hillary Clintons Amerika bleibt das System manipuliert, gegen die Amerikaner.« – »Syrische Flüchtlinge werden ins Land fluten«, und »illegale, kriminelle Migranten werden hierbleiben und Rente kassieren«.[202] Wer einmal ein paar Stunden am Stück Fox News geschaut hat, wie es wohl Millionen amerikanische Rentner jeden Tag machen, wird diese Atmosphäre wiederkennen. Irgend etwas droht immer, bringt uns in Gefahr, kommt näher, könnte die amerikanische Gesellschaftsordnung zusammenbrechen lassen: Killerhornissen, linke Anarchisten, zentralamerikanische Gangs, Terroristen oder der Skandal, dass immer mehr Konzerne jetzt »Happy Holidays« statt des christlichen »Merry Christmas« sagen. Diese apokalyptische Angstpropaganda wird von kleineren rechten Medien wie Breitbart noch übertroffen. Zwei wahllos herausgegriffene Breitbart-Überschriften: »More than 347.000 convicted criminal immigrants at large in US« und »Immigration to swell US muslim population to 6,2 Million«[203] – immer sind es gewaltig schwellende Massen der nicht-weißen Menschen, die Amerika bedrohen.

Im Hintergrund stehen die geheimen, boshaften Absichten der Eliten. Vor allem Obama verstecke hinter seinem seriösen Auftreten Abgründe der islamistisch-kommunistischen Gesinnung – oder zumindest irgend etwas Vergleichbares. Nach dem islamistischen Terroranschlag in Orlando kommentierte Trump düster: »Die Leute können einfach nicht glauben, dass Obama sich so verhält, wie er es tut, und nicht einmal die Worte ›radikal-islamischer Terrorismus‹ über die Lippen bringt.«[204] There is something going on – so wurde die Dämonisierung auf die Spitze getrieben, zur Verschwörungstheorie ausgeweitet. Die Insinuation, aus Tea-Party-Zeiten erprobt: Obama ist nicht auf eurer Seite. Er hat andere, geheime Loyalitäten. Solange er regiert, seid ihr nicht sicher. Ihr müsst jemanden an die Macht bringen, der euch, diesem Land, dieser Nation gegenüber 100prozentig loyal sein wird.

Bei einer Wahlkampfrede in Florida sprach Trump von einer »globalen Machtstruktur«, die verantwortlich sei für die Wirtschaftspolitik, die »unsere Arbeiterklasse ausgeplündert und unserem Land den Wohlstand geraubt hat«. Den Beweis dafür sehe man in den Wikileaks-Dokumenten, die zeigten, wie »Hillary Clinton heimlich internationale Banken trifft, um die Zerstörung der amerikanischen Souveränität zu planen und so diese globalen Finanzmächte

---

202 https://www.youtube.com/watch?v=sirKaDPYVHU .
203 Sides/Tesler/Vavreck, 134.
204 Ebd., 138.

zu bereichern«. Dieser Wahlkampf, so Trump weiter, sei »ein Kampf um das Überleben unserer Nation«, er entscheide, ob »wir eine freie Nation bleiben oder nur noch die Illusion einer Demokratie haben, aber tatsächlich von einer kleinen Handvoll globaler Interessen kontrolliert werden«.[205]

Es war deshalb kein bisschen überraschend, dass Trumps Aufstieg mit einem Erstarken des Antisemitismus einherging. Trump hat eine enge Bindung zu seinem jüdischen Schwiegersohn Jared Kushner (seine Tochter konvertierte zum Judentum, auch seine Enkel sind jüdisch), und seine Regierung sieht sich als engster Verbündeter Israels. Doch dass ein Bündnis mit Israel Antisemitismus keineswegs ausschließt, demonstriert die christliche Rechte Amerikas schon seit Jahrzehnten. Als Trump Ende 2019 während einer Hannukah-Feier im Weißen Haus einen Erlass unterschrieb, um BDS-Aktivitäten an amerikanischen Universitäten zu unterbinden, standen neben ihm, wie die »Washington Post« kommentierte, »zwei evangelikale christliche Pastoren, Robert Jeffress und John Hagee. Jefress hatte Juden in die Hölle verdammt, während Hagee vor einem internationalen Plot der Rothschilds, um die amerikanische Souveränität zu untergraben, warnte, Hitler einen ›Jäger‹ nannte, der von Gott gesandt sei, um Juden zu töten, die sich weigerten, nach Israel zu ziehen, und den Antichrist als ›halb-jüdischen Homosexuellen‹ beschrieb.«[206]

Schon im Wahlkampf nutzte Trump immer wieder antisemitische Rhetorik. Er tweetete ein Bild, das Hillary Clinton neben einem Haufen Bargeld und einem Davidstern zeigte, mit dem Kommentar »Most Corrupt Candidate Ever!«. Zum Höhepunkt des Wahlkampfs veröffentlichte Trump einen Wahlspot, der neben Hillary Clinton drei prominente reiche Juden zeigte – George Soros, Janet Yellen (Vorsitzende der Federal Reserve) und Lloyd Blankfein (CEO von Goldman Sachs). Im Off-Kommentar wurde vor einer »globalen Machtstruktur« gewarnt, die »unser Land ausplündert«.

Die Grundbehauptung des Antisemitismus – dass eine illoyale, kosmopolitische Elite im Geheimen am Untergang der Nation arbeite – war auch das Grundmuster von Trumps Wahlkampfrhetorik. Die paranoiden Verschwörungstheorien, die seit 2015 zum Massenphänomen wurden, trieben diese Logik nur auf die Spitze. Am prominentesten ist die Q-Anon-Theorie gewor-

205 https://www.vox.com/world/2016/10/14/13288133/donald-trump-anti-semite-israel-david-duke-racism-misogny-clinton .
206 https://www.washingtonpost.com/outlook/2019/12/17/how-donald-trump-is-stoking-anti-semitism-while-claiming-fight-it/ .

den, laut der Trump ein Maulwurf sei, der sich in die Regierung, das Belly-of-the-Beast, vorgewagt habe, um verdeckt gegen die Verschwörung des »Deep State«, des »tiefen Staates«, vorzugehen. Diese scheint vor allem darauf abzuzielen, Kinder zu entführen, um sie rituell zu vergewaltigen und den körpereigenen Stoff »Adenochrom« zu ernten, mit dem sich die wahren Eliten dieser Welt wie Soros, Clinton und Oprah Winfrey ewiges Leben zu sichern versuchen. Q-Anon ist inzwischen so etwas wie eine religiöse Erweckungsbewegung und trägt deutlich sektenhafte Züge. Bis heute ist nicht bekannt, wer sich ursprünglich als »Q« ausgegeben und mit in obskuren Foren geposteten angeblichen Insiderinformationen die ganze Sache ins Rollen gebracht hat. Doch spielt das kaum noch eine Rolle. Der virtuelle Schwarm der etlichen Tausend Q-Anon-Anhänger hat sich längst verselbständigt und spinnt die Verschwörung ständig weiter. Inzwischen treten die ersten Q-Anon-Anhänger bei republikanischen Wahlen an.[207]

Trumps außenpolitische Wende

Trump ist ein Nationalist, das erklärte er immer wieder und aus voller Überzeugung. »America First« ist das Versprechen, die Interessen der Nation über alles zu stellen: über und gegen die Interessen der anderen Länder, ohne Rücksicht auf die Probleme in der Welt, und vor allem: ohne sich für die hochtrabende liberale Vision einer internationalen Weltordnung aufzuopfern. Wie alle radikalen Nationalisten verachtete Trump sein Land, wie es sich ihm zeigte: Es sei von Dummköpfen und Verrätern regiert, die nicht sein wirkliches Interesse verfolgten. Dementsprechend hart rechnete er mit der amerikanischen Weltpolitik ab. Alles, was bis dahin das amerikanische Interesse in der Welt organisiert hatte – die Bündnisse, Handelsabkommen und internationalen Institutionen – stellte Trump in Frage. Das traditionelle Verständnis der USA als Führungsmacht der »freien Welt« ersetzte er durch einen ostentativen Zynismus, der international nur Kampf, nur Gewinner oder Verlierer, kennt. Er nannte die Nato »obsolet« und forderte von Amerikas Verbündeten Geld für Militärschutz. Den Anspruch, für Demokratie und Menschenrechte zu stehen, gab Trump auf und sagte: Putin ist schlimm, aber sind wir das nicht auch? Ich werde mit ihm reden können, von Mann zu Mann. Und natürlich: China, China, China. Die amerikanischen Eliten hätten sich von

---

207 https://foreignpolicy.com/2020/08/12/qanon-deprogramming-cult-congress-trump-conspiracy-theory-reddit/ .

China über den Tisch ziehen lassen, er würde endlich aufräumen und das amerikanische Nationalinteresse an die erste Stelle setzen.

Trumps erratische, teilweise widersprüchliche Rhetorik ließ allen Experten die Haare zu Berge stehen, aber in einem war er konsistent: Er erklärte die liberale Rhetorik der alten Zeit, die Demokratisierungs-Agenda und die Vorstellung, Amerika könne die Welt ordnen, für gescheitert. »Mr. Trump scheint die Welt für chaotisch und bedrohlich zu halten, ungastlich für die traditionellen amerikanischen Ziele wie die Förderung der Demokratie und der internationalen Institutionen. In dieser Welt müssen die USA ihre eng verstandenen Interessen verfolgen, unilateral und mit unverfrorener Macht«, fasste es die »NYT« zusammen.[208]

Insofern war es kein Zufall, dass die Ukraine im Wahlkampf 2015/16 eine zentrale Rolle spielte. Im post-sowjetischen Raum ist die expansive Agenda Washingtons am praktischsten verwirklicht worden: Ein Staat nach dem anderen wurde ins westliche Lager eingebunden. Trumps Regierungspolitik gegen Russland war kein bisschen versöhnlicher als Obamas. Er musste die vom Kongress erlassenen Sanktionen akzeptieren und versorgte die Ukraine sogar mit Waffen, wovor Obama stets zurückgeschreckt war. Aber Trump stellte die ideologische Grundlage der US-Politik in der Region in Frage. Vom Kampf für Demokratie und Liberalismus wollte er nichts hören. Statt dessen erklärte er seinen Respekt für die Stärke Wladimir Putins. »Das ist nicht nur unpatriotisch«, kommentierte Hillary Clinton. »Das ist furchterregend, es ist gefährlich.«[209]

Dass so viele amerikanische Entscheidungsträger bereit waren, Trump für einen russischen Agenten zu halten – oder zumindest so zu tun, als hielten sie ihn für einen –, liegt wohl daran, dass am Beispiel Russlands und Putins exemplarisch die Stoßrichtung der amerikanischen Außenpolitik diskutiert wurde: Haben die USA das Interesse und die Berechtigung, überall auf der Welt Einfluss zu nehmen, um demokratische und prowestliche Regierungen zu installieren und zu unterstützen, oder sollten sie pragmatisch die Interessen und die Einflusssphären anderer Großmächte respektieren?

Kein Teil des Establishments lehnte Trump vehementer ab als Amerikas Außenpolitiker. Trump wurde als »Isolationist« bezeichnet, als Zerstörer der »liberalen Weltordnung«; er stecke mit den Feinden des Westens unter einer

208 https://www.nytimes.com/2016/11/12/world/what-is-donald-trumps-foreign-policy.html .
209 https://www.nytimes.com/2016/09/09/us/politics/hillary-clinton-donald-trump-putin.html .

Decke oder werde sogar von Putin kontrolliert. Das galt auch für die Republikaner. Während des republikanischen Vorwahlkampfs 2016 veröffentlichten über hundert »members of the Republican national security community« einen offenen Brief gegen Trump, in dem sie schrieben, dass er »Amerika weniger sicher machen« und »unsere Position in der Welt schwächen« würde, weshalb sie ihn als Kandidaten nicht unterstützen könnten.[210] Dabei trat Trump im Wahlkampf keineswegs als Pazifist auf. 2016 beherrschte der »Islamische Staat« die Schlagzeilen; Trump warf Obama vor, dass Isis nur habe entstehen können, weil er, Obama, zu früh aus dem Irak abgezogen sei, er dagegen würde Isis »in einer Koalition« zerstören. Doch hatte Trump den Irakkrieg klar und vielleicht als erster Republikaner als katastrophalen Fehler bezeichnet; er sagte Jeb Bush ins Gesicht: »Sie wussten, dass dort keine Massenvernichtungswaffen waren, Sie haben gelogen.« Dieser Tabubruch kann in seiner Bedeutung kaum überschätzt werden. Natürlich war schon lange niemand mehr mit dem Irakkrieg hausieren gegangen, aber es hatte auch noch niemand so deutlich gesagt, was Trump sagte. Dafür hat ihn die Basis gefeiert. Auch griff Trump Hillary Clinton an, weil diese die USA in neue Kriege führen würde. In einer programmatischen Wahlkampfrede zur Außenpolitik versprach Trump, er werde »Diplomatie betonen, nicht Zerstörung«. Dagegen scheine es kein »Land im Nahen Osten« zu geben, »in das Hillary Clinton nicht einmarschieren will. Sie ist schießwütig und sehr unstabil.«[211]

Wieso hat die republikanische Basis, die sonst patriotisch hinter jedem Krieg, den die USA führen, steht, das unterstützt? Möglicherweise liegt es daran, dass Soldaten und Veteranen ein wichtiger Wählerblock der Republikaner sind. Sie waren schon lange desillusioniert, was die amerikanischen Kriege anging. 2019 waren laut einer Umfrage von Pew Research 64 Prozent der Irak-Veteranen der Ansicht, es sei nicht wert gewesen, diesen Kieg zu führen. Beim Afghanistankrieg waren es 58 Prozent.[212] In der breiten Öffentlichkeit hatte sich die Ansicht, dass die Kriege in Irak und Afghanistan bestenfalls sinnlos waren, schon lange durchgesetzt; aber wer in diesen Kriegen wirklich gekämpft hatte, konnte diese Erkenntnis nicht einfach abhaken. Seit 2001 waren 2,7 Millionen Soldaten in Afghanistan oder im Irak im Einsatz gewesen. Knapp eine Million von ihnen hat eine offiziell anerkann-

210 https://warontherocks.com/2016/03/open-letter-on-donald-trump-from-gop-national-security-leaders/ .
211 https://www.politico.com/story/2016/09/trump-clinton-unstable-227835 .
212 https://www.pewresearch.org/fact-tank/2019/07/10/majorities-of-u-s-veterans-public-say-the-wars-in-iraq-and-afghanistan-were-not-worth-fighting/ .

te *disability* wegen des Krieges: Ihre Körper sind beschädigt, sie sind chronisch krank oder psychisch nicht mehr in der Lage, ein normales Leben zu führen.[213] Weitere Hunderttausende haben Langzeitschäden davongetragen, die nicht in den Statistiken auftauchen.

Auch dürfte die Zahl von 2,7 Millionen den wahren Einfluss der Veteranen auf die republikanische Basis nicht vollständig erfassen. Sie alle haben Ehepartner, Kinder, Eltern, Freunde und Kollegen, die ebenfalls mit den Folgen der Kriege konfrontiert sind und das nicht einfach vergessen können. Sehr viele von ihnen werden vermutlich Trump-Wähler sein. Es stimmt zwar, dass das US-Militär gezielt ärmere Teenager zu rekrutieren versucht, etwa mit dem Versprechen einer College-Ausbildung. Doch das weitverbreitete Klischee, die amerikanischen Kriege würden von den Armen gefochten, stimmt nicht. Die meisten amerikanischen Soldaten gehören der Mittelschicht an, teilweise sogar der wohlhabenden Mittelschicht.[214] Fast alle – 80 Prozent – stammen aus einer Familie, in der schon mindestens ein naher Verwandter Soldat gewesen ist.[215] Auch geografisch rekrutieren sich die meisten Soldaten aus dem »Heartland« des US-Konservatismus; der Süden ist in der Armee überrepräsentiert; der Nordosten schickt proportional am wenigsten Soldaten.[216]

Dieser konservativ-militaristische Bevölkerungskern musste in den letzten Jahren damit klarkommen, dass die Kriege, in denen sie oder ihre Töchter oder Ehemänner Leben und Gesundheit riskierten, gescheitert waren. Überraschend wäre es gewesen, wenn sie das alles vergessen und sich 2016 hinter Jeb Bush gestellt hätten. Trump hat diesen Menschen eine Interpretation des gescheiterten *War on Terror* geliefert, die mit nationalistischen Prämissen vereinbar war: Schuld an den verlorenen Kriegen war nicht der brachiale Patriotismus, der die USA nach dem 9. September 2001 erfasst hatte, auch nicht der Nationalismus der republikanischen Wähler, die nach den Anschlägen unbedingt Rache nehmen wollten und nicht zu genau nachfragten, an wem denn Rache genommen wurde – nein, Schuld waren die Eliten, die das amerikanische Volk an der Nase herumgeführt hatten, um Kriege zu rechtfertigen, die nichts mit dem nationalen Interesse Amerikas zu tun hatten. Auf diese Weise konnte die Basis den Irakkrieg als auf Lügen basieren-

213 https://watson.brown.edu/costsofwar/costs/human/veterans .
214 https://www.cfr.org/article/demographics-us-military .
215 https://time.com/4254696/military-family-business/ .
216 https://www.businessinsider.com/us-military-is-not-representative-of-country-2014-7?r=DE
&IR=T .

des Debakel akzeptieren, ohne ihren eigenen Chauvinismus in Frage stellen zu müssen.

2016 gehörten Veteranen zu Trumps treuesten Unterstützern, zwei Drittel stimmten für ihn.[217] In den Swing-States, die 2016 die Wahl entschieden, in Pennsylvania, Michigan und Wisconsin, war Trump in jenen Regionen besonders erfolgreich, aus denen überdurchschnittlich viele Soldaten stammten, die ihr Leben verloren hatten, wie eine Studie von Forschern der Cornell University und Minnesota Law School herausfand.[218] »Trump's Opposition to ›Endless Wars‹ Appeals to Those Who Fought Them« – lautete eine Überschrift der »NYT« von 2019. Dieser Antiinterventionismus, der sich in der republikanischen Basis ausbreitete, beeinflusste auch ihre Haltung zu anderen außenpolitischen Fragen. Laut der erwähnten Pew-Umfrage von 2019 hatten mehr als die Hälfte der Veteranen eine negative Meinung zum amerikanischen Engagement in Syrien. Und die Mehrheit der Veteranen (54 Prozent) unterstützte sogar Trumps Haltung zu Russland.[219]

Natürlich wäre es absurd, Trump einen Friedenspräsidenten zu nennen: Die militärische Dominanz der USA stand für ihn außer Frage; er unterstützte den saudischen Krieg im Jemen; der Drohnenkrieg in Afrika und Zentralasien wurde unter seiner Führung ausgeweitet und noch intransparenter;[220] der Ausbau der Streitkräfte war ein bestimmendes Projekt seiner Amtszeit.[221] Auch seine Rhetorik war alles andere als antimilitaristisch, im Gegenteil: Er sprach sich für die Wiedereinführung der Folter aus[222] und kritisierte die »politisch korrekte Kriegführung« gegen den »Islamischen Staat« und forderte, auch die Familien von Terroristen zu töten.[223] Trump pries im Wahlkampf das Militär und die Soldaten in den höchsten Tönen. Was er ablehnte, waren die »missionarischen« Interventionen von George W. Bush, inklusive der Rhetorik der *democracy promotion*. Die USA hätten für die ganze Welt gekämpft, aber nicht mehr für die eigenen Interessen. Viele Jahre lang seien sie »der große, dumme Tyrann gewesen, den alle anderen systematisch ab-

217 https://www.statista.com/statistics/631991/voter-turnout-of-the-exit-polls-of-the-2016-elections-by-military-service/ .

218 https://papers.ssrn.com/sol3/papers.cfm?abstract_id=2989040 .

219 https://www.cbsnews.com/news/poll-1-in-3-vets-say-iraq-afghan-wars-a-waste/ .

220 https://www.thenation.com/article/archive/obama-trump-drone-strikes/ .

221 https://www.brookings.edu/research/quality-over-quantity-u-s-military-strategy-and-spending-in-the-trump-years/ .

222 https://www.theguardian.com/us-news/2016/feb/06/donald-trump-waterboarding-republican-debate-torture .

223 https://www.foxnews.com/politics/trump-slams-obama-clinton-for-politically-correct-war-against-isis-warns-of-more-attacks .

gezockt haben«, indem sie seinen Militärschutz ohne Gegenleistung genossen. Der bisherige interventionistische Kurs der USA sei zu selbstlos, zu global ausgerichtet gewesen. »Wir sind ein Land, das kein Geld hat«, sagte Trump der »NYT«. »Es kommt ein Punkt, wo wir einfach nicht mehr der Weltpolizist sein können.«[224]

Law and Order

Law-and-Order-Politik gehört notwendig zum rechten Kulturkampf; es ist im Grunde ein und dasselbe. Als Pat Buchanan 1992 nach seiner Niederlage im Vorwahlkampf gegen George Bush Sr. auf dem Parteitag der Republikaner seine berühmte »Culture War«-Rede hielt, kam er am Ende auf die Rodney-King-Riots zu sprechen, die gerade Los Angeles erschüttert hatten. Schwärmerisch erzählte er von den jungen Soldaten, die »gekommen waren, um Los Angeles zu retten«. Und so »wie diese Jungs die Straßen von Los Angeles zurückeroberten, Block für Block, so müssen wir, meine Freunde, unsere Städte, unsere Kultur und unser Land zurückerobern«.

»Law and Order« hat eine lange Tradition bei der US-Rechten – als Schlagwort, mit dem sie sich gegen die schwarze Emanzipation stellte. Nixon machte es zu seinem zentralen Wahlkampfslogan 1968. Trump benutzte den Begriff kaum anders, weitete die Law-and-Order-Rhetorik aber auf die gesamte Nation aus: »Ich glaube, dass Nixon verstanden hat, dass, wenn die Welt auseinanderfällt, die Menschen einen starken Führer wollen, dessen Priorität es ist, Amerika zuerst zu beschützen«, so Trump 2016.[225] Hillary Clinton »will zwei Worte nicht verwenden«, sagte er während der Präsidentschaftswahldebatten, »nämlich Recht und Ordnung. Wir brauchen Recht und Ordnung. Wenn wir das nicht haben, haben wir kein Land mehr.« Während es den Rassisten der letzten Jahrzehnte vor allem darum gegangen war, die Afroamerikaner aus den weißen Schulen und Wohnbezirken fernzuhalten, sieht Trump ganz Amerika von gefährlichen Horden umzingelt. Aus den liberalen Eliten, die früher die Schwarzen in die weißen Vororte hereinließen, sind »globalistische Eliten« geworden.

Besonders gegen Einwanderer versprach Trump die Klarheit der Gewalt: Schlussmachen, Dichtmachen, Aufpassen. Keine Kompromisse mehr. Die große Mauer wurde zum mythischen Symbol für die Durchsetzungskraft des

---

224 https://www.nytimes.com/2016/03/27/us/politics/donald-trump-interview-highlights.html .
225 https://www.nytimes.com/2016/07/19/us/politics/donald-trump-portrayed-as-an-heir-to-richard-nixon.html .

Staates. Millionen sollten deportiert werden, und zwar endlich ohne jede Rücksicht – obwohl sie oft schon seit Jahrzenten in den USA lebten und sogar amerikanische Kinder hatten. Bei einer Debatte im Vorwahlkampf der Republikaner wandte der Präsidentschaftskandidat John Kasich ein: »Denkt an die Familien; denkt an die Kinder. Kommt schon Leute, wir können sie nicht einfach nehmen und über die Grenze schaffen.« Aber genau das versprach Trump. Er beschrieb die Grenze als den Ort, an dem die Liberalen versagten und die Nation verwundbar machten. Nur Grausamkeit und Härte könne sie wieder sichern. Dass sich dieses brutale Versprechen hinter der symbolischen Ankündigung der »Mauer« verbirgt, hat Trump im Wahlkampf immer wieder deutlich gemacht. »Bitte seid nicht zu nett«, sagte Trump zu einem Publikum aus Polizeibeamten in Long Island, »wenn ihr diese Verbrecher hinten in den Wagen schmeißt, macht es hart. Seid nicht zu nett, hab ich gesagt.«[226]

In einem berühmt gewordenen Text – »Um die Grausamkeit geht es« – beschreibt der Autor Adam Serwer die historische Tradition, in der Trump steht.[227] Noch im 20. Jahrhundert, so Serwer, hätten Weiße Afroamerikaner zu Tode gefoltert, um Gesetzesüberschreitungen zu ahnden – meistens ging es darum, dass ein Schwarzer angeblich einer weißen Frau zu nahe gekommen war, wie im Falle von Emett Till, einem 14jährigen, der 1955 unter vorgehaltener Waffe aus dem Haus seiner Familie entführt und ermordet wurde, weil er einer weißen Frau hinterhergepfiffen haben soll. Doch fanden diese Morde in der Regel nicht im Verborgenen statt, vielmehr waren es große öffentliche Spektakel, an denen oft Hunderte weiße Zuschauer teilnahmen – Männer, Frauen, Kinder. Die Lynchmorde fanden zwar außerhalb des Rechtssystems statt, aber sie hatten den Zweck, die ungeschriebenen Gesetze der Rassentrennung durchzusetzen. Sie sollten als Warnung an die nicht-weiße Bevölkerung dienen: Das geschieht euch, wenn ihr nicht gehorcht.

Serwer bemerkt ein merkwürdiges Phänomen, das sich auf historischen Fotos dieser Lynchings beobachten lässt: Die Weißen im Publikum wirken oft nicht gerade ernst oder wütend, ja nicht einmal hasserfüllt: Sie lächeln breit und posieren gutgelaunt für ein Foto, so, als würden sie einem Football-Spiel beiwohnen. »Die Grausamkeit ließ sie sich gut fühlen, stolz, glücklich. Und sie ließ sie sich näher beieinander fühlen«, schreibt Serwer. Diesen Mechanismus sieht er auch in Trumps performativer Grausamkeit am Werk:

226 https://abcnews.go.com/Politics/trump-police-nice-suspects/story?id=48914504 .
227 https://www.theatlantic.com/ideas/archive/2018/10/the-cruelty-is-the-point/572104/ .

»Nur der Präsident und seine Verbündeten, seine Unterstützer, haben ein Anrecht auf den Schutz des Gesetzes. Der Rest hat nur ein Anrecht auf ihre Grausamkeit, nach ihrer Laune.« Vor diesem Hintergrund haben Trumps Anhänger es gefeiert, dass er eine kompromisslose »Revolte« gegen sämtliche liberalen und zivilisatorischen Tabus gestartet hat. Wenn Trump sich über die »Spielregeln der Political Correctness« hinwegsetzt, dann signalisiert er, auf wessen Seite er steht – auf der Seite der »einfachen Menschen« / »echten Amerikaner« – und gegen wen er deren »Freiheiten« durchsetzen wird.

Seine ständigen »Grenzüberschreitungen« sind der Grund, aus dem heraus Trump als radikal rechts gelesen werden kann und sogar von einigen der härtesten Faschisten als »einer von uns« betrachtet wird, obwohl er selbst sich nie zu einem radikaleren Ethno-Faschismus bekannt hat. Trump inszenierte eine freischwebende Revolte, in die jeder projizieren kann, was er mag. Deshalb ist es für seine rechte Basis – ob das offene Rassisten, Evangelikale oder was auch immer sind – nicht wichtig, ob Trump ihre Weltsicht expliziert und unterstützt; entscheidend ist nur, dass er nie zurückweicht, sich nie den liberalen Regeln unterwirft, sich nie entschuldigt.

Trump an der Macht

Shock and Awe

Trumps Amtszeit begann chaotisch. Unmittelbar nach seiner bedrohlichen Antrittsrede (»Dieses amerikanische Gemetzel endet hier und jetzt!«) erließ der neue Präsident Anfang 2017 eine Reihe von exekutiven Anordnungen, die seine Agenda festigen sollten: Er brach die Verhandlungen über das Freihandelsabkommen TPP (Trans-Pacific Partnership) ab, erklärte den Beginn des Ausstiegs aus dem Patient Protection and Affordable Care Act (PPACA), der »Obamacare« genannten Gesundheitsreform seines Vorgängers, verfügte die Fertigstellung der Keystone- und den Bau der Dakota-Pipeline, verordnete einen drastischen Regulierungsabbau in der Industrie und beim Ausbau von Infrastruktur, und er befahl den Bau der Mauer an der Grenze zu Mexiko sowie die Aufrüstung des Militärs.[228] Am meisten Wirkung entfaltete die Anweisung »Protecting the Nation from Foreign Terrorist Entry into the United States« – der »Muslim Ban« vom 27. Januar. Die chaotischen Bilder von den Flughäfen, die zahlreichen Demonstranten, die dagegen auf die Straße gingen, das durch einen überhasteten und rechtlich fragwürdigen Erlass hervorgerufene Durcheinander, der Anschein von Rechtlosigkeit und Autoritarismus – all das gab einen Ausblick auf die Atmosphäre der nächsten Jahre.

Dieses Tempo hielt Trump vier Jahre lang durch – und folgte damit seinem Erfolgsrezept aus dem Wahlkampf, sich selbst zum Hauptthema zu machen, immer und mit allen Mitteln. Jeden Tag hatte das linksliberale Amerika das Gefühl, die Grundfesten und die Würde des Systems gegen Trumps Amtsmissbrauch und allerlei Obszönitäten verteidigen zu müssen. Vor allem die sich über mehrere Jahre hinziehenden »Russiagate«-Ermittlungen und das anschließende Impeachment-Verfahren boten endlos Stoff für Skandale. Für viele liberale Amerikaner waren diese Enthüllungen wie eine Droge. »Unsere Suche nach einer magischen Lösung, um den fremdenfeindlichen Verschwörungstheoretiker im Weißen Haus loszuwerden«, schrieb die russisch-amerikanische Journalistin Masha Gessen in ihrem Anti-Trump-Buch *Surviving Autocracy*, »ließ uns selbst bei einer fremdenfeindlichen Verschwörungstheorie landen: dass der Präsident eine russische Marionette sei«.[229]

---

228 https://www.theguardian.com/us-news/2017/jan/27/trump-first-12-official-presidential-actions.
229 Gessen, 58.

Die Trump-Ära habe endgültig den »news-cycle« beerdigt, schrieb David Uberti schon 84 Tage nach Trumps Amtsantritt in der »Columbia Journalism Review«, also den aus heutiger Sicht behäbig wirkenden 24-Stunden-Takt, in dem die Medien früher von Thema zu Thema hetzten. »Die Zeit verwischt, während immer neue Entwicklungen wie ein Stroboskop-Licht aus allen Richtungen aufblitzen.«[230]

Regierungsprobleme

Trumps Regierungsübernahme gestaltete sich zunächst schwierig. Das Trump-Lager schien von seinem Wahlsieg genauso überrascht zu sein wie alle anderen. Vielen aus Trumps Umkreis schien nicht einmal bewusst zu sein, dass man nach der Wahl von ihnen erwartete, einige Tausend Posten in der Exekutive zu bestücken.[231] Und so war seine Administration von Anfang an von Chaos, Intrigen und Instabilität geprägt: 34 Prozent seiner Führungsleute wurden bereits im ersten Jahr ausgewechselt.[232]

Trump verlangte totale Loyalität, ohne sie selbst zeigen zu können. Ehemalige Regierungsmitglieder, die ihn kritisierten – etwa Jeff Sessions, Mike Flynn und John Bolton – attackierte er besonders heftig. Es entstand der Eindruck einer Regierung, die zwar nach Kontrolle strebte, aber den Apparat kaum im Griff hatte und von permanenten internen Machtkämpfen geprägt war. Legendär wurde Steve Bannons Anruf bei dem linksliberalen Journalisten Robert Kuttner, in dem er schilderte, wie er versucht hatte, Vertreter einer aggressiven Anti-China-Politik in der Regierung zu installieren, um gegen »Globalisten« und »den Lobbyismus von Goldman Sachs« vorzugehen. »Jeden Tag kämpfe ich diesen Kampf«, erzählte Bannon dem Journalisten, seine Gegner würden »sich einmachen«. Die Veröffentlichung dieses Gesprächs war für Trump einer zuviel: Er feuerte seinen Berater Anfang 2018.[233]

Auch die amerikanischen Konzerne mussten Trumps Attacken fürchten. Trump nutzte den »Bully-Pulpit« seines Twitter-Accounts, um Firmen, die ihm nicht passten, zur Schnecke zu machen. Boeing griff er an, weil die Firma für die neue Air-Force-One zuviel Geld verlangte. Amazon-Chef Jeff Bezos war jahrelang sein Lieblingsfeind, nicht zuletzt, weil ihm die verhasste

230 https://www.cjr.org/criticism/donald-trump-news-cycle-slow-news-day.php .
231 Sides/Tesler/Vavreck, 204.
232 https://www.npr.org/2018/01/19/578858897/turnover-in-trumps-white-house-is-record-setting-and-it-isn-t-even-close .
233 https://prospect.org/power/steve-bannon-unrepentant/ .

»Washington Post« gehörte.[234] Vor allem aber kritisierte Trump Firmen, die Arbeitsplätze und Produktion ins Ausland verlagern wollten. Noch im Wahlkampf hatte Trump gewarnt: »Wenn Unternehmen in Zukunft die Vereinigten Staaten verlassen, wird dies nicht folgenlos bleiben. Es wird nicht mehr vorkommen. ... Es wird sehr, sehr schwer sein, das Land zu verlassen.«[235] Im Grunde drohte Trump eine protektionistische Kommandowirtschaft an (oder, je nach Sicht, versprach sie). Der »Economist« veröffentlichte ein Cover, das Trump mit einem Baseballschläger auf einem Königsthron zeigte, einen Geschäftsmann zu seinen Füßen. »Verstand der gewählte Präsident denn nicht, dass der Erfolg amerikanischer Unternehmen just auf ihrer Fähigkeit basierte, Arbeitskräfte und Kapital weltweit zu disponieren?«, schrieb Adam Tooze.[236]

An der Wall Street herrschte nach Trumps überraschendem Wahlsieg zunächst Unsicherheit. Tatsächlich sackte der Dow Jones am Abend der Wahl ab. Doch am nächsten Morgen schienen sich die Märkte gefangen zu haben. Die Wall Street begrüßte den neuen Präsidenten mit Kursrekorden. Die Investoren hatten fast durch die Bank auf einen Clinton-Sieg spekuliert, doch bald erkannten sie, dass ihnen ein unerwartetes Geschenk gemacht worden war. Schnell war die Rede vom »Trump-Bump« – einer Bonanza des Aktienmarkts, die mit Trumps Wahlerfolg einsetzte und fast vier Jahre lang selbst durch den beginnenden Handelskrieg vor allem mit China kaum erschüttert wurde. Auch Trump persönlich streckte schnell die Hände nach der Finanzwelt aus. Berichten zufolge wünschte er sich Jamie Dimon von J.P. Morgan als Finanzminister, bevor er sich für Steve Mnuchin von Goldman Sachs entschied. Auch der Direktor des Nationalen Wirtschaftsrats, Gary Cohn, kam von der Investmentbank Goldman Sachs.

Trump suchte von Anfang an die Nähe zu den Wirtschaftsführern. Schon bevor er sein Amt antrat, hatte er einen »Konzernrat« mit Amerikas Topmanagern einberufen. Seine Regierung werde »sich die Expertise des Privatsektors zunutze machen« und verpflichte sich, die staatlichen Regulierungen abzubauen, »die die Unternehmen daran hindern, hier in Amerika zu

234 https://nymag.com/intelligencer/2018/03/trump-obsessed-with-amazon-wants-to-crush-washington-post.html .
235 Tooze, 667.
236 https://www.economist.com/leaders/2016/12/10/how-donald-trump-is-changing-the-rules-for-american-business?fsrc=scn%2Ftw%2Fte%2Fbl%2Fed%2Fhowdonaldtrumpischangingtherulesforamericanbusiness .

expandieren«, erklärte er.[237] Dennoch blieben die Beziehungen schwierig: Nachdem Trump nach der Nazi-Demonstration in Charlottesville und der Ermordung der Gegendemonstrantin Heather Heyer im August 2017 erklärt hatte, es habe »gute Leute auf beiden Seiten« gegeben, erklärten mehrere Manager ihren Austritt aus Trumps »Konzernrat«, und ihm blieb nichts anderes übrig, als ihn aufzulösen.[238]

Andere Konzerne fanden eine eigene Strategie, mit Trumps öffentlichen Angriffen umzugehen: Sie konterten sein öffentlichkeitswirksames Eintreten für den amerikanischen Wirtschaftsstandort mit ihrer eigenen Show. So etwa der Autokonzern Ford, den Trump angegriffen hatte, weil er eine Fabrik aus Michigan nach Mexiko verlegen wollte. Tatsächlich sagte Ford den Bau der neuen Fabrik in Mexiko ab – und ließ statt dessen in anderen mexikanischen Fabriken produzieren. Gleichzeitig gab der Autokonzern bekannt, in Michigan eine neue Entwicklungsabteilung für E-Autos aufzubauen. So konnte Trump stolz twittern, er habe 700 neue Arbeitsplätze in Michigan geschaffen, ohne dass Ford seinen Profitinteressen zuwiderhandeln musste: »ökonomischer Nationalismus« als PR-Aktion.[239]

Trump war mit dem Versprechen angetreten, »den Sumpf trockenzulegen« und die Korruption, die Macht der *special interests* und den Ausverkauf Amerikas an den Rest der Welt zu beenden. In der Tat verringerte er den indirekten Einfluss der Wirtschaft zugunsten des direkten Einflusses, indem er Spitzenämter nicht mit Karrierepolitikern, sondern mit Geschäftsmännern besetzte: Exxon-Mobile-CEO Tillerson wurde Außenminister, der ehemalige Goldman-Sachs-Präsident Gary Cohn wurde Vorsitzender des National Economic Council, der Großinvestor Wilbur Ross Wirtschaftsminister und der CEO einer Fast-Food-Kette, Andy Puzder, wurde Arbeitsminister. Durch dieses »Kabinett der Milliardäre«[240] wurde der Interessenkonflikt gewissermaßen zum Regierungsprinzip. Viele standen jetzt den Ministerien und Behörden vor, die sie zuvor entweder als Unternehmer oder Politiker bekämpft hatten. Der Energieminister Rick Perry war Klimaleugner und hatte einst gefordert, das Ministerium, das er nun leitete, komplett

---

237 https://www.reuters.com/article/us-usa-trump-ceos/trump-creates-business-advisory-council-stacked-with-ceos-idUSKBN13R2D4 ; https://www.businessinsider.com/who-is-on-trump-business-advisory-council-2017-2?r=DE&IR=T .

238 https://www.ft.com/content/42884102-8290-11e7-a4ce-15b2513cb3ff .

239 https://finance.yahoo.com/news/ford-isnt-exactly-caving-to-trump-192945024.html .

240 https://www.theguardian.com/us-news/2016/dec/18/donald-trump-senate-backlash-cabinet-of-billionaires .

abzuschaffen.[241] Als Gouverneur von Texas vertrat er vor allem die Öl- und Gasindustrie.

Besonders schlecht erging es dem Außenministerium. Der diplomatische Apparat der USA wurde unter Trump ausgedünnt und von außenpolitischen Entscheidungen ferngehalten. Das Außenministerium betreibt das diplomatische Management der amerikanischen Außenbeziehungen – also genau das, was Trump als verweichlichte globalistische Weltpolitik kritisierte. Die Diplomaten beschwerten sich, Trump setze »das Erbe von Jahrzehnten der amerikanischen Diplomatie aufs Spiel«.[242]

Trumps Kader

So überrascht es nicht, dass die traditionellen außenpolitischen Eliten zu Trumps entschiedensten Gegnern gehörten. Etliche republikanische Außenpolitiker, die in der Bush-Regierung gearbeitet hatten, unterstützten 2020 Joe Biden.[243] Doch der Rest der Republikanischen Partei schloss schnell Frieden mit Trump. Der »Bürgerkrieg« in der Partei, den viele Beobachter vorausgesagt hatten, brach nie aus – denn Trump hatte gewonnen und, wie ein bekanntes amerikanisches Sprichwort lautet: »There's no arguing with success.« Die Republikaner verstanden, dass sich ihnen mit Trump eine historische Gelegenheit bot. Gerade weil er ein politischer Außenseiter war, der über keine eigenen Netzwerke verfügte, wurde Trumps Regierung zu weiten Teilen aus der konservativen Bewegung besetzt, die ihn vor einem Jahr noch zum Teil als Verräter an ihren Prinzipien bekämpft hatte. Eine große Rolle spielte dabei die Heritage Foundation, ein 1971 gegründeter marktliberaler Think-Tank, der seit der Reagan-Revolution der frühen Achtziger federführend die republikanische Regierungspolitik mitgestaltete.[244] Die Foundation konnte Trump gleich mehrere Minister vorschlagen und schaffte es, Hunderte der eigenen Leute in der Regierung unterzubringen: Juristen und Bürokraten, deren Lebenswerk aus dem Kampf gegen Arbeiterrechte, Umweltschutz und Minderheitenrechte bestand. Während Trumps Rund-um-die-Uhr-Skandalshow die Aufmerksamkeit der ganzen Nation auf

---

241 https://www.theatlantic.com/business/archive/2017/01/trumps-appointees-conflicts-of-interest-a-crib-sheet/512711/ .

242 https://foreignpolicy.com/2017/07/31/how-the-trump-administration-broke-the-state-department/ .

243 https://43alumniforjoebiden.com/ .

244 https://www.nytimes.com/2018/06/20/magazine/trump-government-heritage-foundation-think-tank.html .

sich zog, verfolgten diese Funktionäre in der zweiten Reihe zielstrebig ihre Agenda.

Auch die republikanischen Berufspolitiker schlossen schnell Frieden mit Trump. »Donald Trumps Gegner küssen ihm den Ring«, hieß eine Schlagzeile nach Trumps Wahlsieg.[245] Sie hatten keine Wahl – die Wähler wollten Trump. Seine Zustimmungsraten unter Republikanern lagen auch im Jahr 2020 noch bei rund 90 Prozent.[246] Vor allem christliche Fundamentalisten projizierten geradezu messianische Erwartungen auf »ihren« Präsidenten[247] – und wurden darin bestärkt: »Es gab noch nie und wird wohl nie wieder so einen Moment wie diesen geben. Nur Gott konnte unserer Nation einen solchen Erretter schenken. God bless America!«, twitterte Trumps Wahlkampfleiter Brad Parscale 2019.[248] »Die Abgeordneten haben keine Angst vor Trump; sie haben Angst vor ihren Wählern und ihrer Basis«, erklärte ein ehemaliger Kongress-Mitarbeiter der »Los Angeles Times«. »Solange Trump die im Griff hat und direkt mit ihnen kommunizieren kann, wird sich das auch nicht ändern.« Zwar machten sich viele Republikaner Sorgen, dass ihre Partei durch die Transformation in eine »Trump-Party« langfristig großen Schaden nehmen werde, aber, wie ein republikanischer Abgeordneter bemerkte, der seinen Namen nicht in der Zeitung sehen wollte: »Trump denkt nicht langfristig.«[249]

Jeder, der Trump öffentlich und vor allem im Fernsehen verteidigte, stieg in seiner Gunst. Wer ihn jedoch verriet, wurde auf die Feindesliste gesetzt. So geschah es dem hart-rechten Senator aus Alabama, Jeff Sessions, einem Trump-Unterstützer der ersten Stunde, den Trump zum Generalstaatsanwalt ernannte. Kaum im Amt, entschloss sich Sessions, die offizielle Oberaufsicht über die Ermittlungen zu den Kontakten von Trump-Mitarbeitern zu russischen Agenten abzugeben, weil sie ihn selbst betrafen. Trump vergab ihm das nie. Über ein Jahr lang demütigte und beleidigte er Sessions öffentlich, nannte ihn »schwach« und »verwirrt«, bis er ihn schließlich feuerte. Als Sessions als Senator zur Wiederwahl antrat, nannte Trump ihn einen »Verräter« und tat alles, um seinen Wahlsieg zu verhindern. Trump habe Sessions »politisch zerstört«, kommentierte CNN.[250]

245 https://www.thedailybeast.com/donald-trump-foes-kiss-the-kings-ring .
246 https://news.gallup.com/poll/203198/presidential-approval-ratings-donald-trump.aspx .
247 https://www.politico.com/story/2019/04/30/donald-trump-evangelicals-god-1294578 .
248 https://twitter.com/parscale/status/1123212317376811009 .
249 https://www.latimes.com/politics/story/2020-06-12/republican-officials-fear-trump .
250 https://edition.cnn.com/2020/07/15/politics/jeff-sessions-donald-trump-alabama-attorney-general/index.html .

Auch die öffentlichen Szenen der Schmeichelei und Unterwürfigkeit vieler Republikaner erinnerten an autokratische Systeme. 2017 feierte Trumps Kabinett die erfolgreiche Steuerreform, indem es sich rhetorisch vor versammelter Presse vor ihrem Anführer in den Staub warf. »Lieber Gott im Himmel«, eröffnete Wohnungsminister Ben Carson die Sitzung mit einem Gebet. »Wir sind so dankbar für deinen Präsidenten und sein Kabinett.« Später am Tag empfing Trump die Parteispitze zur Audienz. Er danke Trump »für die beste Präsidentschaft seit Generationen – oder vielleicht aller Zeiten«, sagte Senator Orrin Hatch.[251] Trump hat nicht nur die Republikanische Partei fast geschlossen hinter sich versammelt – er begann auch zunehmend, ihr seinen Stempel aufzudrücken. »Ob der Präsident wiedergewählt wird oder nicht, seine Ansichten und sein Stil haben die Partei fest im Griff – der Nationalismus, das weiße Ressentiment, so etwas«, sagte ein resignierter ehemaliger Vorsitzender der Republikanischen Partei in South Carolina. »Ich glaube nicht, dass die Trump-Politik bald die Bühne verlassen wird.«[252]

Economic Nationalism meets Reality

Obwohl der befürchtete Trump-Crash ausblieb, sogar eine »Trump-Rally« auf den Aktienmärkten einsetzte, bereitete das Gespenst des »ökonomischen Nationalismus«, wie es der Hardliner Steve Bannon propagierte, Amerikas Kapitalisten Sorgen. Doch das legte sich bald. Trump hat nie ein »soziales« Programm versprochen oder gar gefordert, Reichtum umzuverteilen. Sein Mantra hieß: Jobs, Jobs, Jobs. Sah man von seinen Häresien gegen den Freihandel ab, war sein Wirtschaftsprogramm orthodox marktliberal – er präsentierte es nur anders als die übrigen Republikaner. Wie Lawrence Glickman treffend bemerkte: »Jeder Republikaner spricht vom Niedergang des Landes und der unfähigen Regierung. Wenn Trump staatszentrierte Positionen vertritt, die für die heutige Republikanische Partei ungewöhnlich sind, dann auf eine ›l'état c'est moi‹-Weise, die ihn als starken Mann präsentiert.«[253] Als er vor der Wahl gefragt wurde, ob er einer Erhöhung des Mindestlohns zustimmen würde, antwortete Trump: auf keinen Fall. »Mit zu hohen Steuern, zu hohen Löhnen können wir nicht gegen den Rest der Welt konkurrenzfähig sein.« Trump dachte durch und durch wie ein Kapitalist.[254] Er hatte ver-

251 Gessen, 51 f.
252 https://www.politico.com/news/2020/07/16/trump-imprint-republican-party-363407 .
253 https://baselinescenario.com/2016/02/03/donald-trump-is-running-as-a-conservative-republican/ .
254 Ebd.

sprochen, Amerika wieder groß und mächtig zu machen – aber das hieß für ihn vor allem, endlich das schwache Wachstum zu überwinden: Vier Prozent Wachstum halte er für realistisch, 25 Millionen Jobs werde er schaffen – und zwar durch Steuersenkungen und Deregulierungen.

Und so ging die Regierung ans Werk: Arbeiterschutzrechte wurden gelokkert, Umweltauflagen abgeschafft, und alles, was dem freien Unternehmertum im Weg stehen könnte, geriet auf den Prüfstand. Im Wahlkampf hatte sich Trump einen Bauarbeiterhelm aufgesetzt und geschworen, er werde sich für die Arbeiter einsetzen. An der Regierung nahm er ein Verbot unbezahlter Überstunden zurück, er öffnete die Pensionskassen noch mehr den Wall-Street-Investoren, kassierte Dutzende Gesetze zum Schutz der Gesundheit oder gegen Diskriminierung.[255] Gesetze, die verhindern sollten, dass Arbeiter einer Gewerkschaft beitreten, hatte er schon immer befürwortet.[256]

Das Kernstück der Wirtschaftspolitik Trumps – und das einzige große Reformpaket, das in seiner Amtszeit verabschiedet wurde – war der Tax Cut and Job Act. Es senkte die Einkommenssteuer für Reiche, vor allem aber die Körperschaftssteuer (für Unternehmen) drastisch von 35 auf 21 Prozent. Außerdem wurde der Freibetrag für die Erbschaftssteuer auf elf Millionen Dollar erhöht – ein gewaltiges Geschenk an die besitzende Mittelschicht. Das Steuersystem ist seitdem so regressiv, dass die 400 reichsten Amerikaner insgesamt eine niedrigere Steuerrate bezahlen als jede andere Einkommensgruppe.[257] Trump folgte dabei einem bekannten Muster republikanischer Präsidenten: Sowohl Reagan als auch George W. Bush hatten ihre Amtszeit mit drastischen Steuersenkungen begonnen. Eigentlich warnen Republikaner ständig vor der Gefahr wachsender Staatsverschuldung. Auch Trumps Steuerreform sollte dem Staat knapp zehn Billionen Dollar in zehn Jahren an Einnahmen entziehen.[258] Opportunismus? Eher Kalkül, denn so lassen sich in der Folge leichter Einschnitte in die Sozialsystem durchsetzen. »Starving the Beast« – »Die Bestie aushungern« – nennen amerikanische Konservative diesen Doppelschritt aus Steuersenkungen und Ausgabenkürzungen.

255 https://prospect.org/power/worker-s-friend-trump-waged-war-workers/ .
256 https://www.washingtonexaminer.com/trump-i-like-right-to-work-better .
257 https://www.nytimes.com/interactive/2019/10/06/opinion/income-tax-rate-wealthy.html .
258 https://www.taxpolicycenter.org/publications/analysis-donald-trumps-tax-plan/full .

Der Trump-Boom

Vor allem aber sollte die Steuersenkung den Reichen und den Unternehmen mehr Kapital lassen und so zu mehr Investitionen führen. Es war das alte Prinzip des *trickle down*: Den »job creators«, wie die Republikanische Partei Unternehmer nennt, sollte mehr Geld zur Verfügung gestellt werden, um die Wirtschaft anzukurbeln. »Wir haben die beste Wirtschaft aller Zeiten geschaffen«, wiederholte Trump immer wieder. Tatsächlich wuchs das Bruttosozialprodukt bis 2019 durchschnittlich um 2,6 Prozent im Jahr, und die offizielle Arbeitslosigkeit fiel unter vier Prozent. Doch setzte sich damit nur der Trend aus Obamas Amtszeit fort. »Trump hat ein bisschen mehr Wachstum aus der Wirtschaft herausgepresst, aber um den Preis von Hunderten Milliarden Staatsgeld«, kommentierte ein Journalist.[259]

Effektiv zahlten Unternehmen nun nur noch zehn Prozent Steuern auf ihre Profite – 1950 waren es noch 50 Prozent gewesen. Selbst die »Financial Times« konnte einer solch drastischen Kürzung nichts abgewinnen. Es handele sich um eine »regressive Form des Keynesianismus, maskiert als Unternehmenssteuerreform«. Die dadurch verursachte Staatsverschuldung »wäre vielleicht gerechtfertigt, wenn sie für Investitionen verwendet werden würde. Aber das wird sie nicht.«[260] 2019 machten private Investitionen (ohne Immobilien) 13,8 Prozent des Bruttosozialprodukts aus – nur 0,8 Prozent mehr als zu dem Zeitpunkt, als Trump die Macht übernahm. Dass die Unternehmen nicht investierten und keine neuen Produktionskapazitäten schufen, hatte nichts mit fehlendem Geld zu tun: Die Firmen wussten buchstäblich nicht mehr wohin mit dem Cash.[261] Das eigentliche Problem lag woanders: Es gab einfach nicht genug profitable Investitionsmöglichkeiten. Wie Michael Roberts vorrechnete, stagnierte die Profitrate des investierten Kapitals auch nach Trumps Ankurbelungsprogramm. Firmen »investierten deshalb nicht in neue Kapazitäten oder Ausrüstung, weil die Profitabilität immer noch historisch niedrig ist«. Außerhalb des Finanzsektors waren die Profite seit 2014 sogar noch weiter gefallen, um 25 Prozent. Nur dank Trumps Steuerreform waren die Nettoprofite gestiegen. »Allein eine gute, tiefe Rezession kann die Profitabilität wiederherstellen, wenn dadurch die Kosten für investiertes

259 https://www.marketwatch.com/story/trump-didnt-transform-the-economy-its-mostly-the-same-as-it-was-under-obama-2019-11-12 .

260 https://baselinescenario.com/2016/02/03/donald-trump-is-running-as-a-conservative-republican/ .

261 Tooze, 675 .

Kapital und neue Investitionen der überlebenden Firmen sinken würden«, kommentierte Roberts.[262]

Wegen der Steuerreform flossen gewaltige Summen zurück in die USA, weil Konzerne die in Niedrigsteuerländern gebunkerten Dollar-Profite aus ihren weltweiten Geschäften repatriierten. Doch floss dieses Geld meist in Aktienrückkäufe statt in Investitionen.[263] Die großen Konzerne zahlten Rekorddividenden und kauften allein 2018 für über 800 Milliarden ihre eigenen Aktien auf.[264] Aktienrückkäufe treiben den Wert der übrigen Aktien in die Höhe, es ist also praktisch dasselbe wie eine Dividendenausschüttung. Das trieb zwar den Aktienmarkt auf Rekordhöhen, schuf aber keine neuen Fabriken. Auch das Jobwunder, das Trump versprochen hatte, ist nie Realität geworden. Arbeitsintensive Produktion war weiterhin im Ausland billiger, und die Automatisierung in der amerikanischen Industrie schritt voran. Trotz des Wirtschaftswachstums stieg die Zahl der Industriearbeitsplätze kaum und lag weiter fünf Millionen unter dem Wert des Jahres 2000.[265]

So waren die Steuersenkungen ein Geschenk an die Millionärs- und Milliardärsklasse, die in Cash geradezu ertrank und von den stetig wachsenden Aktienkursen profitierte – aber sie führten kaum zu der systematischen Verjüngung des US-Kapitalismus, von der Trump so geschwärmt hatte. Trumps »ökonomischer Nationalismus« läutete keine neue goldene Ära des amerikanischen Arbeiters ein, sondern war das Ticket, auf dem Steuern sowie arbeits- und umweltrechtlichen Standards in den USA weiter gedrückt wurden: alles für den Erfolg des Wirtschaftsstandorts.

Ein Wirtschaftswunder?

Betrachtet man die Grundlagen der Politik Trumps nüchtern, ist das alles nicht überraschend. Sicher spielte die Unzufriedenheit mit der wirtschaftlichen Entwicklung und dem Freihandel eine große Rolle, und Trump hatte die Wählerschaft der Republikaner in der weißen Arbeiterklasse erweitert. Aber seine eigentliche soziale Basis war eine breite Allianz der konservativen Mittelschicht und Unternehmer. Rhetorisch stellte er zwar die neoliberale Rhetorik in einigen Punkten in Frage, aber nie die grundsätzliche Funktionsweise des Kapitalismus. Und vor allem: Niemals vor, während oder nach

---

262 https://braveneweurope.com/michael-roberts-trumps-trickle-dries-up .
263 https://www.nytimes.com/2019/08/13/business/economy/donald-trump-jobs-created.html .
264 https://hbr.org/2020/01/why-stock-buybacks-are-dangerous-for-the-economy ; https://hbr.org/2020/01/why-stock-buybacks-are-dangerous-for-the-economy .
265 https://www.epi.org/blog/trumps-blue-collar-boom-state-of-the-union/ .

seinem Wahlerfolg 2016 gab es eine organisierte politische Macht, die dem Kapital Zugeständnisse hätte abkämpfen können, um die Lebensstandards der amerikanischen Arbeiterschaft zu verbessern. Trumps Wahl war gerade nicht die »Rache der Arbeiterklasse«, wie einige Kommentatoren meinten, sondern eher der Kulminationspunkt ihres endgültigen Verschwindens als politische Macht.[266] 2016 waren nur 10,7 Prozent der amerikanischen Arbeiter Mitglied einer Gewerkschaft, in der privaten Wirtschaft sogar nur 6,4 Prozent. Wie das Bureau of Labor Statistics 2017 erklärte, hatte es seit Beginn der statistischen Aufzeichnung noch nie so wenige Streiks in den USA gegeben. Ihre Zahl war seit 1947 um 95 Prozent zurückgegangen.[267] Und auch an Wahlen nehmen arme Amerikaner überproportional nicht teil.

Er habe Millionen Jobs und die »beste Wirtschaft aller Zeiten« geschaffen, betonte Trump immer wieder, bevor Covid-19 das alles zunichte machte. »Zu lange haben wir zugesehen, wie unsere Mittelschicht schrumpft, während wir Jobs und Reichtum in fremde Länder exportieren«, hatte er bei seiner Antrittsrede vor dem Kongress erklärt. Jetzt aber sei das vorbei: Ur-amerikanische Firmen wie Ford, Fiat-Chrysler, General Motors, Harley-Davidson, Lockheed, Intel und Walmart »werden Milliarden in den USA investieren und Zehntausende Jobs schaffen«.[268] Die Realität hinter Trumps »bester Wirtschaft aller Zeiten« sah wenig rosig aus. Die meisten neuen Jobs entstanden im Service-Sektor und waren dementsprechend schlecht bezahlt und prekär. Von einer Re-Industrialisierung gab es keine Spur: Nur etwas über 450.000 der neuen Arbeitsplätze entstanden in der Industrie; im Jahr 2019 waren es – auch wegen der Auswirkungen des Handelskriegs – nur noch 58.000.[269]

Der Dow Jones legte in den ersten drei Jahren von Trumps Amtszeit um 10.000 Punkte, knapp unter 60 Prozent, zu, und das, obwohl – sieht man von Trumps Steuergeschenken ab – die Profite stagnierten.[270] Die fortgesetzte Rally der Aktienkurse war vor allem eine Folge der niedrigen Leitzinsen und der Milliarden, die die amerikanische Zentralbank weiterhin in die Märk-

266 https://www.brookings.edu/bpea-articles/declining-worker-power-and-american-economic-performance/ .
267 https://isreview.org/issue/107/states-inequality .
268 https://www.smh.com.au/world/trumps-first-address-to-congress-as-prepared-by-the-white-house-20170301-gunzps.html .
269 https://www.forbes.com/sites/teresaghilarducci/2020/02/09/trumps-economy-isnt-so-great/#5f12829e3ae9 .
270 https://www.forbes.com/sites/chuckjones/2020/02/10/trumps-economic-scorecard-3-years-in-office/#3b40f6f17847 .

te pumpte.[271] Wer nicht zu den zehn Prozent der Amerikaner gehörte, die 84 Prozent des gesamten Aktienbesitzes kontrollieren,[272] hatte denn auch oft ein realistischeres Bild der wirtschaftlichen Lage. Eine langfristige Studie des Brookings-Instituts von Anfang 2020, die auf Dutzenden Interviews mit Arbeitern im ganzen Land basierte, förderte zu Tage, was jenseits der offiziell niedrigen Arbeitslosigkeit lag: Prekarität, niedrige Löhne und Unterbeschäftigung trotz Vollbeschäftigung – denn besonders im Niedriglohnbereich müssen Arbeiter jede Woche aufs neue hoffen, auf ihre Stunden zu kommen; zudem werden 44 Prozent aller Jobs in den USA so schlecht bezahlt, dass die Beschäftigten von ihrem Lohn kaum leben können.[273] Nicht nur hatte der »Trump-Boom« ihnen keine sichere und gutbezahlte Arbeit gebracht, auch die Zukunft schien wenig verheißungsvoll: Die Arbeiter »beschrieben dramatische technologische Veränderungen an ihren Arbeitsplätzen aufgrund der Einführung von Self-order-Kiosken, Selbst-Checkouts, Online-Bestellungen, Lieferdiensten für Nahrungsmittel und Einkäufe«. Fast alle Arbeiter, resümiert die Autorin der Studie, »waren pessimistisch, was die langfristige Zukunft menschlicher Arbeit in ihren Unternehmen angeht«.[274]

Immer wieder inszenierte Trump protektionistische Gesten, aber an den grundlegenden systemischen Entwicklungen änderte er nichts – er versuchte es nicht einmal. Ein gutes Beispiel ist der »Carrier-Deal«. 2016 geriet die Firma Carrier, die Klimaanlagen herstellt, in die Schlagzeilen, als ein Video auf Facebook zirkulierte, das einer der Arbeiter mit dem Handy aufgenommen hatte. Es zeigte, wie einer empörten Arbeiterschaft in einer Fabrik in Indiana erklärt wurde, dass ihre Jobs nach Mexiko verlagert würden. Beeindruckend an dem Video war die Gelassenheit und das entspannte Selbstbewusstsein, mit dem der Manager trotz wütender »Fuck You«-Rufe den versammelten Arbeiterinnen erklärte, dass sie alle ihre Jobs verlieren würden: »Es ist klargeworden, dass der beste Weg, um konkurrenzfähig zu bleiben und das Unternehmen langfristig zu schützen, die Verlagerung der Produktion aus Indianapolis nach Monterrey, Mexiko, ist«, klärte er seine Angestellten auf.[275] Das Video traf mitten im Wahlkampf einen Nerv und wur-

271 https://www.forbes.com/sites/chuckjones/2019/11/30/the-stock-markets-25-gain-is-totally-due-to-higher-valuations-and-not-earnings/#5522159422ba .
272 https://www.nytimes.com/2018/02/08/business/economy/stocks-economy.html .
273 https://www.brookings.edu/blog/the-avenue/2020/02/05/trumps-state-of-the-union-declared-were-in-a-blue-collar-boom-workers-dont-agree/ .
274 Ebd.
275 https://www.youtube.com/watch?v=OaK-8lcudz4 .

de millionenfach angesehen. Für Trump war das eine perfekte Gelegenheit, sich als Kämpfer für amerikanische Arbeitsplätze aufzuspielen. Kaum im Amt, handelte seine Regierung einen Deal aus: Für sieben Millionen Dollar Steuernachlass über zehn Jahre sollten 1.100 Arbeitsplätze erhalten bleiben. Doch die Firma steckte das Geld in die Automatisierung, und nur einige Hundert Arbeiterinnen behielten ihre Jobs.[276]

Als Reporter der »NYT« zwei Jahre später die Fabrik in Indianapolis besuchten, machten sie eine weitere erstaunliche Entdeckung: Die Arbeit ging hier zwar wieder voran, die Auftragsbücher waren voll, aber bei den verbliebenen Arbeitern war trotzdem »die Moral am Boden«. Statt dankbar für ihre Fließbandjobs zu sein, litten sie unter 60-Stunden-Wochen. Gerne arbeitete offenbar niemand mehr bei Carrier – aber bessere Jobs gebe es anderswo auch nicht, trotz der niedrigen offiziellen Arbeitslosigkeit in Indiana von nur 3,3 Prozent. »Es ist wie eine Metapher für die Situation von Arbeitern in den USA heute«, kommentierten die Reporter der »NYT«: »Die Gehaltschecks sind ein bisschen größer und die wirtschaftliche Situation etwas rosiger, aber niemand fühlt sich besonders sicher oder hoffnungsvoll.«[277] Das »amerikanische Gemetzel«, das Trump bei seinem Amtsantritt für beendet erklärt hatte, war schlicht zur amerikanischen Normalität geworden.

Die verschwundenen Wahlversprechen

Das bedeutet aber keineswegs, dass Trumps Wahlkampfversprechen nur Lügen gewesen sind, von denen sich der Präsident einfach lossagte, kaum dass er die Wahl gewonnen hatte. Trump hatte nie versprochen, das Kapital in seine Schranken zu weisen, um gewisse politische Verhältnisse herzustellen. Seine Erzählung war immer reine Ideologie gewesen: Er förderte die Vorstellung, dass gewisse Widersprüche des Kapitalismus, gewisse Zwänge des Systems einfach nicht existierten beziehungsweise verschwinden – wenn nur der richtige starke und kluge Mann am Steuer sitzt und die guten Deals abschließt. Damit das funktioniert, wurden die Widersprüche des Kapitalismus auf etwas Äußeres projiziert: auf die Globalisten, die unfähigen Vorgängerregierungen, China. Schuld an der Krise sind nur bestimmte konkrete Kräfte und Personen, nicht die Verhältnisse selbst.

---

276 https://www.cnbc.com/2017/06/22/trumps-carrier-jobs-deal-is-just-not-living-up-to-the-hype.html .
277 https://www.nytimes.com/2018/08/10/business/economy/carrier-trump-absenteeism-morale.html .

Beim real existierenden Trumpismus geht es gerade nicht darum, die Gesellschaft radikal zu ändern, sondern darum, sich irrealen Ermächtigungsphantasien hinzugeben, *ohne* die Gesellschaft zu ändern. Wenn tatsächlich dann alles bleibt, wie's ist, verstärkt das nur das Verschwörungsdenken. Der »Deep State«, die *fake news media*, die liberalen Eliten – sie alle stehen im Weg und verhindern, dass der MAGA-Plan aufgeht. Politik verwandelt sich in einen permanenten Showkampf gegen schattenhafte Feinde. Trumps Gerede vom »tiefen Staat«, der im Bund mit den Globalisten und den *fake news media* stehe, war nur die deutlichste Ausprägung einer ganzen politischen Kultur, die immer mehr in radikale Verschwörungsmythen abglitt.[278] Nur so ist zu erklären, dass das vollkommene Scheitern zahlreicher Wahlversprechen und der legislativen Agenda Trumps von seinen Anhängern einfach abgehakt wurde, als hätte er diese Versprechen nie gemacht: Die Grenzmauer wurde kaum gebaut,[279] »Obamacare« wurde trotz der Beteuerung der Republikaner nicht abgeschafft, der riesige Infrastrukturplan, den Trump versprochen hatte, wurde nie umgesetzt.[280] Seine Anhänger schien das kaum zu stören.

So ist hinter der Show und Randale eine merkwürdige Inaktivität das eigentliche Kennzeichen der Amtszeit Trumps. Obwohl seine Partei bis zu den Midterm-Wahlen 2018 sogar beide gesetzgebenden Kammern kontrollierte, gab es außer der Steuerreform keine große politische Reform oder Gesetzgebung. Statt dessen griff Trump zunehmend auf eine andere Taktik zurück: Er reizte rücksichtslos alle Vollmachten aus, die ihm als Präsident zustanden. Wie schon Obama vor ihm, erließ er zahlreiche *Executive Orders*, also reine Anweisungen der Exekutive. Das liberale Amerika stellte entsetzt fest, dass seit Jahrzehnten in der Exekutive immer größere Vollmachten angesiedelt worden waren. Der Präsident kann »spontan Kriege anfangen, die Bundesregierung für politische Zwecke missbrauchen, Notstände ausrufen und den Haushalt für seine politischen Zwecke und Verbündeten umarbeiten«, schrieb ein Kommentator im liberalen Magazin »Nation«.[281] Seit den Siebzigern nennt man diese Ermächtigung der Exekutive »imperial presi-

278 https://www.washingtonpost.com/gdpr-consent/?next_url=https%3a%2f%2fwww.washingtonpost.com%2foutlook%2f2020%2f01%2f02%2fdont-blame-trump-rise-right-wing-conspiracy-theories%2f.

279 https://www.nytimes.com/2020/07/31/us/supreme-court-trump-border-wall.html ; https://www.washingtonpost.com/politics/2020/05/26/theres-new-wall-194-miles-border-16-miles-didnt-have-wall-before/ .

280 https://www.brookings.edu/blog/the-avenue/2019/02/19/new-year-same-debate-washington-needs-a-fresh-infrastructure-approach/ .

281 https://www.thenation.com/article/politics/trump-coronavirus-imperial-presidency/ .

dency«. Vor allem in Fragen von Krieg und Frieden sind der präsidentiellen Macht nur wenige Grenzen gesetzt: Als Trump 2017 den Raketenbeschuss Syriens befahl, wurde der Kongress nicht einmal einberufen.[282] Die meisten der »Exekutivanordnungen« waren jedoch eher symbolischer Natur. Sie waren ein Zeichen der Schwäche Trumps, nicht seiner Allmacht.

Die »Zerstörung des administrativen Staates«

Die wirkliche Arbeit fand abseits der Parlamente und auch des präsidentiellen Twitter-Accounts statt: in den Behörden und Gerichten. Steve Bannon liebte es, von der »Zerstörung des administrativen Staates« zu sprechen, einer radikalen populistischen Vision, die die Macht »den Bürgern zurückgeben« sollte. Was Trump jedoch mit großer Entschlossenheit durchzog, war vor allem eine radikale Auflösung staatlicher Schutzgesetze im Interesse der Unternehmer und seiner christlich-fundamentalistischen Wählerschaft. »Durch Deregulierung, die bewusste Unterbesetzung oder Fehlbesetzung der Exekutive und das Ernennen von Richtern, die die Regierungsbefugnisse eng auslegen, hat der Präsident daran gearbeitet, den Leviathan zu schwächen«, schrieb die »Financial Times«. »Das ist trockenes Zeug, aber es ist wichtig. Herr Trump war ein Vorkämpfer für die Antiregierungsrechte. Besonders bei den Umweltauflagen, die er abgeschafft oder gelockert hat, kommt man kaum noch mit.«[283]

Trumps Regierungskader kamen aus der konservativen Bewegung: Klimaleugner und Überzeugungstäter des schwachen Staates. Neben Umweltregeln ging es vor allem um Konsumenten- und Arbeitsrechte: Schutz vor Lohndiebstahl bei Überstunden etwa oder vor dem Diebstahl von Trinkgeld für Restaurantarbeiter.[284] Weitere zurückgenommene Regeln dienten der Überwachung von betrügerischen For-Profit-Colleges, wie Trump selbst einmal eines betrieben hatte,[285] oder dem Kampf gegen Diskriminierung. Andere Zurücknahmen nutzten der Erdöl- und anderen verschmutzenden Industrien. Darf man wieder Methan bei der Gasförderung einfach in die Luft ablassen? Seit dem 1. Januar 2019 darf man das wieder. Müssen die Metallindustrien ihre Arbeiter davor schützen, dass sie zuviel von dem giftigen Leichtmetall Beryllium einatmen? Seit dem 20. Mai 2017 nicht mehr. Das senkt Produkti-

282 https://www.vice.com/en_us/article/kzg9dx/why-the-united-states-doesnt-declare-war-anymore .
283 https://www.ft.com/content/c2b6eedc-a2eb-11e9-a282-2df48f366f7d .
284 https://fortune.com/2018/01/31/state-of-the-union-trump-deregulation/ .
285 https://eu.usatoday.com/story/news/politics/onpolitics/2018/04/10/trump-university-settlement-judge-finalized/502387002/ .

onskosten. Und es sind nur ein paar Beispiele für Hunderte deregulierende Maßnahmen dieser Art.[286]

Project Judge

Weil viele dieser Verordnungen vor Gericht angefochten werden, ist es ein wichtiges Anliegen der Geschäftswelt, Gerichte mit konservativen Richtern zu besetzen. Auch die Evangelikalen haben deswegen – wenn es hart auf hart kommt – nur ein politisches Anliegen: die Ernennung von Richtern, die ihre gesellschaftspolitische Agenda unterstützen. Und Trump lieferte. Kein anderer Präsident außer George Washington habe so viele Richter ernannt wie er, gab Trump bei jeder Gelegenheit an.[287] Er ernannte nicht nur die beiden Verfassungsrichter Neil Gorsuch und Brett Kavanaugh, sondern auch Hunderte Richter in Bundes- und Berufungsgerichten.[288] »Niemand hat mehr getan, das Gerichtssystem zu ändern als Donald Trump«, schmeichelte ihm sein Senatsführer Mitch McConnell.[289]

Trump mag die republikanischen Partei-Eliten hart angegriffen haben, aber gleichzeitig war er stets ein pragmatischer Politiker, der Allianzen mit der Bewegung schmiedete, ohne die er seine Position nie erreicht hätte. Die Besetzung der Richterposten lagerte Trump praktisch komplett an die Federalist Society aus, die er bereits im Wahlkampf eine Liste mit Richtern hatte kuratieren lassen, die er als Präsident ernennen werde.[290] Diese 1982 gegründete Society ist ein Netzwerk konservativer Juristen, eine landesweite Organisation mit mehreren Zehntausend Mitgliedern, die gemeinsam an einer rechten Umdeutung der Justiz arbeiten. Sie gelten als intellektuelle Vertreter eines prinzipientreuen Konservatismus – doch ohne ihre Unterstüt-

286 https://www.brookings.edu/blog/up-front/2018/10/18/explaining-the-brookings-deregulatory-tracker/ .

287 https://thehill.com/hilltv/rising/407435-trump-only-george-washington-has-done-more-than-me-on-judges .

288 https://www.nytimes.com/2020/06/24/us/trump-senate-judges-wilson.html . https://www.mercurynews.com/2017/12/25/inside-trumps-quest-to-alter-the-judiciary/ . »The president has told advisers that he is focused on three main criteria: that his nominees be young (in most cases younger than 50, and preferably younger than 40), conservative and strict constitutionalists. ›He clearly understands that this is going to be one of his enduring legacies‹, said Leonard Leo, a Trump adviser on judges and the executive vice president of the Federalist Society. ›He is excited about how many more judges he's going to get to pick. He likes to know the statistics, the facts and figures.‹ – ›It's one of the major pillars of a successful presidency, because it has an impact on the country for 30 or 40 years and it's embraced by both economic conservatives and social conservatives, so it's a win-win‹, said Scott Reed, chief strategist for the U.S. Chamber of Commerce.«

289 https://www.bloomberg.com/news/articles/2019-11-06/trump-boasts-of-gop-success-confirming-his-judicial-nominees .

290 https://www.washingtonpost.com/news/magazine/wp/2019/01/02/feature/conquerors-of-the-courts/ .

zung, schreibt »Politico«, »wäre Trump nicht dahin gekommen, wo er heute ist. Und sie hätten wohl ohne ihn auch nicht bekommen, was sie wollten.«[291] Denn sie schrieben die Listen, anhand derer Trump die Gerichte besetzte.

Richter wird man auf Lebenszeit, und natürlich achteten die Republikaner darauf, die Stellen mit jungen Juristen (fast immer weiße Männer) zu besetzen.[292] »Ich will alles tun, was wir können, um die Bundesgerichtsbarkeit zu transformieren, solange wir können, denn alles andere ist vergänglich«, erklärte der Fraktionsvorsitzende im Senat, McConnell, bei der jährlichen Gala der Federalist Society in Washington. So könnten sie »langfristigsten Einfluss auf das Land nehmen«.[293] In der Partei hieß das: »Project Judge« – das »Richter-Projekt«. Konservative Rechtsprechung bedeutet, die Befugnisse der Bundesregierung möglichst weit einzuschränken. So eint die konservative Rechtsbewegung Marktliberale und Kulturreaktionäre: Denn der Unternehmer hat das gleiche Interesse, nicht vom Staat reguliert zu werden, wie die christlichen Fundamentalisten, die sich nicht vorschreiben lassen wollen, dass sie keine Schwulen diskriminieren dürfen. Konservative Juristen lehnen das verfassungsmäßige Recht auf Abtreibung ebenso ab wie eine aktive Politik gegen die Folgen rassistischer Diskriminierung.[294] Mit seinem konsequenten Bekenntnis zu diesem Projekt erkaufte sich Trump die loyale Unterstützung der konservativen Bewegung. Ihre renommierte Zeitschrift »National Review«, die 2016 noch »Stoppt Trump!« getitelt hatte, nannte ihn bald »eine konservative Erfolgsgeschichte«.[295]

Ein Diktator?

In ihrem Buch *Surviving Autocracy* beschreibt Masha Gessen detailliert die schmalspurdiktatorischen und korrupten Machenschaften Trumps, seine Nähe zu Autokraten wie Putin und Duterte, seine endlosen Lügen und seine haltlose Demagogie. Man bekomme das Gefühl, dass Amerika sich in zwei Teile gespalten habe: eine nationalistische Rechte, die das amerikanische System, das sie angeblich verehrt, über den Haufen wirft – und ein liberales, patriotisches Lager, das neben den Werten der Menschlichkeit und

---

291 https://www.politico.com/magazine/story/2018/08/27/federalist-society-yale-history-conservative-law-court-219608 .

292 https://www.npr.org/2020/07/02/886285772/trump-and-mcconnell-via-swath-of-judges-will-affect-u-s-law-for-decades .

293 https://www.theatlantic.com/ideas/archive/2019/11/colorblind-constitution/602221/ .

294 Ebd.

295 https://www.nationalreview.com/2018/02/donald-trump-first-year-conservative-success-story/ .

Demokratie auch die amerikanische Verfassungsordnung gegen Trump verteidigt. Das ist das Selbstverständnis der breiten Allianz, die sich gegen Trump formiert hat und die neben linken Aktivisten auch Persönlichkeiten aus Militär, CIA oder den ehemaligen FBI-Direktor James Comey umfasst: Für sie ist Trump eine abstoßende, irrationale und unmoralische Kraft, gegen die Amerika verteidigt werden muss. Diese liberale Resistance hat oft etwas fürchterlich Staatstragendes, Konservatives gar, was sich unter anderem in der enormen Fixierung auf »Russiagate« äußerte: als sei es Trumps schlimmstes Vergehen, dass er die amerikanische Weltmacht beschädigen könnte. Dadurch wird Trump gewissermaßen von den realen Verhältnissen Amerikas abgetrennt, so, als habe das eine mit dem anderen nichts zu tun. Zudem leugnet diese Art der Kritik die Tatsache, dass sich Trump gerade in seinen schlimmsten Momenten im Rahmen der bisherigen Politik bewegte.

Die brutalsten und inhumansten Handlungen der Trump-Regierung waren gegen die »illegalen« Einwanderer gerichtet, die er zu Hunderttausenden deportieren ließ. Obama hatte vor allem »Kriminelle« und Menschen, die gerade erst eingereist waren, deportieren lassen, doch Trump hob jegliche Beschränkungen auf. Über zehn Millionen in den USA lebende Menschen sind seither potentielle Opfer des Grenzschutz-Polizeistaats. Trump »hat uns die Handschellen abgenommen«, freute sich der Vorsitzende der Deportations-Polizei ICE.[296] Er werde eine »Deportationsmacht« (»deportation force«) schaffen, hatte Trump im Wahlkampf versprochen. Die enthemmten ICE-Beamten, die im ganzen Land Jagd machten, das Spektakel der Grausamkeit an der Grenze und die systematischen Versuche, nach dem »Sicherer-Drittstaat«-Prinzip das Asylrecht vollständig abzuschaffen, erfüllten dieses Versprechen. Der Tiefpunkt dieser Politik war die gewaltsame Trennung an der Grenze festgenommener Flüchtlinge von ihren Kindern. »Wir werden die Familien zusammenlassen, aber wir müssen hart bleiben, oder unser Land wird von Menschen überrannt werden«, erklärte Trump, als er diese Praxis nach heftigen Protesten 2018 aufhob.

Wenn Trump ein autokratischer Herrscher ist, dann über die Migranten ohne Papiere. Dennoch muss man darauf bestehen, dass Trump gerade hier im Einklang mit dem Gesetz handelte. Trump hat die Behörden nicht geschaffen, die Jagd auf Einwanderer machen, sondern nur ihren Aktions-

---

296 https://www.theatlantic.com/magazine/archive/2018/09/trump-ice/565772/ .

radius ein wenig erweitert: Unter Barack Obama waren mehr Menschen von ICE verhaftet und deportiert worden als unter Trump.[297]

Die liberale Presse überschlägt sich geradezu mit Warnungen vor dem »autoritären Regime«, das unter Trump entstehe. Bestseller wie *On Tyranny* von Timothy Snyder lasen viele als Anleitung, der langsam heraufziehenden Diktatur in Amerika entgegenzutreten, und es hagelte Vergleiche mit Hitlers Machtergreifung.[298] Doch die tatsächliche Bilanz des Trump-»Regimes« sieht anders aus. Selbst unter Trump arbeiteten die beiden Parteien bei den meisten staatspolitischen Entscheidungen eng zusammen. Während die Demokraten etwa Ende 2019 versuchten, Trump des Amtes zu entheben, und ihn wegen Amtsmissbrauchs anklagten, stimmten sie für seine Neuverhandlung des Nafta-Freihandelsabkommens, verabschiedeten sein Militärbudget und verlängerten den US-Patriot-Act, der gerade der Exekutive und den Sicherheitsorganen erlaubt, Grundrechte einzuschränken. Auch als im März 2020 das Corona-Virus die USA erreicht hatte, entwickelten beide Parteien gemeinsam in wenigen Tagen ein 1-Billionen-Dollar-Ausgabenpaket, um die Wirtschaft zu stabilisieren.[299]

Gleichzeitig war Trump oft erstaunlich machtlos. »Wenn die USA drohen, in den Autoritarismus abzurutschen, warum wirkt Trump dann so schwach?«, fragte der Politikwissenschaftler Corey Robin in einem Artikel im »Guardian«.[300] Die Medien seien regierungskritisch wie nie, die Oppositionspartei stand kurz vor großen Wahlerfolgen, viele der Pläne des Präsidenten scheiterten im Parlament, die Gerichte setzten ihm Grenzen. Und falls Trump eine Marionette Putins sei, dann eine wenig erfolgreiche, denn er unterzeichnete brav die Sanktionen, mit denen Russland für seine Eingriffsversuche in den Wahlkampf 2016 bestraft werden sollte.[301] Vielmehr habe Trumps Amtszeit gezeigt, dass die US-Rechte keineswegs so stark sei, wie es der Wahlerfolg 2016 vermuten ließ.[302]

---

297 https://www.pewresearch.org/fact-tank/2020/03/02/how-border-apprehensions-ice-arrests-and-deportations-have-changed-under-trump/ .
298 Timothy Snyder: *On Tyranny. Twenty Lessons from the Twentieth Century.* New York 2017 (deutsch: *Über Tyrannei. Zwanzig Lektionen für den Widerstand.* München 2018).
299 https://abcnews.go.com/Politics/senate-scrambles-strike-deal-1t-pandemic-relief-business/story?id=69713460 .
300 https://baselinescenario.com/2016/02/03/donald-trump-is-running-as-a-conservative-republican/ .
301 https://www.politico.com/story/2017/08/02/trump-signs-bipartisan-russia-sanctions-bill-241242 .
302 https://nymag.com/intelligencer/2019/02/corey-robin-on-the-historovox-what-we-missed-about-trump.html .

Nicht nur die Mehrheit der Bevölkerung, auch viele Unternehmensführer hatten nichts für Trump übrig. »Auch seine Beziehungen zur Intelligentsia der nationalen Sicherheit und der imperialen Bürokratie waren antagonistisch«, argumentierte Dilan Riley in der »New Left Review«. Trumps Herrschaft mit dem Faschismus zu vergleichen, gehe schon deshalb fehl, weil er weder die staatlichen Eliten noch die Bourgeoisie wirklich hinter sich vereinen konnte: »Die amerikanischen Geschäftseliten sind uneins, nicht nur wegen unterschiedlicher sektoraler Interessen, die im Kontext einer strukturellen Stagnation um Großzügigkeit des Staates konkurrieren – fossile Energie versus nukleare, zum Beispiel, oder die Gesundheitsversicherer, die das gewaltige Geldgeschenk names Affordable Care Act (›Obamacare‹) verteidigen – sondern auch, was große Themen wie den globalen Freihandel, Kapitalflüsse, Protektionismus und vor allem, was die gleichzeitig symbiotische wie antagonistische Beziehung zwischen den USA und dem aufsteigenden China betrifft.«[303]

Dass Trump überhaupt an die Macht kam, lässt sich aus dieser Sicht nur dadurch erklären, dass die herrschende Klasse zunehmend gespalten ist und nicht mehr in der Lage scheint, den Staat nach einem kohärenten Programm zu führen. Unfähig, sich angesichts der Erschütterungen der Weltwirtschaftskrise, des gescheiterten Irakkriegs, der neuen Herausforderung durch China und des sich anbahnenden Übergangs zum Zeitalter der erneuerbaren Energien geschlossen einer langfristigen Strategie zu verschreiben, musste Amerikas besitzende Klasse mitansehen, wie ein Reality-TV-Star versuchte, all diese Probleme und Widersprüche mit seinem Brachialnationalismus zu lösen. Ausgerechnet die absurde Figur Donald Trump schickte sich an, die Rolle der USA in der Welt völlig neu zu bestimmen.

303 https://newleftreview.org/issues/II114/articles/dylan-riley-what-is-trump .

»America First«

Am 25. September 2019 hielt Donald Trump vor der UN-Generalversammlung in New York eine Rede, die sich wie ein nationalistisches Manifest liest: »Die freie Welt muss ihre nationalen Fundamente umarmen. Sie dürfen nicht ausgelöscht oder ersetzt werden«, erklärte er vor den Staatsführern der Welt. Denn die Zukunft gehöre nicht den »Globalisten«: »Sie gehört den Patrioten. Die Zukunft gehört den souveränen und unabhängigen Nationen.« Dieser Grundsatz treibe sein eigenes »aufregendes Programm der nationalen Erneuerung« an: Er habe die Wirtschaft angekurbelt und das Militär massiv gestärkt. Vor allem aber habe er jene in die Schranken gewiesen, die dem amerikanischen Volk vorschreiben wollten, wie es zu leben habe: »die gesichtslose Bürokratie«, die »permanente Politikerkaste, die den Willen des Volkes offen verachtet«, sowie die »Medien und die universitären Institutionen, die Rund-um-Angriffe auf unsere Geschichte, Traditionen und Werte propagieren«. Mit der »illegalen Massenimmigration« mache er ebenso Schluss wie mit den »radikalen Aktivisten und Nicht-Regierungsorganisationen«, die »die Auslöschung der nationalen Grenzen fordern«. Dementsprechend hätten die USA auch ihre Beziehung zur Welt neu ausgerichtet. Den amerikanischen Verbündeten habe Trump klargemacht, »dass sie ihren fairen Anteil an der gewaltigen Verteidigungslast bezahlen müssen«. An »endlosen Kriegen« hätten die USA kein Interesse mehr. Vor allem aber wollten sie den Welthandel neu gestalten und China zwingen, seine Wirtschaft nicht länger auf Kosten der amerikanischen Mittelschicht zu entwickeln.[304]

Trumps Slogan »America First« ist oft als »isolationistisch« bezeichnet worden, denn es handelt es sich um ein Zitat der Bewegung, die 1940 gegen den amerikanischen Eintritt in den Zweiten Weltkrieg gekämpft hatte und die auch von Antisemitismus und Sympathien für den Faschismus geprägt war.[305] Erst nach dem gewonnenen Krieg verlor der Isolationismus an Bedeutung. Die USA befanden sich damals in einer einzigartigen Machtposition, da sie der einzige Sieger des Zweiten Weltkriegs waren, dessen industrielle Kapazitäten nicht zerstört waren. Über die Hälfte der gesamten globalen Industriekapazitäten befanden sich 1945 in den USA. Amerikanisches Ka-

---

304 https://www.whitehouse.gov/briefings-statements/remarks-president-trump-74th-session-united-nations-general-assembly/ .
305 https://www.latimes.com/politics/la-na-pol-trump-america-first-20170120-story.html .

pital und amerikanische Waren drängten in die Welt.[306] Gleichzeitig zwang die beginnende Blockkonfrontation das kapitalistische Lager dazu, eng zusammenzuarbeiten. Aus dieser Situation entstand der politische Konsens der USA, dass Außenpolitik Weltpolitik bedeutet, also nicht nur den organisierten Kampf gegen das sowjetische Lager meint, sondern auch die Organisation eines Weltsystems der kapitalistischen Staaten. Um das westliche Militärbündnis wurde eine Wirtschaftsordnung aufgebaut, die von freiem Kapital- und Warenverkehr sowie zunehmender Weltmarktintegration gekennzeichnet war.

Die Stellung der USA in diesem System war immer außergewöhnlich: Als unangefochtene Führungsmacht waren sie mehr als nur irgendein Staat, der seine Interessen verfolgt. Ihre Militärmacht stützte die westliche Hegemonie, und sie diktierten die Regeln des globalen Wirtschaftssystems. Der US-Dollar wurde zur Weltwährung, und die ehemaligen Gegner Japan und Deutschland wurden als Juniorpartner in das System integriert. Perry Anderson nannte das den Versuch einer »Harmonisierung des Universellen mit dem Partikularen – das generelle Interesse des Kapitals, gesichert durch die nationale Vormachtstellung der Vereinigten Staaten«. Beides zusammen sei die Grundlage für das »globale Imperium« des Kapitals gewesen. Die militärische, wirtschaftliche, technologische amerikanische Vormacht blieb dabei immer das Ziel der amerikanischen Politik, aber ebenso die Verpflichtung, die Weltpolitik insgesamt zu formen: die westliche Allianz zusammenzuhalten, den Kommunismus zu bekämpfen und die Entwicklung des Weltmarkts zu organisieren. Jahrzehntelang waren die USA führend beim gemeinsamen Abbau der Handelsschranken. Amerikanische Unternehmen waren Avantgarde in der Internationalisierung ihrer Produktion, und die USA nutzten ihre politische Macht, um für liberalisierte Wirtschaftsverhältnisse weltweit zu sorgen. Die Integration der postkolonialen und postkommunistischen Welt in den vom Westen dominierten Kapitalismus war ein ökonomischer Vorgang, aber er wurde organisiert von den politischen Institutionen des Westens: WTO, Weltbank, Internationaler Währungsfonds. Die Krone dieser Entwicklung war die Gründung der Welthandelsorganisation WTO im Jahr 1995. Aufgabe der WTO ist es, auf der ganzen Welt für stabile Regeln zu sorgen, um Investitionen, Produktionsketten und allgemein die Kapitalakkumulation abzusichern.

---

306 Dana Frank: *Buy American. The Untold Story of Economic Nationalism*. Boston 1999, S. 104 ff.

Besonders nach dem Ende des Kalten Krieges schien mit dem Triumph des Kapitalismus eine Welt zu entstehen, in der vor allem Marktbeziehungen und nicht mehr politische Blöcke die Weltpolitik bestimmten. Angesichts des zunehmenden Welthandels und der internationalen Produktionsnetzwerke sprachen viele vom Ende des Nationalstaats. Die Idee, dass kapitalistische Konkurrenz zu imperialistischen Machtkämpfen führen könnte, wirkte antiquiert. Aber die Grundlage der Globalisierung war und blieb die staatliche Macht des Westens, konkret: die amerikanische *hard power*. Die meisten kapitalistischen Staaten sahen sich als Partner in diesem Projekt, aber die USA waren der Staat, der diese Macht letztlich organisierte.

Auch Trumps nationalistische Ansprache vor der UN war noch von diesem Geist geprägt. Wie jeder amerikanische Präsident warnte er vor »Schurkenstaaten«, die sich den Regeln der »freien Welt« nicht unterwerfen wollten und sie bedrohten – vor den Atomwaffen Nordkoreas, der »gewaltvollen und unprovozierten Aggression« Irans und dem »Sozialismus« Venezuelas. Auch China warf er vor, sich nicht an die Regeln der von Amerika geschaffenen Weltordnung zu halten. Peking habe 2001 der WTO beitreten dürfen, in der Erwartung, dass sie »ihre Wirtschaft liberalisieren werden und den Schutz von ... intellektuellem Eigentum und Rechtsstaatlichkeit stärken«. Doch das sei nicht geschehen: China habe »ein Wirtschaftsmodell entwickelt, das auf massiven Marktbarrieren, staatlichen Subventionen, Währungsmanipulationen, Preisunterbietung, erzwungenem Technologietransfer und dem Diebstahl geistigen Eigentums sowie Handelsgeheimnissen in großem Maßstab beruht«. Diese Ungerechtigkeit werde er nicht akzeptieren. Und dann wurde Trumps Rhetorik entschlossen national: »Der Globalismus«, erklärte er, habe in der Vergangenheit »wie eine religiöse Macht über unsere Führer geherrscht, die darüber ihre eigenen nationalen Interessen ignoriert haben. Aber was Amerika angeht, sind diese Tage gezählt.« Deshalb habe er den Handelskrieg mit China begonnen.

Das war der neue Ton der US-Regierung: Selbst vor einem Gremium wie den UN sagte Trump klipp und klar, dass es ihm nicht primär um den Erhalt der liberalen Wirtschaftsordnung oder die Zusammenarbeit der kapitalistischen Staaten ging – sondern um »America First.«

China und die Krise der amerikanischen Weltordnung
Die unipolare Pax Americana war allerdings schon lange vor Trump in die Krise geraten. Mit der zunehmenden Integration der EU war ein weiterer

bedeutender weltpolitischer Akteur entstanden, Russland strebte zurück zum Status einer Großmacht, und auch die wirtschaftliche Entwicklung der nicht-westlichen Welt untergrub die Unipolarität der neunziger Jahre. Das Scheitern des Irakkrieges stellte die Fähigkeit der USA in Frage, fremde Regionen nach Belieben militärisch neu ordnen zu können. Dann kam die Finanzkrise; sie konnte zwar weder der »Globalisierung« noch dem Neoliberalismus oder der Rolle der USA als dem finanziellen Zentrum der Welt etwas anhaben. Doch verstärkte sich in dieser Periode eine Entwicklung, die schon lange abzusehen gewesen war: der relative Aufstieg Chinas.

China ist anders als die bisherigen Herausforderer der USA: Es ist Teil des immer noch westlich dominierten Kapitalismus und stellt in ihm die wichtigste Wachstumsregion dar, weigert sich aber, seine Wirtschaft endgültig zu »liberalisieren«, also die staatliche Lenkung im nationalen Interesse aufzugeben und ausländischen Kapitalen gleiche Rechte zu garantieren. China ist das neue Zentrum des Kapitalismus, ist aber nicht in dessen politische Ordnung integriert. Damit geraten das rein nationale Interesse der USA und das allgemeine Interesse des Weltkapitals zum ersten Mal seit dem Beginn des Kalten Krieges wirklich in Konflikt. In Perry Andersons Worten: »Die amerikanische Vorherrschaft ist nicht länger automatisch die Krone der Zivilisation des Kapitals. Die liberale internationale Ordnung mit den USA an ihrer Spitze droht dem *Land of the Free* unangenehm zu werden«, denn sie entpuppe sich als eine Ordnung, die den Aufstieg Chinas fördert, der sie selbst in Frage stellen könnte.[307] Das Universelle – die Weltzivilisation des Kapitals zu schaffen – und das Partikulare – die Vormacht der USA zu bewahren – geraten miteinander in Konflikt.

Das prägte Trumps Außenpolitik. Er machte keine Anstalten, die Grundstruktur der amerikanischen Weltmacht anzutasten und etwa die militärische Dominanz oder andere Machthebel aus der Hand zu geben. Im Gegenteil: Er stärkte das Militär, und er betrieb eine Eskalation der US-Sanktionen gegen zahlreiche Gegnerstaaten, nicht zuletzt Russland. Aber gleichzeitig machten die USA deutlich, dass sie sich ihrer Stellung als Welthegemon entfremdet hatten und nach einer neuen, weniger eingeschränkten, das heißt »egoistischeren«, nationaleren Welt- und Wirtschaftspolitik strebten. Auch ihre Allianzen würden sie nun stärker unter dem Gesichtspunkt des eigenen Nutzens betrachten. Das globale Imperium der USA, so Anderson, »hat über-

---

307 Anderson, 153.

lebt, aber es bewegt sich zunehmend aus der Ordnung heraus, die es selbst aufgebaut hat«. Die USA wirken dadurch aggressiver und unberechenbarer nicht nur Ländern wie China gegenüber, das offiziell zum »Rivalen« erklärt wurde, sondern auch für Amerikas Verbündete sind »die Zeiten, wo wir uns auf andere völlig verlassen konnten, ein Stück weit vorbei«, wie Angela Merkel es 2017 ausdrückte.

An seinem ersten Arbeitstag im Weißen Haus kündigte Trump das über Jahre ausgehandelte multilaterale Freihandelsabkommen TPP auf und legte die TTIP-Verhandlungen auf Eis. Es folgte eine Schockpolitik, die zeigen sollte, dass fortan wirklich alles zur Disposition gestellt sein würde: Beim G20-Treffen im März 2017, einem der ersten Treffen der Trump-Regierung mit Vertretern der führenden kapitalistischen Staaten, verweigerte US-Finanzminister Mnuchin die Zustimmung zu einem Abschlusskommuniqué – weil dieses die gemeinsame Absage an Protektionismus enthalten sollte.[308] Auch drängten Trumps nationalistische Berater, das Freihandelsabkommen Nafta aufzukündigen, um eine Neuverhandlung im Schnellverfahren zu erpressen. Hunderte amerikanische Konzerne versuchten, diesen Bruch zu verhindern – erst als man Trump erklärte, wie sehr es die amerikanischen Farmer und damit seine eigenen Wähler treffen würde, ließ er von dem Vorhaben ab.[309]

Auch andere multilaterale Verträge wurden gekündigt. Den Ausstieg aus dem Pariser Klimaabkommen, durch das Trump die US-Wirtschaft bedroht sah, annoncierte er 2017. »Ich bin Vertreter der Bürger von Pittsburgh, nicht von Paris«, erklärte er dazu.[310] Es war eine Entscheidung rein nach nationalem Interesse – denn die USA waren unter Obama zu einem der größten Ölförderer der Welt geworden, während die EU und China grüne Energietechnologien förderten. Trumps Regierung tat alles, um den Öl-Boom zu stützen, und fand dafür die nationalistische Formel der US-»Energie-Dominanz«.[311] Das Pariser Klimaschutz-Abkommen sei ein »Geschenk an die Chinesen« gewesen, erklärte Trump später.[312] Das Abkommen mit dem Iran, an dessen Aushandlung neben den europäischen Ländern auch Russland und China beteiligt gewesen waren, kassierte Trump ebenfalls. Ersetzt wurde es durch

308 https://www.zeit.de/wirtschaft/2017-03/baden-baden-g20-gipfel-finanzminister-usa-handels-politik.
309 Tooze, 683.
310 https://www.theguardian.com/us-news/2017/jun/01/pittsburgh-fires-back-trump-paris-agreement.
311 https://www.whitehouse.gov/briefings-statements/president-donald-j-trump-unleashing-ameri-can-energy-dominance/; https://www.reuters.com/article/us-usa-oil-production/u-s-crude-oil-produc-tion-hit-record-high-in-november-eia-idUSKCN1GC2PB.
312 https://www.kplctv.com/2020/07/14/trump-signs-bill-order-rebuking-china-slams-biden/.

eine rein amerikanische Strategie des »maximalen Drucks«, die auf einer Stärkung der regionalen US-Bündnisse mit Israel und den Golfstaaten basierte. Und dies waren nur die bedeutendsten internationalen Abkommen, die Trump kündigte: Hinzu kamen der INF-Vertrag zur Reduzierung landgestützter Nuklear-Raketen, das Südkorea-Handelsabkommen Korus, der UN Human Rights Council, die Unesco – und sogar die Nato nannte Trump »obsolet«, falls sie nicht reformiert werde.[313] Gleichzeitig schien er nicht den geringsten Respekt vor den traditionellen amerikanischen Bündnispartnern zu haben. 2018 sprach er von der EU als einem »Feind« in einer Reihe mit Russland und China, ein deutliches Signal, dass die transatlantische Beziehung zunehmend von harter Interessenpolitik geprägt sein würde. »Das bedeutet nicht, dass sie schlecht sind«, erklärte Trump seine realistische Logik. »Es bedeutet überhaupt nichts. Es bedeutet nur, dass sie Rivalen sind.«[314]

Diese Erklärungen lösten im US-Establishment Entsetzen aus, denn die Allianzen des Westens waren die Basis der globalen amerikanischen Vorherrschaft. Ähnlich schockierend war, wie Trump über die USA selbst sprach. Die amerikanische Außenpolitik wird traditionell von einer erhabenen Rhetorik begleitet. Im Kalten Krieg galten die USA als Anführerin der »freien Welt«, und selbst Barack Obama, der nach dem Irak-Debakel eine Zeit zurückhaltender Außenpolitik einläuten wollte, sprach immer wieder vom »American Exceptionalism«, der »Einzigartigkeit Amerikas«.[315] Trump lehnte das explizit ab; dass die USA außergewöhnlich seien, halte er »für eine Beleidigung des Restes der Welt«.[316] Er verwarf damit den traditionellen amerikanischen Anspruch, ein Vorbild für andere Nationen zu sein und das Modell der liberalen Demokratie und Menschenrechte in der ganzen Welt zu verbreiten. »Ich glaube kaum, dass wir das Recht haben, anderen Vorträge zu halten«, erwiderte er, als ihn ein Reporter fragte, ob er Erdoğan nach dessen gewaltsamer Niederschlagung des Putschversuchs 2016 auch zu Rechtsstaatlichkeit im

---

313 https://edition.cnn.com/2019/02/01/politics/nuclear-treaty-trump/index.html .

314 https://www.cbsnews.com/news/donald-trump-interview-cbs-news-european-union-is-a-foe-ahead-of-putin-meeting-in-helsinki-jeff-glor/ .

315 https://www.youtube.com/watch?v=95JiNT74Xtw .

316 Und im Moment sei diese Arroganz auch kaum angebracht: Die USA »sterben gerade«, während andere Länder »uns ausnutzen«. Trump nannte die USA ein »Entwicklungsland«, über das die ganze Welt lache. »Eine Nation wird dadurch ›außergewöhnlich‹, dass sie sich mehr Reichtum und Macht aneignet als andere – kurz: indem sie gewinnt. Sie kann dieses Status gewinnen und gleich wieder verlieren«, fasste Stephen Wertheim Trumps Denken zusammen: http://www.columbia.edu/~saw2156/TrumpAgainstExceptionalism.pdf?fbclid=IwAR3-gqGmdtz8xF9qpbBYLzmEnV22b6iucwZOtaiAMsbolCBEdAYOdJVN-dU .

Umgang mit den Zehntausenden Verhafteten anhalten werde.[317] Putin sei ein »Mörder«, klar – aber »es gibt eine Menge Mörder, eine Menge Mörder. Was – denkst du etwa, unser Land ist so unschuldig?«[318] Seit Beginn des Kalten Krieges hat kein amerikanischer Präsident so über die USA gesprochen.

Trumps Außenpolitik war geprägt von diesem Lavieren zwischen dem Bedürfnis, das nationale Interesse mit dem Holzhammer durchzusetzen, und dem Insistieren auf der traditionellen amerikanischen Rolle des Hegemons eines globalen Systems. Dadurch wirkte Trumps Politik extrem erratisch und oft auch so, als stünde er in Konflikt mit seinem eigenen Staat. John Kelly, James Mattis, H.R. McMaster, Mike Pompeo – die Liste der Generäle und Außenpolitiker, die Trump mit dem Vorsatz dienten, »das Schlimmste abzuwenden« und seine Inkompetenz und seine radikalen Ideen in weniger destruktive Bahnen zu lenken, ist lang. 2018 veröffentlichte die »NYT« einen anonymen Text eines hochrangigen Regierungsbeamten, der sich selbst als »Mitglied des Widerstands im Weißen Haus« bezeichnete; er und einige Gleichgesinnte in der Regierung versuchten, »Teile von Trumps Agenda und seine schlimmsten Neigungen zu sabotieren«. »Wir sind nicht der tiefe Staat«, schrieb der Beamte in Anspielung auf Trumps Feindbild, »sondern der stetige Staat« – also der Apparat, der das objektive nationale Interesse des Staates auch unabhängig von den politischen Unabwägbarkeiten des amtierenden Präsidenten verfolge.[319]

Im April 2018 erklärte Trump beispielsweise überraschend, es sei »an der Zeit«, die amerikanischen Truppen aus Syrien heimzuholen. »Die Antwort aus dem Pentagon war ein bewusstes Schweigen«, schrieb die »NYT«, »denn die Beamteten erwarteten, dass Trump das Thema nicht weiterverfolgen werde, was er auch nicht tat«.[320] Ein Jahr später erklärte Trump erneut auf seinem Twitter-Account: »Wir sollten da nur für 30 Tage sein – hieß es vor zehn Jahren.« Er habe einen besseren Deal ausgehandelt: »Das Öl ist sicher. Unsere Soldaten ziehen ab.«[321] Doch bis heute sind US-Truppen in Syrien stationiert, nun eben mit der Begründung, sie würden das Öl bewachen.[322] Wohl auch wegen solcher Manöver haben sich die krassesten Befürchtungen

317 https://www.nytimes.com/2016/07/22/us/politics/donald-trump-foreign-policy-interview.html .
318 https://www.youtube.com/watch?v=7PA4PgG9-eI .
319 https://www.nytimes.com/2018/09/05/opinion/trump-white-house-anonymous-resistance.html .
320 https://www.nytimes.com/2018/11/16/us/politics/president-trump-military.html .
321 https://twitter.com/realDonaldTrump/status/1187708412685107200 .
322 https://www.theatlantic.com/international/archive/2019/10/what-was-the-point-syria-withdrawal/600829/ .

des US-Establishments nicht bewahrheitet: Eine Annäherung an Russland gab es nicht, auch weil das Parlament verlässlich Sanktionen beschloss. Trump stellte die Nato zwar immer wieder in Frage, doch die US-Truppenpräsenz in Europa wurde erhöht. Als Trump auf seine endlosen Drohungen Taten folgen ließ und im Sommer 2020 amerikanische Soldaten aus Deutschland abzog, wurden sie lediglich in andere europäische Länder verlegt. Auch die Rolle als Weltpolizist übten die USA in einer Hinsicht weiter aus: Trump setzte den von Obama etablierten permanenten Drohnenkrieg ungezügelt fort.

Beim Konflikt mit dem Iran operierte die US-Politik uneindeutiger. Einerseits agierte Trumps Regierung aggressiv, andererseits signalisierte er immer wieder, dass er mit der jahrzehntealten Rolle als Ordnungsmacht im Nahen Osten unzufrieden war. Die Tötung des iranischen Generals Soleimani Anfang 2020 war eine Eskalation. Doch als der Iran Vergeltungsschläge gegen US-amerikanische Truppen im Irak durchführte, reagierte Trump darauf mit einer ungewöhnlich besonnenen Rede. Die USA hätten mittlerweile »Energieunabhängigkeit« erreicht und benötigten kein »Öl aus dem Mittleren Osten« mehr. Deshalb ergäben sich für die USA in der Region neue strategische Optionen. Vor allem, so Trump, werde er »von der Nato verlangen, sich viel stärker im Mittleren Osten einzubringen«.[323] Als der Schiffsverkehr in der Straße von Hormus im Sommer 2019 wegen iranischer Angriffe in Gefahr schien, tweetete Trump: »China kriegt 91 Prozent seines Öls aus der Straße, Japan 62 Prozent & viele andere Länder genauso. Warum beschützen wir also die Seerouten für andere Länder (viele Jahre lang) ohne Gegenleistung? All diese Länder sollten ihre eigenen Schiffe beschützen.«[324] Aber seine Prahlereien mit den Milliarden, die Saudi-Arabien angeblich für den amerikanischen Schutz bezahlen würde, lösten sich in heiße Luft auf.[325] 3.000 amerikanische Soldaten sind nach Saudi-Arabien entsandt worden, und bis zu 70.000 verbleiben in der gesamten Region.[326]

American Empire?

Trumps Außenpolitik wurde nicht nur von Demokraten, sondern auch von zahlreichen Republikanern abgelehnt, geradezu als Hochverrat bezeichnet.

323 https://www.shop.jungle-world.com/artikel/2020/03/die-schwierigkeiten-des-weltordnens .
324 https://twitter.com/realdonaldtrump/status/1143128642878410752 .
325 https://www.vox.com/2020/1/14/21065432/trump-laura-ingraham-interview-saudi-arabia-troops .
326 https://www.axios.com/where-us-troops-deployed-middle-east-5e96fdb2-c7ba-4f26-90b4-7bf452f83847.html .

Das war nicht neu: Ähnliche Angriffe hatte es von rechts schon auf Obama gegeben. Die beiden US-Parteien sind sich in vielen taktischen Fragen uneins, vor allem bezüglich ihrer Haltung zu multilateralen Institutionen. Was Iran und Israel betraf, verfolgten die Republikaner unter Obama fast so etwas wie eine Gegen-Außenpolitik.[327] Das kennzeichnete auch die China-Strategie: Obama wollte die amerikanischen Allianzen in Ostasien stärken und baute mit dem Handelsabkommen TPP an einem kontinentalen Wirtschaftsraum unter Ausschluss Chinas. Trump kündigte das Abkommen auf und wählte statt dessen den direkten Handelskrieg mit China. Beide Ansätze haben aber einen gemeinsamen Nenner: Sie zielen darauf ab, amerikanische Interessen trotz des relativen Niedergangs der amerikanischen Weltmacht durchzusetzen. Schablonenhaft könnte man sagen: Obama rechnete mit dem relativen Niedergang der US-Weltmacht, wirkte aber darauf hin, dass die Zukunft der Welt trotzdem von einer internationalen liberalen Hegemonie geprägt blieb. Trump rechnete mit dem relativen Niedergang der US-Weltmacht, machte sich aber keine solchen Hoffnungen mehr – und beförderte gerade dadurch die Krise der liberalen Hegemonie.

Trumps Rhetorik war oft von einem düsteren Realismus geprägt, der in deutlichem Kontrast zum optimistischen Auftreten George W. Bushs, aber auch Barack Obamas stand, die von einer demokratischen und freien Zukunft für alle Menschen gesprochen hatten. Trumps Rede von den »shithole countries« war mehr als nur ein Ausdruck rassistischer Arroganz, es drückte auch den Gedanken aus, dass es hoffnungslose Teile der Welt gibt, mit denen der Westen am besten nichts mehr zu tun haben sollte. »Die Welt ist kaputt. Die Welt ist jetzt schon voller Wut. Das, denkst du, wird noch mehr Wut schaffen?«, fragte Trump einen Journalisten auf die Frage nach dem »Muslim Ban«. »Die Welt ist ein Ort voller Wut«[328] – das ist eine finster-entschlossene Absage an die optimistische amerikanische Botschaft von weltweiter *freedom and democracy*. Die USA sollten nicht länger »der Ort sein, wo die ganze Welt ihre Probleme ablädt«,[329] sondern sich vom globalen Chaos und seinen inhärenten Gefahren abschotten. Dafür brauchten die USA eine harte, national denkende, geradezu zynische Führung. Immer wieder kritisierte Trump die Demokraten und andere »Globalisten« dafür, Politik nicht im Sinne der Nation, sondern der übrigen Welt zu machen. Er ging so-

327 https://www.vox.com/2015/3/10/8182063/tom-cottons-controversial-letter-to-iran-explained .
328 https://www.youtube.com/watch?v=SKEz7_TlTZA .
329 https://time.com/3923128/donald-trump-announcement-speech/ .

gar so weit, Obama eine heimliche Sympathie für den islamistischen Terror zu unterstellen.[330]

Aber so, wie Trumps Autoritarismus innenpolitisch oft nur Rhetorik blieb, war es auch mit dem großen Staatsmann Trump. Er liebte große Gesten und große Deals – aber oft waren die Tweets radikaler als die Politik, die damit letztlich verfolgt wurde. Trump repräsentierte einen nationalistischen Furor, der davon träumte, auch auf der großen Bühne der Weltpolitik zu Souveränität und Durchsetzungskraft zurückzufinden. Die Realität der internationalen Beziehungen, in der selbst die Handlungsmöglichkeiten eines so mächtigen Staates wie den USA beschränkt sind und vor allem die Wirtschaftspolitik den kapitalistischen Sachzwängen unterworfen bleibt, sah oft anders aus.

Handelskrieg mit China

Die wirkliche Ausnahme betraf China. Noch 2016 belächelten viele Trumps China-Obsession. Viele Liberale hielten Trump Vorträge, dass seine nationalistische Erzählung von einem Amerika am Abgrund, das von den globalistischen Eliten an ein knallhart agierendes China verkauft worden sei, mit der Realität nichts zu tun habe. Aber vier Jahre später hat sich Trumps Vision durchgesetzt. Sein Handelskrieg gegen China wird heute vom gesamten politischen Establishment der USA unterstützt.[331] Auch der amerikanische Militärapparat spricht offiziell von China als einem »strategischen Rivalen«. Dabei präsentierte Trump seine Anti-China-Politik zunächst als erzpopulistisches Projekt, das gegen die amerikanischen Eliten gerichtet war. Sie hätten profitiert, während »rostende Fabriken wie Grabsteine die Landschaft unserer Nation bedeckten« und »unserer Mittelklasse ihr Reichtum entrissen und in der ganzen Welt verteilt worden ist«.[332] Trump hatte einen guten Instinkt für die politischen Themen, die populär waren, aber von seinen konventionellen politischen Gegnern nicht ausgenutzt werden konnten. Die Wut über die gescheiterten Kriege etwa oder die Ablehnung der Einwanderer. Genauso zielte er auf Spaltungen und Widersprüche in der politischen Ökonomie der USA. »Unser Land stagniert. Wir haben Unternehmen und Jobs verloren. Wir stellen nichts mehr her.«[333] Trump fand für diese Krise zwei Schuldige: die »Globalisten«, die die Nation verkauft hätten und einer internationalen

330 https://www.washingtonpost.com/news/the-fix/wp/2016/06/13/donald-trump-suggests-maybe-president-obama-doesnt-really-want-to-stop-terrorism-wink-wink/ .
331 https://edition.cnn.com/2019/05/17/politics/trump-china-trade-war-intl/index.html .
332 https://www.whitehouse.gov/briefings-statements/the-inaugural-address/ .
333 https://twitter.com/realdonaldtrump/status/788920628535435265 .

Wirtschaftsordnung treu waren, von der zwar sie profitierten, die normalen Amerikaner jedoch nicht. Und die schlechten Handelsdeals, die es anderen Ländern – China natürlich, aber auch Deutschland und sogar Mexiko – erlaubten, den USA ihren Wohlstand zu rauben.

Von den amerikanischen Handelsdefiziten war Trump wie besessen. Aber er hat nicht als erster dieses Problem benannt. Nach der Finanzkrise 2008 versuchte die US-Regierung, die weltweiten Ungleichgewichte zu bekämpfen, die ihrer Ansicht nach zur Krise beigetragen hatten. Wie bei Trump lag der Fokus Obamas dabei hauptsächlich auf China und Deutschland, den großen Überschussländern der Welt, die auch dank ihrer schwachen Währungen vor allem die USA mit ihren Exportgütern überschwemmten. Bei dem G20-Treffen im November 2010 in Seoul wollten die USA sie dazu drängen, ihre Handelsüberschüsse zu verringern, indem sie im eigenen Land die Nachfrage erhöhten. Die Weltwirtschaft könne nicht länger vom Konsum und der Verschuldung der amerikanischen Bürger abhängig sein.[334] In Deutschland wehrte man sich heftig, sprach von »Protektionismus«, und der »Spiegel« schrieb: »Die USA wollen Deutschland wegen seines Handelsüberschusses mobben.«[335]

Tatsächlich waren alle Versuche, das Defizit zu reduzieren, erfolglos. Auch unter Trump ist es weiter gestiegen: Bis heute importieren die USA Waren im Wert von über 600 Milliarden Dollar mehr als sie exportieren.[336] Das liegt einerseits daran, dass Trump keinen Protektionismus praktiziert. Industriekonzerne brauchen heute Zugang zu einer armen Arbeiterschaft und einem reichen Absatzmarkt gleichzeitig, um in der Weltmarktkonkurrenz zu bestehen und profitabel produzieren zu können. Echter Protektionismus, also der Zwang, alle Industriegüter im Inland herzustellen, würde den Gesamtwohlstand der USA verringern und eine Wirtschaftskrise auslösen. Die Abdankung der USA als führendes kapitalistisches Land der Welt wäre die Folge gewesen und hätte den Zerfall des weltweiten Freihandelssystems nach sich gezogen.

Doch es gibt einen weiteren Grund, warum besonders die USA nicht in der Lage sind, mehr zu exportieren als sie importieren: Trotz ihres relativen Niedergangs bleiben sie das Zentrum der Weltwirtschaft. Weil der Dollar bis

334 https://www.nytimes.com/2017/12/28/us/politics/trump-world-diplomacy.html .
335 https://www.spiegel.de/international/world/a-distorted-global-economy-us-to-bully-germany-on-trade-surplus-at-the-g-20-a-727970.html .
336 https://www.macrotrends.net/countries/USA/united-states/trade-balance-deficit .

heute die Weltwährung ist, in der der überwiegende Teil des internationalen Handels abgewickelt wird, strömt Kapital aus der ganzen Welt in die USA. Der starke Dollar führt dazu, dass die USA mit Importwaren quasi geflutet werden – für die ganze Welt sind sie der Abnehmer, am deutlichsten für Europa und China: Das ist die Quelle des gewaltigen Handelsdefizits, das Trump so aufregt. Das jährliche US-Handelsdefizit mit Deutschland beträgt zwischen 60 und 70 Milliarden,[337] mit China sogar zwischen 300 und 400 Milliarden.[338]

»Das 500 Milliarden Handelsdefizit (im Jahr 2016) ist nicht nur das Ergebnis von schlechten Handelsdeals ..., sondern auch ein Nebenprodukt der besonderen Rolle der USA im globalen Finanzsystem«, warnte deshalb die »NYT« kurz vor der Wahl im Oktober 2016 ihre Leser.[339] Die Rolle des Dollars als Weltwährung hänge davon ab, dass die USA offen für ausländisches Kapital blieben. Für die USA habe der Status des Dollars zwar auch Nachteile – neben der Gefahr von Spekulationsblasen vor allem »eine weniger kompetitive Exportindustrie« –, aber er bringe auch gewaltige Vorteile – primär steigende Aktienkurse und Immobilienpreise –, wovon natürlich vor allem die amerikanischen Besitzenden profitieren. Vor allem aber nütze die Dollar-Hegemonie dem amerikanischen Staat: Die Nachfrage nach amerikanischen Staatsschulden ermöglicht es, ein gewaltiges Defizit zu finanzieren. Das erlaube es den USA, »Kriege zu finanzieren, und es gibt größere Möglichkeiten auf Rezessionen zu reagieren«, indem man staatliches Geld in die Wirtschaft pumpt. Dieses globale Dollar-System produziert innerhalb der USA Gewinner und Verlierer.[340] Die verarbeitende Industrie und viele amerikanische Arbeiter leben in diesem System mehr schlecht als recht – was sich Trump für seinen populistischen Wahlkampf zunutze machte.

Auch ist der Dollar ein ganz konkretes geopolitisches Machtmittel. Die Sanktionen, mit denen die USA den Iran, Russland, Nordkorea und verschiedene Terrorgruppen bestrafen, sind nur wegen der zentralen Stellung des Dollars so wirkmächtig. Deshalb solle man vorsichtig sein, wenn man zu rabiat die Handelsdefizite reduzieren wolle, wie Trump es versprach; diese seien, so die »NYT«, »Teil des Preises, den die USA für den Status« des Dollars in der Welt bezahlen müssen.

---

337 https://www.census.gov/foreign-trade/balance/c4280.html .
338 https://www.census.gov/foreign-trade/balance/c5700.html .
339 https://www.nytimes.com/2016/07/22/upshot/what-donald-trump-doesnt-understand-about-the-trade-deficit.html .
340 https://phenomenalworld.org/analysis/the-class-politics-of-the-dollar-system .

Vor allem Entwicklungsländer und Ölstaaten, die Kapitalflucht fürchten müssen, bauen immer größere Dollar-Reserven auf, um im Notfall liquide zu sein. 2008 hatten ausländische Regierungen 5,2 Billionen an Dollar-Reserven, 2019 schon acht Billionen.[341] Wie Adam Tooze gezeigt hat, ist auch die Bedeutung des amerikanischen Finanzsystems in der Bankenkrise von 2008 weiter gewachsen. In der Krise brauchten nicht nur Banken und Firmen, sondern auch Zentralbanken auf der ganzen Welt plötzlich dringend Dollars – und nur die Federal Reserve konnte ihnen die schnell zur Verfügung stellen.[342] Die Fed erlaubte 2008 über sogenannte Swap Lines (Fremdwährungs-Vereinbarungen) 14 ausgewählten Zentralbanken, Dollars auszugeben und im Gegenzug nur den Äquivalenzwert in ihrer eigenen Währung bei der Fed zu verbuchen. 2013 wurde daraus für ausgewählte Zentralbanken ein permanentes Arrangement – Kanada, UK, Schweiz, Japan und die Europäische Zentralbank, kurz: Die Zentralbanken der westlichen Welt können unbegrenzt Dollars ausgeben und müssen dafür nur ihre eigene Währung bei der Fed hinterlegen. Dieses Arrangement, schrieb Tooze in der »NYT«, »spiegelt die Geografie des Dollar-basierten Finanzsystems wider. Aber sie sind auch ein Werkzeug der Geopolitik: Das Dollar-Netzwerk stellt für Amerikas engste Verbündete finanzielle Stabilität zur Verfügung. Es ist kein Zufall, dass über eine Swap Line für Russland oder China nie nachgedacht wurde.«[343]

In der Covid-19-Krise ist dieses System gefestigt worden. Die Fed hat den 14 Zentralbanken die Swap Lines von 2008 erneut zur Verfügung gestellt. Damit ist sie gewissermaßen die Zentralbank der Welt, was ihr »strukturelle Macht über fast das gesamte globale Finanzsystem verleiht. In einer Finanzkrise ist Zugang zur Fed eine Frage von Leben und Tod für nicht-amerikanische Bankensysteme.«[344] Dass Swap Lines auch als geopolitisches Druckmittel genutzt werden können, zeigt der Fall Türkei: Im April 2020 bat Präsident Erdoğan wegen akuter Finanzprobleme Trump in einem persönlichen Gespräch um die Möglichkeit, direkten Zugang zu Dollars zu erhalten.[345]

Besorgt über die Aussicht, Trump könne doch noch zu ernsthaften protektionistischen Maßnahmen greifen, versuchten renommierte neoliberale Ökonomen, ihn in persönlichen Vorträgen im Weißen Haus über all diese Zusammenhänge aufzuklären. Sie wiesen ihn auch darauf hin, dass die

341 Klein/Pettis, 199.
342 Tooze, 19.
343 https://www.nytimes.com/2020/03/20/opinion/coronavirus-economy-currency.html .
344 Ebd.
345 https://warontherocks.com/2020/05/trump-should-not-fall-for-erdogans-s-400-gambit/ .

Weltwirtschaft insgesamt darunter leiden würde, sollten die USA ernsthaft ihre Importe reduzieren.[346] Trumps nationalistische Berater – Peter Navarro etwa – taten diese Argumente als »the same old globalist bullshit« ab.[347] Doch die Sorgen waren unbegründet: Trump hat nichts unternommen, um die auf großen Defiziten basierende US-Ökonomie neu auszurichten. Anstatt die Staatsschulden abzubauen, hat Trump die Schuldenaufnahme massiv ausgeweitet und so noch mehr Kapital aus dem Ausland in die USA importiert. Wegen seiner gewaltigen Steuersenkungen und zum Beispiel steigender Militärausgaben wuchs das amerikanische Staatsdefizit in seiner Amtszeit drastisch: 2018 waren es 666 Milliarden Dollar, 2019 984 Milliarden, und im Jahr 2020 sollte das Defizit auf über eine Billion Dollar wachsen – bevor die Covid-19-Krise kam und noch mehr Schulden gemacht werden mussten.[348] Damit stieg auch das Handelsdefizit unter Trumps Präsidentschaft stark an. 2018 importierten die USA laut US Census Bureau Waren im Wert von 872 Milliarden Dollar mehr, als sie exportierten. 2016 waren es nur 735 Milliarden Dollar gewesen.[349] Auch der »Trump-Boom« basierte also auf den hohen Defiziten der US-Wirtschaft – nicht etwa auf deren Reduzierung. Der chinesische Exportüberschuss indes, der vor allem auf dem Export von materiellen Gütern basiert, wuchs selbst noch in der Corona-Krise gewaltig und könnte 2020 700 Milliarden Dollar erreichen.[350]

Die geopolitische Instrumentalisierung des Dollar-Systems ist unter Trump ebenfalls vorangetrieben worden. Gerade weil der US-Staat der »America First«-Doktrin entsprechend rücksichtsloser und unilateraler seine Interessen verfolgt und nicht davor zurückschreckt, Staaten wie Iran, Nordkorea, Russland und zuletzt auch China wie strategische Gegner zu behandeln, eskalierte die Nutzung des Dollar-Finanzsystems als Sanktionsinstrument.[351] Sogar gegen Mitglieder des Internationalen Gerichtshofs erließen die USA Sanktionen.[352]

Das Reden über die Handelsdefizite war für Trump vor allem eine rhetorische Waffe – für seine populistische Indienstnahme des Unbehagens vieler

346 https://www.cfr.org/backgrounder/us-trade-deficit-how-much-does-it-matter .
347 Davis/Wei, 236.
348 https://www.forbes.com/sites/chuckjones/2020/02/01/trumps-deficits-are-racing-past-obamas/#1c4b9e1b4819 .
349 https://www.census.gov/foreign-trade/balance/c0004.html .
350 https://www.cfr.org/blog/falling-trade-rising-imbalances .
351 https://www.foreignaffairs.com/articles/world/2018-10-15/use-and-misuse-economic-statecraft ; https://www.cnas.org/publications/reports/maintaining-americas-coercive-economic-strength .
352 https://www.brookings.edu/blog/order-from-chaos/2020/06/11/the-danger-of-trumps-new-sanctions-on-the-international-criminal-court-and-human-rights-defenders/ .

amerikanischer Bürger angesichts von De-Industrialisierung, Freihandel und dem globalen Wirtschafts- und Finanzsystem. Und ein Druckmittel gegen seine Verhandlungspartner. Immer, wenn Trump die EU an den Verhandlungstisch drängen wollte, drohte er neue Zölle für in Europa produzierte Autos an.[353] Seine Absichten waren dabei nicht protektionistisch; vielmehr wollten die USA Europa dazu bewegen, die heimischen Agrarmärkte zu öffnen. Und als Trump 100-Prozent-Zölle auf französische Waren wie Champagner und Handtaschen androhte, war das ein Erpressungsmanöver, um Macron zu zwingen, über die geplante europäische Digitalsteuer zu verhandeln, welche vor allem die US-Silicon-Valley-Giganten treffen würde.[354] Trump redete wie ein Protektionist, aber es wäre zu einfach, seine Regierungspolitik als protektionistisch zu beschreiben. Auch die Ursachen der zunehmenden Handelskonflikte liegen nur zu einem geringen Teil beim Backlash der Bevölkerung gegen die Globalisierung. Dahinter stehen Konflikte der dominanten Weltwirtschaftszentren, die angesichts von zunehmender Konkurrenz und immer engerer wirtschaftlicher Integration ihren Status sichern oder ihn sich erst erkämpfen wollen.

Trade Wars Are Class Wars lautet der Titel eines im Frühjahr 2020 veröffentlichten Buches des Pekinger Wirtschaftsprofessors Michael Pettis und des Wirtschaftskommentators Matthew Klein. Sie argumentieren, dass die Ursachen für die gewaltigen Handelsdefizite, die Trump als Grund für seinen Handelskrieg nannte, nicht nur in den USA lägen, sondern vor allem in den exportgetriebenen Wachstumsstrategien der Überschussländer. Deutschland und China hätten beide seit Jahren systematisch den Konsum ihrer Bevölkerung gedrückt und so ihre Industrien an die Weltspitze geführt. Deutschland und China standen vor demselben Problem: Wie ihre Industrie in einer Welt wachsen lassen, in der es ein globales Überangebot an Industriewaren gibt?[355] Das deutsche Erfolgsmodell sei es gewesen, »mit seiner unnachlässigen Fokussierung auf die Konkurrenzfähigkeit seiner Industrie … massiv die Balance zwischen Arbeitern und Kapitalbesitzern zu verschieben« und so die Grundlage für den andauernden Weltmarkterfolg deutscher

353 https://www.reuters.com/article/us-davos-meeting-trump-trade/trump-threatens-big-tariffs-on-car-imports-from-eu-if-no-trade-deal-struck-cnbc-idUSKBN1ZL1GK .

354 https://www.reuters.com/article/us-davos-meeting-trump-trade/trump-threatens-big-tariffs-on-car-imports-from-eu-if-no-trade-deal-struck-cnbc-idUSKBN1ZL1GK ;https://www.cnbc.com/2020/01/23/europe-digital-tax-and-trumps-tariff-threats.html .

355 Klein/Pettis, 77.

Unternehmen zu legen.[356] Die »Lohnzurückhaltung« ließ den heimischen Konsum stagnieren, weshalb deutsche Unternehmen vor allem in ausländischen Märkten wuchsen. Das Ergebnis war der riesige Handelsüberschuss.

Es scheint überraschend, diese Strategie mit der Chinas zu vergleichen, denn die konsumtiven Möglichkeiten der chinesischen Arbeiter sind in den letzten dreißig Jahren geradezu explodiert. Der auf hohen Exporten basierende Industrieboom hob Hunderte Millionen Menschen aus der Armut. Aber tatsächlich ist der Anteil des Konsums am chinesischen Bruttosozialprodukt in dieser Zeit stetig gefallen.[357] Das chinesische Industrieproletariat sei »relativ zum Wert dessen, was sie produzieren, systematisch unterbezahlt, was gewaltige Mehrwerte generiert, die für Investitionen in physisches Kapital verwendet werden. Investitionen haben vor Konsum klar Priorität«, fassen Pettis und Klein das Erfolgsrezept Chinas zusammen.[358]

Auch das staatlich kontrollierte Finanzsystem dient dazu, Ersparnisse von Privatpersonen aufzusaugen und zu extrem günstigen Bedingungen »Fabrikanten, Infrastrukturentwicklern, Immobilienentwicklern und provinziellen und städtischen Regierungen« zur Verfügung zu stellen. Um die Ausbeutung der chinesischen Arbeiterschaft zu gewährleisten, werden alle unabhängigen Gewerkschaften und politischen Organisationen unterdrückt: Wer sich für bessere Löhne oder Arbeitsbedingungen einsetzt, wird verhaftet; auch Gefangene werden im großen Stil als Industriearbeiter eingesetzt, wie etwa in Xinjang. Ein anderer Faktor sind die Binnenmigranten, deren prekäre rechtliche Stellung in den chinesischen Industriezentren »eine sehr gehorsame Arbeiterschaft schafft«, wie die Autoren es ausdrücken. Diese Menschen zahlen zwar für Sozialsysteme, Bildung und Pension, haben aber effektiv keinen Zugang zu ihnen.[359] Und auch das chinesische Steuersystem ist extrem regressiv, die Steuerbürde wird maßgeblich durchschnittlichen Arbeitern aufgelastet. Die Konzentration der Vermögen hat in China fast schon amerikanische Verhältnisse erreicht: Ein Prozent der Bevölkerung besitzt 30 Prozent des gesamten Reichtums.[360]

»Chimerica« wurde der chinesisch-amerikanische Wirtschaftsraum 2006 genannt, weil die beiden Länder eine neue Form der wirtschaftlichen

356 Ebd., 154.
357 Ebd., 111.
358 Ebd., 101.
359 Ebd., 112 f.
360 https://www.scmp.com/economy/china-economy/article/3094863/chinas-plan-economic-self-reliance-offset-rising-geopolitical .

Symbiose entwickelt hatten. Denn während in China die Fabriken aus dem Boden schossen, wurde in den USA immer mehr Produktion stillgelegt. Gleichzeitig flossen Waren in die USA, aber auch immer mehr Geld, um ihren Import zu finanzieren. Nicht einmal von den Kosten des Irakkrieges bekamen die amerikanischen Bürger viel mit, denn Krieg und Besatzung wurden fast vollständig mit geliehenem Geld finanziert. Einer der größten Käufer der amerikanischen Staatsschulden war China.[361] Heute hält China deutlich über eine Billion Dollar an amerikanischen Staatsanleihen.[362] »Ausländer bewarfen die USA geradezu mit ihrem billigen Geld, und das U.S. Finanzsystem reagierte, indem es immer mehr Anlagemöglichkeiten schuf«, schreiben Pettis und Klein.[363] Während amerikanische Arbeiter dank billiger Kreditkarten- und Hypothekenkredite ihre stagnierenden Einkommen teilweise durch Schulden kompensieren konnten, wuchs eine Immobilienblase, weil immer mehr Kapital in die USA floss – nicht zuletzt aus Deutschland, wie sich 2008 herausstellte. Erst die Finanzkrise von 2008 habe dann »das ganze Ausmaß des Schadens durch die De-Industrialisierung enthüllt«.[364] Sowohl Beschäftigung als auch Industrieproduktion erreichten erst zehn Jahre später annähernd das Vorkrisenniveau.[365]

2009 versuchten die USA, China und Deutschland dazu zu bewegen, endlich ihren Konsum zu steigern und etwas mehr Balance in der Weltwirtschaft herzustellen. »Wir können nicht zurück in eine Ära, in der die Chinesen oder die Deutschen oder andere Länder uns einfach alles verkaufen, wir einen Haufen Kreditkartenschulden oder Hypothekenschulden aufnehmen, aber wir ihnen nichts zurück verkaufen«, sagte Präsident Obama damals.[366] Doch weder Obamas kooperativer Ansatz noch Trumps Drohungen konnten die Überschussländer dazu bewegen, ihre Wettbewerbsposition zu verschlechtern und mehr amerikanische Waren zu kaufen. Das Problem, so Pettis und Klein, bestehe darin, dass »Firmen um Anteile am Weltmarkt kämpfen, während sie gleichzeitig dabei mitwirken, das Wachstum ihrer heimischen Absatzmärkte zu unterdrücken. Das ist die Definition von ›beggar thy neighbor‹-Politik.«[367] Allerdings ist das, was die Autoren in keynesianischer Manier als Produkt

361 https://www.csmonitor.com/2007/0116/p01s01-usfp.html .
362 https://www.thebalance.com/u-s-debt-to-china-how-much-does-it-own-3306355 .
363 Klein/Pettis, 176.
364 Ebd., 211.
365 Ebd., 214.
366 https://en.mercopress.com/2009/09/22/obama-wants-china-and-germany-to-spend-more-and-us-less-debt-addict .
367 Klein/Pettis, 225.

von makroökonomischen Ungleichgewichten beschreiben, tatsächlich eine strukturelle Eigenschaft des Kapitalismus: Unternehmen befinden sich in einem Kampf um Marktanteile. Auch makroökonomische Ungleichgewichte – die Milliarden-Defizite in der Handelsbilanz – sind letztlich das Ergebnis ökonomischer Konkurrenzkämpfe zwischen Firmen, bei denen einige unterliegen und andere gewinnen. Wie Michael Roberts in einer Kritik des Buches von Pettis und Klein bemerkte: »Globale Ungleichgewichte sind das Ergebnis von größerer Produktivität und der überlegenen technologischen Basis der ›gewinnenden‹ Ökonomien, was zu einem Transfer von Profiten von den Schwachen zu den Starken führt.«[368] Wollen Staaten ihre Position in diesem globalen Wettbewerb verbessern, müssen sie vor allem die Chancen für den Weltmarkterfolg ›ihrer‹ Konzerne verbessern, etwa indem sie ihre technologische Entwicklung fördern, Grundlagenforschung subventionieren, Arbeits- und Sozialkosten senken und günstige Geschäftsbedingungen schaffen.

Das war auch die einzige Möglichkeit Chinas, sich wirtschaftlich zu entwickeln. Um in diesem Kontext zu wachsen, musste China zwei Dinge tun: sich einerseits in den westlichen Kapitalismus integrieren und andererseits innerhalb dieses Systems eine immer größere und eigenständige Rolle für sich erkämpfen. Lange hatte man im Westen China vor allem als ein gutes Geschäft betrachtet: ein großes Reservoir an billigen Arbeitskräften und ein wachsender Absatzmarkt. Doch je mehr sich der chinesische Kapitalismus entwickelte und chinesische Firmen mit staatlicher Hilfe von der einfachen Fertigung zu technologisch entwickelteren Produktionsabschnitten in den Fertigungsketten aufstiegen und schließlich sogar die technologische Führung in zahlreichen Bereichen anstrebten, desto mehr wurde China zu einem Konkurrenten und damit schließlich, wie es in den Planungsdokumenten des amerikanischen Staates heißt, zum »strategischen Rivalen«.[369]

Kampf um Profite

»Es scheint eindeutig, dass die USA einen Fehler gemacht haben, als sie den Beitritt Chinas zur Welthandelsorganisation unterstützten«, heißt es in einem offiziellen Regierungsbericht aus dem Jahr 2018. Die Konditionen der WTO hätten nicht dazu geführt, »dass China ein offenes, marktorientiertes

---

368 https://thenextrecession.wordpress.com/2020/06/24/trade-wars-are-class-wars-part-two-global-imbalances/ .
369 https://www.chathamhouse.org/sites/default/files/CHHJ7480-US-China-Competition-RP-WEB.pdf .

Handelsregime« eingerichtet hat.[370] Trump drückte es wie immer brachialer aus: »Wir haben China aufgebaut, aber sie haben uns über den Tisch gezogen.«[371] In der 2018 veröffentlichten »National Defense Strategy« der USA heißt es, »zwischenstaatliche strategische Konkurrenz, nicht mehr der Terrorismus, ist jetzt die größte Sorge der nationalen Sicherheit«. China sei ein Konkurrent, der eine Wirtschaftspolitik des Raubs (»predatory economics«)« betreibe.[372] Diese Konkurrenz wird mittlerweile auf allen Ebenen ausgetragen und hat nicht zuletzt zu einer allgemeinen Aufrüstung in Ostasien geführt. Aber ihr Kern bleibt der Konflikt über die chinesische Wirtschaftsordnung.

In den neunziger Jahren, als die USA mit China über den Beitritt zur Welthandelsorganisation verhandelten, hatte es noch anders ausgesehen. Für die US-Konzerne war das Potential des chinesischen Produktionsstandorts verlockend. Und auch der chinesische Markt versprach gewaltige Geschäfte: Der Boeing-Konzern etwa meinte, nur das China-Geschäft böte ihm einen hinreichend großen Absatzmarkt, um weiterhin global konkurrenzfähig produzieren zu können.[373] Der chinesische WTO-Beitritt im Jahr 2001 war ein gemeinsames Projekt beider US-Parteien: Die Demokraten mussten dafür ihre Gewerkschaftsbasis vor den Kopf stoßen, und die Republikaner ihre (damals noch marginalen) Protektionisten.[374] Doch die chinesische Regierung konnte sich stets auf das Lobbying der US-Unternehmen verlassen, um die Liberalisierung der Handelsbeziehungen durchzusetzen. Trotzdem musste China harte, 15 Jahre andauernde Verhandlungen vor allem mit den USA über sich ergehen lassen, an deren Ende eine weitgehende Öffnung der chinesischen Wirtschaft stand. China musste weitreichende Reformen vornehmen, Tausende chinesische Gesetze wurden angepasst, Zölle massiv gesenkt.[375] In den folgenden Jahren strömten westliche Investitionen nach China. Unzählige Fabriken entstanden, die für den westlichen Markt produzierten. Die chinesischen Exporte verfünffachten sich bis 2010.[376]

---

370 https://www.reuters.com/article/us-usa-trade-china/trump-administration-says-u-s-mistakenly-backed-china-wto-accession-in-2001-idUSKBN1F82U1 .
371 https://www.youtube.com/watch?v=V98Bzj4ii3s .
372 https://dod.defense.gov/Portals/1/Documents/pubs/2018-National-Defense-Strategy-Summary.pdf , S 1.
373 Davis/Wei, 57.
374 Blustein, 241.
375 Ebd., 75.
376 Blustein, 78.

Ein Handelskonflikt wie der gegenwärtige schien damals schwer vorstellbar. Die beiden Wirtschaften waren bald so eng verwoben, dass eine harte Konfrontation undenkbar schien. Die USA waren auf dem Höhepunkt ihrer Macht, und damit erstarkte auch das Selbstbewusstsein, dass sich das liberale System global durchsetzen werde. Bill Clinton sprach davon, dass allein schon das Internet eine Demokratisierung Chinas bewirken werde. Versuche, es zu zensieren, seien wie »Wackelpudding an die Wand nageln. Viel Glück damit!«[377] Es hatte zwar auch Stimmen gegen eine weitere Integration Chinas in die amerikanische Wirtschaft gegeben: die Gewerkschaften, die um Arbeitsplätze fürchteten und mehr Rechte und bessere Standards für Arbeiter in China forderten, Menschenrechtskritiker oder der Militärapparat, der in China einen potentiell erstarkenden Rivalen sah. Aber stets blieb das Profitinteresse der amerikanischen Firmen ausschlaggebend.

Doch bereits damals gab es aus amerikanischer Sicht Probleme. All die Vorwürfe, die die US-Regierung der chinesischen Regierung heute macht, sind im Grunde nicht neu. Um in China operieren zu dürfen, mussten ausländische Firmen oft Joint Ventures mit chinesischen Firmen bilden, ihre Technologie mit chinesischen Partnern teilen und mit dortigen Zulieferern arbeiten. »Ausländische Firmen, die einst mit offenen Armen begrüßt worden waren, beschwerten sich bald, dass sie Opfer einer unübersichtlichen Häufung von Hindernissen und industriepolitischen Maßnahmen wurden, die chinesische Konkurrenten schützen und fördern sollten«, beschreibt Paul Blustein die Situation bereits zu Beginn des neuen Jahrtausends.[378] Auch das chinesische Finanzsystem ist staatlich kontrolliert; der Staat kann entscheiden, wer Zugang zu billigem Kapital bekommt, und zu welchem Zweck.[379] So kann er Unternehmen subventionieren und die eigene Industrie unterstützen, ohne dabei auf explizite Regeln oder Zölle zurückzugreifen, die man leicht vor dem Schiedsgericht der WTO anfechten könnte.

Der chinesische Staat versuchte, den Status des Landes als bloße »Werkbank der Welt« hinter sich zu lassen und zunehmend Produktion mit höherer Wertschöpfung und höherem technologischen Niveau in China anzusiedeln. Seit 2010 findet eine gezielte staatliche Förderung bestimmter Hochtechnologie-Branchen statt. Das Programm »Made in China 2025« von 2012 sorg-

---

377 https://archive.nytimes.com/www.nytimes.com/library/world/asia/030900clinton-china-text.html .

378 Blustein, 5.

379 Davis/Wei, 122.

te im Westen ganz besonders für Beunruhigung. Der Fokus lag jetzt darauf, wie ein US-Regierungsbericht von 2018 es ausdrückte, »nicht nur den chinesischen Markt zu dominieren, sondern Weltmarktanteile zu erobern«.[380] Die chinesische Politik war erfolgreich: 2015 stellte China bereits 60 bis 90 Prozent aller Computer, Fernseher, Handys und ähnliche Elektronikprodukte her. Viele westliche Firmen »befürchteten bald, von den aufgepäppelten nationalen Champions in der unfairen Konkurrenz geschlagen zu werden, sowohl in China als auch im Ausland«, beschreibt Blustein die Angst des Westens.[381]

Für Anti-China-Hardliner in den USA war das nicht hinnehmbar. Senator Marco Rubio sagte dazu 2018: »Das China-Problem ist nicht nur ein normaler Handelsstreit. Sie führen einen Masterplan aus, der ›Made in China 2025‹ heißt, der nicht nur Milliarden-Investitionen beinhaltet, sondern auch, dass China sich zum dominanten Industrie- und High-Tech-Land in der Welt hochstiehlt und -betrügt. Darum geht es wirklich.«[382] Während Trumps Amtszeit haben amerikanische Politiker parteien- und lagerübergreifend diese Rhetorik übernommen. Trumps Handelskrieg wird vom gesamten politischen Spektrum unterstützt, denn es geht um das wirtschaftliche Interesse der Nation und die Grundsätze der liberalen Marktwirtschaft zugleich. Endlich sei die US-Regierung aufgewacht und nehme die chinesische Vorgabe, dass US-Firmen ihr Know-how gegen Marktzugang eintauschen müssen, ernst – nach Jahren des Augenverschließens, sagte etwa die linksliberale Senatorin Elizabeth Warren 2018 bei einer Rundreise durch Ostasien. »Die US-Politikgestalter planen jetzt, China aggressiver dazu zu bewegen, seine Märkte zu öffnen, ohne als Preis den Zugang zu US-Technologie zu erpressen«, erklärte sie zustimmend.[383]

Die Chinesen sind in diesen Erzählungen Aggressoren und die Opfer ihrer illegitimen Zwangsmaßnahmen die westlichen Firmen. China *stiehlt* Technologie, es *zwingt* Firmen dazu, Joint Ventures einzugehen, es *manipuliert* seine Währung, und es *raubt* Jobs und Geschäfte von westlichen Firmen. Mit dem repressiven Herrschaftssystem der chinesischen Regierung und besonders den tatsächlichen oder vermeintlichen Menschenrechtsverletzungen in Xinjang entsteht das Bild eines grundsätzlich verbrecherischen Staa-

380 https://ustr.gov/sites/default/files/Section%20301%20FINAL.PDF .
381 Blustein, 174,
382 https://twitter.com/marcorubio/status/1007752169502670850?lang=de .
383 https://www.reuters.com/article/us-usa-china-warren/senator-warren-in-beijing-says-u-s-is-waking-up-to-chinese-abuses-idUSKCN1H80X2 .

tes, der zu Recht in die Schranken verwiesen werden soll – obwohl man zuvor jahrelang in Partnerschaft und zu beidseitigem Nutzen enge Wirtschaftsbeziehungen entwickelt hatte. Gerade um aus linker Sicht legitime und rein interessegeleitete Kritik am chinesischen Staat zu unterscheiden, ist es nötig zu erkennen, welche materiellen Interessen diesem Streit zugrunde liegen.

Als »China-Schock« wird der Niedergang der Industriebeschäftigung in den USA seit dem WTO-Beitritt Chinas bezeichnet, und über die sozialen und ökonomischen Folgen von Werksschließungen konnte man hundertfach in den Zeitungen lesen. Seltener hören wir von ähnlichen Geschichten aus China. Dabei ging auch dort die Angst um, die vertiefte Handelsliberalisierung werde China schutzlos der westlichen Konkurrenz aussetzen und besonders die Industrie hart treffen: »Die Wölfe stehen vor der Tür«, warnten damals chinesische Protektionisten.[384] Dass es anders kam, lag vor allem am explosiven Wachstum der folgenden Jahre. Aber die Sorge, dass dieses Wachstum abreißt und Massenarbeitslosigkeit und damit politische Instabilität nach China zurückkehren könnten, leitet die Regierungspolitik bis heute. »Um innerhalb des intensiven Konkurrenzkampfs und einer generellen Knappheit gute Lebensbedingungen zu erkämpfen, wurden soziale Unruhen zu einer chronischen Kondition Chinas«, schreibt der amerikanische Ökonom Jake Werner dazu in »Foreign Policy«. »Die Regierung veröffentlicht keine Statistiken mehr über die Anzahl der Streiks und Proteste, und offizielle Medien berichten selten über sie, aber es gibt keine Zweifel, dass die Unzufriedenheit tief und auch breit verwurzelt ist. Das inoffizielle ›China Labour Bulletin‹ zählte im Jahr 2017 1.257 Arbeitsunruhen und allein in den ersten sieben Monaten 2018 1.063 Fälle. Das sind nur die online, vor allem in den sozialen Medien, dokumentierten Fälle, so dass die Organisation davon ausgeht, dass die wirkliche Zahl zehn- bis zwanzigmal so groß ist.«[385]

Im globalisierten Weltmarkt gibt es zwei Möglichkeiten, als unterentwickeltes Land Geld zu verdienen: als Niedriglohnland Industrie anziehen oder Rohstoffe liefern. Doch eine fortgeschrittene Industrie aufzubauen, die mit den Weltmarktführern konkurrieren kann, ist unter solchen Umständen nahezu unmöglich. Deshalb bleiben fast alle Länder arm, und eine Handvoll hart miteinander konkurrierender High-Tech-Industriezentren dominieren die Technologie-Branchen. Westliche Firmen sind Marktfüh-

384 https://www.cigionline.org/publications/wolf-door-what-happened-predictions-doom .
385 https://foreignpolicy.com/2018/08/08/china-is-cheating-at-a-rigged-game/ .

rer in Branchen, die sie teilweise seit Jahrzehnten dominieren. Die globale Handelsordnung soll diese Vormachtstellung schützen, indem sie die Durchsetzung von Patenten und »geistigem Eigentum« festschreibt und der Subventionierung und staatlichen Förderung neu sich formierender Technologieunternehmen enge Grenzen setzt. »Die dabei entstehenden und sich transformierenden Konkurrenzverhältnisse haben nichts mit dem idealisierten freien Wettbewerb im Sinne der neoklassischen Wirtschaftstheorie zu tun«, schreibt Thomas Sablowski. »In vielen Branchen dominieren inzwischen internationale Oligopole einiger weniger Unternehmen. Häufig ist entscheidend, wer Vorreiter bei der Einführung neuer Produkte oder Produktionstechnologien ist und für eine gewisse Zeit Extraprofite einstreichen kann. Dies ist auch kein rein ökonomischer Prozess, sondern ein Prozess, der in hohem Maße politisch von den Staaten durch Normungsprozesse, das Marken- und Patentrecht, Subventionen etc. beeinflusst wird.«[386]

Die Großmachtkonkurrenz unserer Zeit wird nur am Rande mit Kriegsschiffen und nuklearer Abschreckung geführt; es ist ein Kampf um Führungspositionen in der aus technologischen Gründen immer enger integrierten Weltwirtschaft. Das Schlachtfeld sind jahrelange Verhandlungsrunden über detaillierte, Tausende Seiten dicke Rechtsverträge, die die Regeln für die wirtschaftliche Konkurrenz festschreiben. Selbst so arkane und technische Felder wie Industriestandards werden zum Streitpunkt in der imperialistischen Konkurrenz. »Es wird wohl nie einen Film über die internationale Standardisierung gedreht werden. Es gibt keine Schießereien, und die dramatischen Monologe wären voller unverständlicher Akronyme. Aber Standardisierung könnte das vielleicht folgenreichste Feld der Konkurrenz zwischen China und den USA darstellen«, heißt es in einem im August 2020 veröffentlichten Kommentar eines hochrangigen Experten des US-Marine-Geheimdienstes. »China arbeitet daran, dieses wichtige, aber esoterische Werkzeug der internationalen Zusammenarbeit zu einem Mechanismus umzuarbeiten, der die Zukunft der Kommunistischen Partei sichern soll. Die USA brauchen einen Plan, um darauf zu reagieren.«[387] Das bedeutet: Weil chinesische Unternehmen zunehmend auch in High-Tech-Branchen eine wichtige Rolle spielen, will die chinesische Regierung internationale Standards festlegen, die chi-

---

[386] Thomas Sablowski: »Weltmarkt, Nationalstaat und ungleiche Entwicklung (Teil 2): Zur Analyse der Internationalisierung des Kapitals«, in: »Prokla. Zeitschrift für Kritische Sozialwissenschaft«, 49/2019, S. 317.
[387] https://warontherocks.com/2020/08/the-measure-of-a-country-americas-wonkiest-competition-with-china/?fbclid=IwAR28KVQ2Njo-LmgJsGo246BvSs7X_1y2IGvxmrHs3-vmo5QsTBoQcuCuUJQ .

nesischen Herstellern Vorteile bringen können. Die USA und die EU wollen ihrerseits ihr Gewicht in der Weltwirtschaft einsetzen, um ihre Standards durchzusetzen – und betrachten die chinesischen Initiativen als »einen wichtigen Teil von Chinas ambitioniertem, staatlich gelenktem Plan, Dominanz zu erreichen«.[388]

Dass westliche Staaten sich für offeneren Wettbewerb einsetzen, zeigt vor allem, dass ihre Unternehmen glauben, der chinesischen Konkurrenz immer noch überlegen zu sein. Doch China will nicht nur die »Werkbank der Welt« sein, sondern aufsteigen, fortgeschrittene Wertschöpfung schon im Land sichern und selbst Firmen aufbauen, die es schaffen, auf dem Weltmarkt zu bestehen oder sogar westliche Firmen zu schlagen.[389] Das chinesische autoritäre System passte perfekt zu dieser Entwicklungsstrategie. Die Unterdrückung der Arbeiterschaft und diktatorische Pro-Business-Politik schafften gute Bedingungen für ausländische Investoren und die Exportindustrie, und der chinesische Staatsinterventionismus konnte Ressourcen planvoll in die Entwicklung von High-Tech-Branchen lenken. China hatte zudem einen anderen entscheidenden Vorteil, den zahlreiche ärmere Staaten nicht besaßen: Die Größe des chinesischen Marktes und das lukrative Investitionsumfeld verliehen dem chinesischen Staat und seinen Unternehmen nicht nur einen eigenen Absatzmarkt, sondern auch Verhandlungsmacht gegenüber westlichen Konkurrenten. Um Zugang zum chinesischen Standort zu bekommen, waren westliche Unternehmen jahrelang bereit, die chinesischen Bedingungen zu akzeptieren – und so die Konkurrenz von morgen zu fördern.

»Tatsächlicher Diebstahl spielt in der chinesischen Strategie nur eine kleine Rolle«, analysiert Jake Werner. Selbst Hardliner in der US-Regierung sprechen davon nur am Rande. Zentral geht es um »das ›ungerechte Regime des Technologietransfers‹«, also um »Joint Ventures, Lizensierungsregeln und das Aufkaufen ausländischer Unternehmen durch chinesische – nichts davon könnte passieren, wenn ausländische Unternehmen nicht bereit gewesen wären, diese Deals einzugehen«. Letztlich habe China sich nicht durch ›Betrug‹ die fortgeschrittenen Technologien angeeignet, »sondern weil es nicht so tödlich schwach wie andere war, die auf ähnliche Weise versucht hatten, das Monopol der reichen Staaten über Hoch-Produktivitätstechnologien zu brechen«.[390]

---

388 https://www.ft.com/content/0c91b884-92bb-11e9-aea1-2b1d33ac3271 .
389 https://www.csis.org/analysis/chinas-pursuit-semiconductor-independence .
390 https://foreignpolicy.com/2018/08/08/china-is-cheating-at-a-rigged-game/ .

Kapitalistischer Wettbewerb ist nicht grundsätzlich ein Nullsummen-spiel, denn natürlich profitierte sowohl die chinesische als auch die amerikanische Gesellschaft insgesamt stark von der wirtschaftlichen Integration. Aber in der Konkurrenz gibt es Gewinner und Verlierer. Mit dem Aufstieg Chinas besonders nach der Weltwirtschaftskrise von 2008 änderte sich das Kalkül des amerikanischen Kapitals deshalb grundlegend. Barack Obama hat die Lage aus amerikanischer Sicht 2009 laut einem seiner Mitarbeiter nach einer Beratung mit US-Managern im Nationalen Sicherheitsrat mit einer Sport-Metapher beschrieben: »Die ökonomische Beziehung mit China sei wie ein Basketball-Spiel, sagte Obama. Jahrelang haben wir sie immer geschlagen, weshalb es auch nicht so schlimm war, dass sie uns ein paar Ellbogenstöße versetzten, das konnten wir ignorieren. Aber jetzt wird das Spiel immer knapper, und sie versetzen uns immer noch Ellbogenstöße, aber der Schiedsrichter schreitet nicht ein. Deshalb überlege er, wie wir uns wehren könnten, wie wir anfangen könnten, selbst ein paar Ellbogenstöße zu verteilen.«[391]

Unter Obama begann der amerikanische Staat, eine langfristige Konsolidierung und einen Ausbau seiner Macht in Ostasien vorzubereiten. Unter Federführung von Außenministerin Hillary Clinton stärkten die USA ihre Bündnisse in der Region und verfolgten eine als »Pivot to Asia« beschriebene Militärstrategie. Der gescheiterte Versuch eines »Resets« der Beziehungen mit Russland, der Druck auf die europäischen Verbündeten, aufzurüsten, und die Reduzierung der Militärkräfte im Nahen Osten und Afghanistan sollten Ressourcen und Streitkräfte für den Pazifik-Raum freimachen. Aber diese militärische Strategie wurde von einer politischen Initiative flankiert, deren vielleicht wichtigste Komponente das Handelsabkommen TPP war, dem zahlreiche ostasiatische Staaten sowie Mexiko und Kanada beitraten. TPP sollte einen großen Wirtschaftsraum schaffen, der »durch die von Amerika propagierten Prinzipien beherrscht wird, bei Fragen von Transparenz, dem Schutz von intellektuellem Eigentum, Arbeiterrechten, Umweltschutz und so weiter«, wie es in einer Analyse des Brookings-Instituts heißt. »Obama sagte zwar, dass alle, die diesen Prinzipien zustimmen, Mitglied werden können, aber die TPP-Prinzipien unterscheiden sich stark von denen, die die chinesischen Aktivitäten in der Wirtschafts- und Handelspolitik leiten.«[392]

391 Davis/Wei, 132.
392 https://www.brookings.edu/articles/the-american-pivot-to-asia/ .

China hätte dem Freihandelsraum des TPP-Paktes nur um den Preis seiner Industriepolitik beitreten können.

Als 2015 die Entscheidung über die Ratifizierung von TPP anstand, warb Obama so für das Projekt: »Mehr als 95 Prozent unserer potentiellen Kunden leben außerhalb unserer Grenzen. Wir können nicht Länder wie China die Regeln der Weltwirtschaft schreiben lassen. Wir sollten diese Regeln selbst schreiben und neue Märkte für amerikanische Produkte öffnen.«[393] TPP war Teil der Obama-Vision, weltweit in multilateralen Bündnissen liberal-kapitalistische Regeln gemäß US-Interessen zu etablieren und den chinesischen Einfluss einzudämmen. Die Verhandlungen über TPP abzubrechen und das Handelsabkommen aufzugeben, war dann eine der ersten Entscheidungen nach Trumps Amtsantritt. Er wolle amerikanische Arbeiter nicht der größeren Konkurrenz in diesem mehrere Kontinente umspannenden Freihandelsraum aussetzen, erklärte er. Obwohl er dafür von den Gewerkschaften Applaus bekam, gab es ansonsten parteiübergreifend vor allem Kritik.[394] »Es war vielleicht der größte strategische Fehler, den die USA je begangen haben«, meinte ein ehemaliger China-Experte der CIA 2018.[395]

Doch gleichzeitig reflektierten Trumps Tiraden gegen China einen Sinneswandel der amerikanischen wirtschaftlichen und politischen Eliten, der sich über Jahre angebahnt hatte.[396] Was sich unter Trump änderte, war die Art und Weise der Konfrontation: Anstatt die amerikanische Macht in einem internationalen Projekt zu verwirklichen, suchte er den aggressiven, bilateralen Konflikt. »Trade Wars are good, and easy to win«, twitterte er im März 2018, als er die ersten Stahlstrafzölle verkündete.[397] Diese Selbstüberschätzung prägte sein Vorgehen bei Verhandlung, das zwischen extremen Drohungen, arrogantem Auftrumpfen und herzlichen Versöhnungsgesten changierte. Immer wieder betonte Trump seinen Respekt vor der chinesischen Führung und begann den Verhandlungsprozess bewusst mit persönlichen Treffen mit Xi Jinping im Kreis der Familie. Doch tatsächlich verschärfte er den Konflikt.

Trump folgte dabei nicht einem irrationalen Protektionismus – im Gegenteil: Bei der Neuverhandlung des nordamerikanischen Freihandelsabkommen Nafta, das er abschließen wollte, bevor er sich China zuwandte, zeigte er

393 https://obamawhitehouse.archives.gov/the-press-office/2015/10/05/statement-president-trans-pacific-partnership .

394 https://www.nytimes.com/2017/01/23/us/politics/tpp-trump-trade-nafta.html .

395 https://www.cbsnews.com/news/top-china-expert-u-s-biggest-strategic-mistake-was-exiting-tpp/ .

396 https://www.foreignaffairs.com/articles/china/2018-02-13/china-reckoning .

397 https://www.cnbc.com/2018/03/02/trump-trade-wars-are-good-and-easy-to-win.html .

sich sehr pragmatisch. Das neue Abkommen enthält nur sehr begrenzte protektionistische Maßnahmen, zeichnet sich dafür aber durch die Vereinbarung aus, dass keiner der Vertragspartner ein Freihandelsabkommen mit China schließen dürfe.[398] Einerseits wollte er am liebsten gleich alle US-Konzerne aus China herauskommandieren, aber gleichzeitig reagierte er sensibel, wenn seine aggressive Strategie die amerikanischen Aktienkurse beeinträchtigte. Die Verhandlungen wurden nicht von nationalistischen Ideologen à la Steve Bannon bestimmt, sondern primär vom Wirtschaftsanwalt Robert Lightizer, so dass die wirschaftlichen Interessen der US-Konzerne immer im Mittelpunkt standen. »Trump hatte zwar wie ein Bannon-Style-Nationalist Wahlkampf betrieben, aber er stand fest in den Lagern sowohl der Nationalisten als auch der Finanziers, die Bannon und seine Leute Globalisten nannten«, beschrieben es zwei Journalisten, die die Verhandlungen von China und den USA aus verfolgt hatten.[399]

Die Konzentration auf China versöhnte auch die amerikanischen Eliten mit Trumps Handelspolitik: Das gesamte politische Spektrum Amerikas hat sich inzwischen hinter eine Anti-China-Strategie gestellt – von Bernie Sanders, den Establishment-Demokraten, über die Gewerkschaften, den Council on Foreign Relations, bis hin zu den Predigern des Neoliberalismus im »Wall Street Journal«.[400] Wirtschaftlich richtete die Strafzollstrategie Trumps vor allem in den USA Schaden an. Es waren nicht nur die amerikanischen Bauern, deren Exporte schrumpften, oder die amerikanischen Konsumenten, die höhere Preise für importierte Güter bezahlen mussten, die unter dieser Politik litten. Viele Importe aus China sind keine Endprodukte, sondern an einem Punkt der Fertigungskette hergestellte Teile, die außerhalb Chinas vollendet werden. So zahlten oft ausgerechnet US-Firmen die Kosten für Trumps Handelskrieg, weil sich durch ihn ihre eigenen Produktionskosten erhöhten, worunter ihre globale Wettbewerbsfähigkeit litt.[401]

Die chinesische Regierung hatte sich in der Vergangenheit immer darauf verlassen können, dass sich US-Unternehmen bei ihrer Regierung dafür einsetzten, dass politische Konflikte die Wirtschaftsbeziehungen, von denen beide Seiten profitierten, nicht beeinträchtigten. Doch unter Trump mussten sie feststellen, dass sich auch beim US-Kapital die Stimmung gegen

398 https://www.forbes.com/sites/harrybroadman/2018/10/15/nafta-2-os-poison-pill-for-china-will-turn-out-to-be-a-dud/#33ba151b4a65 .
399 Davis/Wei, 176.
400 https://foreignpolicy.com/2018/08/08/china-is-cheating-at-a-rigged-game/ .
401 https://www.piie.com/system/files/documents/pb18-12.pdf .

China gedreht hatte. Die drei größten US-Unternehmensallianzen, der Business Roundtable, die Chamber of Commerce und die National Association of Manufacturers, hatten sich in den Neunzigern noch für den China-Markt starkgemacht. 2018 arbeiteten sie der US-Regierung mit Informationen über die von ihnen abgelehnten chinesischen Staatspraktiken zu. Lobby-Aktivitäten der chinesischen Regierung, die ihre Geschäftspartner in den USA als Verbündete rekrutieren wollte, scheiterten.[402] 2018 traf der chinesische Außenminister in New York Vertreter der größten US-Konzerne zu Beratungen. Er habe erwartet, man könne sich auf einen gemeinsamen Kampf gegen die geschäftsschädigenden Zölle einigen – doch einer nach dem anderen erklärten ihm die US-Manager, wie unzufrieden sie mit der chinesischen Politik waren. Die Chefs von MasterCard und Visa beschwerten sich zum Beispiel, dass China schon 2001 versprochen habe, den elektronischen Zahlungsverkehr für ausländische Firmen zu öffnen – aber nichts sei passiert. Und so ging es reihum.[403] »Es gibt ein Umdenken in den USA, was die bilaterale Beziehung angeht«, sagte Tomas Donilon, der aus der Obama-Regierung zum Unternehmensverwalter Blackrock gewechselt war. »Es geht über Parteigrenzen hinweg, und es geht durch die Verteidigungspolitik, die Außenpolitik und die wirtschaftliche Arena. Ich befürchte, dass es sogar zu einer Entkopplung der beiden Wirtschaftsräume in der Wirtschafts- und Investitionssphäre kommen könnte.«[404]

Ho-fung Hung, Professor für Politische Ökonomie an der Johns Hopkins University, legt den Zeitpunkt, zu dem die US-Konzerne begannen, die Beziehung zu China ernsthaft zu überdenken, in das Jahr 2010, als Peking nach der Weltwirtschaftskrise ein staatliches Konjunkturprogramm auflegte, das vielen chinesischen Firmen dabei half, amerikanische Konkurrenz vom Markt zu drängen. Das habe zu einem stillen »Anti-China-Aufstand« in den Chefetagen amerikanischer Unternehmen geführt. Allein dadurch, dass viele Firmen ihre Lobby-Tätigkeiten für den chinesischen Markt reduzierten, habe sich das politische Gewicht in Washington zuungunsten Chinas verschoben.[405] Trumps Regierung sah sich deshalb völlig im Einklang mit den Interessen des US-Kapitals, auch wenn sie ihnen kurzfristig Schaden zufügte. Vor allem High-Tech-Unternehmen zögerten zunehmend, in China zu

---

402 Davis/Wei, 280 f.
403 Ebd., 284.
404 Ebd., 285.
405 https://www.jacobinmag.com/2020/07/us-china-competition-capitalism-rivalry .

investieren, und forderten hinter den Kulissen von der US-Regierung, sich stärker für sie einzusetzen.[406]

Damit bekamen auch die Kräfte Auftrieb, die Chinas Aufstieg nicht nur aus wirtschaftlichen, sondern auch aus militärischen und geopolitischen Gründen eindämmen wollten. Spätestens unter Trump setzte sich in der Konkurrenz mit China die nationale politische Logik der Großmachtrivalität gegen das kurzfristige Profitinteresse durch. Die entscheidenden Ideologen dieses Umschwungs waren aber nicht etwa Demagogen wie Steve Bannon, sondern die Technokraten der amerikanischen Weltmacht aus der Außenpolitik, dem Militär und den Geheimdiensten. Ihre Rhetorik erinnerte an den Kalten Krieg, kam aber zunehmend dezidiert national daher: »Die amerikanische Geschäftswelt war ein großer Teil des Problems«, warnte etwa Generalstaatsanwalt William Barr Ende Juni 2020. Sie hätten zu lange ihr Profitstreben vor die langfristigen Interessen der USA gestellt. »Sie nehmen nicht die langfristige Perspektive und die nationale Perspektive ein, in der es darum geht, die amerikanische Stärke zu bewahren.« Diese Loyalität könne der amerikanische Staat aber einfordern, denn »all ihre Privilegien und die Stabilität und das Rechtssystem und ihre Möglichkeiten, Profite zu machen, sowohl als Unternehmen als auch als Individuen, kommen von der Stärke dieses Landes.« Wenige Tage zuvor hatte Außenminister Pompeo erklärt, Europa müsse Huawei »aus seinem System« verbannen, um dafür zu sorgen, dass »das nächste Jahrhundert ein westliches bleiben wird«.[407]

Es ist erstaunlich, wie sehr Trumps Weltsicht sich mit der zunehmenden Eskalation des Handelskriegs selbst bestätigte. Schon 2013 hatte er gewarnt: »China ist nicht unser Freund. Es ist kein Verbündeter. Sie wollen uns überholen, und wenn wir nicht schnell schlauer und härter werden, wird ihnen das gelingen.«[408] Trump hat dieses Denken in den achtziger Jahren gelernt, als zum ersten Mal die Furcht vor einem asiatischen Land in den USA umging. Damals war es Japan, dessen Aufstieg die technologische Führung der USA in Frage stellte und für Verunsicherung und Untergangsängste sorgte. Während US-Gewerkschaften nationalistische »Buy American«-Kampagnen organisierten,[409] machte Trump mit Forderungen nach drastischen Strafzöl-

---

406 Davis/Wei, 252.
407 https://www.bloombergquint.com/global-economics/barr-says-u-s-businesses-part-of-problem-in-battling-china .
408 https://twitter.com/realdonaldtrump/status/304690887248707584?lang=de .
409 Frank, 160–186.

len auf sich aufmerksam.[410] Oft hatten die Attacken auf Japan und sein angeblich fremdartiges Wirtschaftssystem rassistische Untertöne.

Während der Corona-Krise verschärfte Trump ab dem Frühjahr 2020
seine nationalistische Rhetorik erneut. »Joe Bidens gesamte Karriere war
ein Geschenk an die chinesische Kommunistische Partei ... und es war eine
Katastrophe für die amerikanischen Arbeiter«, sagte er bei einem Auftritt
im Weißen Haus. Sein Berater Peter Navarro sprach unterdessen im Fernsehen unverhohlen vom »als Waffe genutzten Virus, mit dem sie uns getroffen
haben«.[411] Die gesamte demokratische Politik, vom Klimaschutz bis zur Kritik an Trump, wird von Rechten auf diese Weise als prochinesisch denunziert
und in den Kulturkampf gegen das liberale Lager eingefügt. Selbst hinter der
Black-Lives-Matter-Bewegung sah Steve Bannon einen chinesischen Masterplan zur Destabilisierung Amerikas.[412] Gleichzeitig verschärfte die Regierung den Druck auf China, wies chinesische Journalisten aus und forcierte
die Kampagne gegen Huawei. Auch im Südchinesischen Meer erhöhen die
USA den Druck.[413] Fast scheint es, als wollten Teile der US-Regierung darauf
hinarbeiten, dass eine Normalisierung der Beziehung auch nach einer Wahlniederlage Trumps nicht mehr möglich sein wird.

Fazit

Trump war ein großes Problem für Deutschland, weil Deutschland von den
USA stark abhängig ist: Die USA sind neben China der wichtigste Markt für
deutsche Produkte, und gegen Russland könnte Deutschland nicht annähernd
so selbstbewusst auftreten, wenn die USA nicht militärisch in Europa prä-
sent wären. Trump hat damit gedroht, dieses Arrangement aufzukündigen.
Versteht man den Trumpismus als einen Versuch, die potentiell universelle
westliche Hegemonie aufzugeben, sieht man, dass Deutschlands Stellung in
dieser neuen Weltordnung geschwächt werden würde. Trump wirft alle Komponenten amerikanischer Macht – militärisch, ökonomisch, finanzpolitisch
– gleichzeitig in die Waagschale. Die Weltordnung wird dadurch plötzlich
»politisiert« und Deutschlands begrenzte staatliche Macht zum Hindernis
für die deutschen Ambitionen. Die europäische Union war immer auch ein
Versuch Deutschlands gewesen, dieses Problem zu lösen. Europäische Eliten

410 https://www.nytimes.com/2019/05/15/us/politics/china-trade-donald-trump.html .
411 https://inthesetimes.com/article/china-gop-trump-biden-coronavirus-cold-war-sinophobia .
412 https://inthesetimes.com/article/china-gop-trump-biden-coronavirus-cold-war-sinophobia?
fbclid=IwAR14xwFW-q9jNqFuYcxx3H-vwnKQ5MXpLozrrBOOPEWzW2yZ24ClPrW_36M .
413 https://www.thenation.com/article/world/south-china-sea-military/ .

sind es seit Jahrhunderten gewohnt, an der Spitze der Welt zu stehen. Sie haben die berechtigte Angst, im 21. Jahrhundert unter die Räder zu geraten und in genau jene subalterne Abhängigkeit abzurutschen, die Europa bisher anderen – schwächeren – Ländern auferlegen konnte. Aus Sicht der europäischen Eliten ist eine geeinte und schlagkräftige Europäische Union die einzige Möglichkeit, diesem Schicksal zu entgehen. Deshalb wurden in den letzten Jahren enorme Anstrengungen unternommen, um die »strategische Autonomie«, die militärische und rüstungspolitische Eigenständigkeit Europas, zu erhöhen und die europäischen Konzerne durch industriepolitische Maßnahmen für die Wirtschaftsschlachten des 21. Jahrhunderts zu rüsten. »Man hat nicht die Wahl zwischen nationaler und europäischer Souveränität«, schrieb der ehemalige Berater Macrons, Jean Pisani-Ferry, »sondern zwischen europäischer Souveränität und gar keiner«.[414]

Die nächsten Jahre werden von dieser Frage geprägt sein: Werden die USA versuchen, erneut ein kohärentes westliches Lager zu bilden, das gemeinsam und geschlossen gegen China auftritt? Oder wird es eine Verschärfung des Nationalismus und der multipolaren Konkurrenz geben? Auch unter einem Präsidenten Biden werden die USA nicht zur alten Normalität zurückkehren. Sowohl die Republikaner als auch die Demokratische Partei haben den Handelskrieg gegen China als das Thema entdeckt, mit dem sie eine Post-Trump-Synthese schaffen können: einige seiner Impulse aufnehmen, aber im Sinne der konventionellen amerikanischen Großmachtpolitik einbetten. Deshalb ist der Anti-China-Kurs lagerübergreifend unstrittig.

Eine nationalistische Neujustierung der Globalisierung bedeutet nicht notwendigerweise, dass die Integration des Weltmarkts, oder die Globalisierung der Lebensweisen, oder die Ausbreitung eines »westlichen« Gesellschaftsmodells obsolet werden. Aber möglicherweise wird die politische Form, in der die bürgerlichen Staaten ihre gesellschaftlichen Widersprüche und ihren Kampf um das Bestehen in der Weltmarktkonkurrenz organisieren, zunehmend die eines offeneren Nationalismus annehmen – nach innen illiberal, nach außen antihumanitär und weltpolitisch transaktionell, bis hin zur Austragung der Konkurrenz mit militärischen Mitteln.

414 https://www.ft.com/content/d96266b2-14e6-11ea-b869-0971bffac109 .

»New Right«

»Populism's false start« titelte die »National Review« wenige Monate nach Trumps Amtsantritt. In ihren wichtigsten ersten Schritten entsprach Trumps Regierungs-Agenda dem klassisch wirtschaftsliberalen Programm der Republikanischen Partei.[415] Der konservative Kolumnist der »NYT«, Ross Douthat, fragte bereits Anfang 2017: »Was, wenn das alles bedeutet, dass *er selbst nie wirklich an den Trumpismus geglaubt hat?*«[416] Implizit stellte Douthat damit eine entscheidende Frage: Gibt es einen Trumpismus jenseits von Trump? Zweifellos hat Trump – jenseits seiner tatsächlichen Regierungspraxis – eine Neuordnung der US-Rechten angestoßen. Neokonservative sahen sich plötzlich aus der Partei verbannt, auch die hyperlibertären Strömungen, mit denen die Republikaner gegen Obamas angeblichen »Sozialismus« gekämpft hatten, spielen heute kaum noch eine Rolle. Statt dessen gibt es »eine Bewegung zu einem neuen kulturellen Konservatismus, der mit einer Klassenanalyse verbunden wird«, wie Park MacDougald über »die neue junge Rechte« schrieb.[417]

In Trumps Amerika gibt es sogar Rechte, die bewusst einen Brückenschlag zur Linken suchen. Der konservative Journalist Saagar Enjeti zum Beispiel; er macht zusammen mit der Bernie-Sanders-Unterstützerin Krystal Ball, die vom sozialistischen Magazin »Jacobin« für ihre linke Kritik gefeiert wird, die Fernsehshow »Rising«, die als Kollaboration zwischen einer »populistischen Linken« und einer »populistischen Rechten« konzipiert ist. In einem gemeinsamen Buch vertreten Enjeti und Ball die These, dass es 2016 sowohl auf der Linken wie auf der Rechten einen populistischen Aufstand gegen das Establishment des jeweiligen Lagers gegeben habe. Die Populisten auf beiden Seiten könnten nun zum Teil gemeinsame Sache machen. Auf Kritik an diesem Ansatz antwortete Ball in ihrer Show, dass »die Linke Ja als Antwort akzeptieren sollte«.[418]

Ähnlich argumentierte Glenn Greenwald, der in »The Intercept« schrieb, dass »es in spezifischen wichtigen Fragen große Übereinstimmungen zwischen der ›populistischen Linken‹ und der ›populistischen Rechten‹ gibt. Oft

---

415 https://www.nationalreview.com/2017/05/donald-trump-voters-populisms-false-start-2016/ .
416 https://douthat.blogs.nytimes.com/2017/05/25/letting-trump-be-trump/?mcubz=1 .
417 https://www.tabletmag.com/sections/news/articles/the-new-millennial-american-right .
418 https://www.youtube.com/watch?v=EapWRy-6C30& .

sind sich diese beiden Gruppen näher als dem Establishment-Flügel ihrer jeweiligen Parteien.«[419] Als Beispiel nannte Greenwald den Fox-News-Star Tucker Carlson, der »gegen die Übel des Raubtierkapitalismus schimpfte, die Versuche von Alexandria Ocasio-Cortes unterstützte, Steuererleichterungen für Amazon zu verhindern«, und »eine große Rolle dabei spielte, Luftangriffe auf Syrien und den Iran zu verhindern«. Greenwald selbst war oft bei Tucker Carlson zu Gast, wo er vor allem die US-Außenpolitik kritisierte.

In außenpolitischen Fragen scheint sich bereits eine Kollaboration rechter und linker Kritiker des Establishments anzubahnen. Das neugegründete Quincy Institute for Responsible Statecraft ist wohl der einzige der unzähligen außenpolitischen Think-Tanks in Washington D.C., der sich dezidiert in Opposition zur bisherigen expansiven und militarisierten Außenpolitik der USA sieht. Gegründet und finanziert wurde er von George Soros – der sich zwar global für allgemein liberale Anliegen einsetzt, aber in den USA eindeutig die Demokraten unterstützt – und vom Öl- und Chemie-Milliardär Charles Koch, der bisher vor allem die ultra-libertäre (und ultra-rechte) Opposition gegen Obama finanzierte. Mit dem in Deutschland üblichen Begriff »Querfront« ist eine faschistoide Ideologie gemeint, die Versatzstücke linken Denkens in den Dienst eines autoritären, oft irrationalen Nationalismus stellt. Auf das Quincy Institute trifft das nicht zu, bei seinen führenden Köpfen handelt es sich um seriöse und eher linke Kritiker der US-Außenpolitik. Aber gibt es darüber hinaus ein Zusammenrücken von »linken« und »rechten Populisten«? Gibt es wirklich »große Übereinstimmungen«, wie Greenwald behauptet? Und entwickeln sich die US-Konservativen unter Trump tatsächlich weg von ihrer einstigen Marktgläubigkeit und ihrem missionarischen Imperialismus hin zu einem illiberalen Nationalismus, der mit »linken« wirtschaftspolitischen Programmen kombiniert wird?

Ein Nexus der »neuen Rechten« in den USA ist die Zeitschrift »American Affairs«. Gegründet wurde sie 2017 von dem jungen Harvard-Absolventen Julius Krein als ein Versuch, dem Trumpismus eine solide intellektuelle Basis zu geben – wenn Krein Trump auch 2017 nach den Nazi-Aufmärschen in Charlottesville schon wieder fallenließ. »American Affairs« ist eindeutig und selbstbewusst rechts, aber die Zeitschrift veröffentlicht auch Texte von Slavoj Zizek und den in der amerikanischen Linken relevanten Journalistinnen

419 https://theintercept.com/2020/06/25/should-the-populist-left-work-with-the-populist-right-where-they-have-common-ground-or-shun-them/?utm_campaign=theintercept&utm_medium=social&utm_source=twitter .

Amber A'Lee Frost und Angela Nagle. Krein macht aus seiner Verachtung für das republikanische Establishment keinen Hehl; die Republikanische Partei bestehe aus kaum mehr als »ein paar Milliardären und Konzerninteressen, die drittklassige Propagandisten bezahlen, um eine diskreditierte und inkohärente Politik zu verkaufen«.[420] Ein zentraler Nenner von »American Affairs« ist die Ablehnung des gegenwärtigen Neoliberalismus. Grob gesagt kritisieren sie, dass eine kurzsichte Elite aus purer Profitgier die industrielle Basis des Landes verscherbelt hat. Das habe den Wohlstand der amerikanischen Mittelschicht untergraben und die Nation angesichts der neuen chinesischen Konkurrenz geschwächt. Wie Krein es gegenüber dem »Tablet-Magazin« formulierte: »Im Grunde kriegt Amerika die finanziellen Profite, und Asien kriegt industrielle Kapazitäten, und wir verhökern das Langfristige für das Kurzfristige.«[421]

Das alles ist zwar irgendwie antineoliberal, aber, wie bei Rechten kaum überraschend, keineswegs kapitalismuskritisch. Deutlich wird das in einem programmatischen Text, in dem Julius Krein den Autor James Burnham neu entdeckt. Burnham war ein ehemaliger Marxist, der Theorien zur Rolle der »Managerial Class« im modernen Kapitalismus aufstellte, aber später zur Rechten wechselte und vor allem vom White-Nationalist-Vordenker Sam Francis rezipiert wurde. Er ist einer der Gründer der einflussreichen Zeitschrift »National Review«.[422] Krein greift Burnhams Thesen auf, um die gegenwärtige amerikanische Wirtschaftsordnung als Herrschaft der Managerkaste zu beschreiben. Dieser »Managerialismus« sei im Kern »bewusst globalistisch«, er untergrabe die Souveränität der Nation und löse mit seiner hedonistischen Konsumkultur die Gesellschaftsordnung auf. Dagegen stellt Krein einen traditionellen, bürgerlichen Kapitalismus, in dem die Managerrolle und der Besitz noch in einer Person vereint und auch sonst alles am rechten Platz ist. Diese regressive Kritik am Neoliberalismus ist Standard bei den angeblich »wirtschaftlich linken« Denkern der »neuen Rechten«. Anfang 2019 kritisierte der rechte Fox-News-Star Tucker Carlson die neoliberalen Republikaner, die »es seit Generationen für ihre Pflicht hielten, die Welt für die Banken zu sichern, und die gleichzeitig immer mehr Kriege führten«. Amerikaner, sagte er, »werden von Söldnern regiert, die

420 https://americanaffairsjournal.org/2019/11/the-real-class-war/ .
421 https://www.tabletmag.com/sections/news/articles/the-new-millennial-american-right .
422 https://www.nytimes.com/1987/07/30/obituaries/james-burnham-is-dead-at-82-founder-of-national-review.html .

keine langfristige Verpflichtung gegenüber den Menschen empfinden, die sie regieren«.[423]

Der erste Satz könnte von einem Liberalen stammen, beim zweiten Satz ist die reaktionäre Drift deutlich zu erkennen. Was Rechte wie Carlson am neoliberalen Kapitalismus stört, ist, dass er »Familien schwächt und zerstört« und einen ständigen gesellschaftlichen Wandel in Gang setze. Das sei »der Feind einer gesunden Gesellschaft«.[424] Hinter ihrer grandiosen Rhetorik ist es bei den neuen Nationalisten mit der »linken Wirtschaftspolitik« nicht weit her. Das gilt auch für die republikanischen Berufspolitiker, die nach Trumps Wahl auf den neuen Trend aufsprangen. Der Senator Josh Hawley zum Beispiel kritisierte beim Treffen der Nationalistischen Rechten, der Konferenz für National Conservatism 2019 in Washington D.C., den »politischen Konsens«, der »nicht die Interessen der amerikanischen Mitte reflektiert, sondern die einer mächtigen Oberschicht und ihrer kosmopolitischen Prioritäten«.[425] Doch derselbe Josh Hawley wird von den ultra-wirtschaftsliberalen Koch-Brüdern finanziert, er unterstützt gewerkschaftsfeindliche *right-to-work*-Gesetze, er war natürlich für die Trump-Tax-Cuts 2017, die ein gewaltiges Geschenk an die kapitalistische Klasse und große Konzerne darstellen, und er kämpft seit langem gegen »Obamacare«.[426]

Es ist nicht völlig ausgeschlossen, dass nationalistische Regierungen »soziale Reformen« implementieren, solange diese der Kapitalakkumulation nicht ernsthaft im Weg stehen: Ein Blick nach Polen beweist das. Doch in den USA gibt es davon bisher keine Spur. Schaut man sich den einzigen konkreten Punkt an, in dem die »neue Rechte« wirklich von der neoliberalen Orthodoxie abweicht – nämlich der Industriepolitik –, zeigt sich, dass dahinter kaum mehr steht als ein elitengeleiteter Nationalismus, dem es vor allem um die Konkurrenz zu China geht.

In der Zeit der unangefochtenen neoliberalen Hegemonie forderten keynesianische Linke oft eine aktive »staatliche Steuerung« als Gegenentwurf zum liberalen Laisser-faire. Dabei ist erstmal nichts »links« daran, dass staatliche Instanzen planvoll eingreifen, um die technologische und industrielle Vormachtstellung der heimischen Industrie zu stützen. Im Kapitalismus ist

423 https://www.theguardian.com/commentisfree/2019/feb/02/inequality-fox-news-tucker-carlson-capitalism .

424 https://www.vox.com/2019/1/10/18171912/tucker-carlson-fox-news-populism-conservatism-trump-gop .

425 https://www.hawley.senate.gov/senator-josh-hawleys-speech-national-conservatism-conference .

426 https://newrepublic.com/article/154526/josh-hawley-real .

das völlig normal, auch im sogenannten neoliberalen Zeitalter. Wie die Wirtschaftswissenschaftlerin Mariana Mazzucatto in ihrem Buch *The Entrepreneurial State* (2013) zeigte, gehen fast alle entscheidenden technologischen Innovationen, mit denen etwa amerikanische Silicon-Valley-Firmen seit den Neunzigern so enorm erfolgreich sind, auf staatlich organisierte Grundlagenforschung zurück. Nun entdeckt auch die »neue Rechte« die Industriepolitik – als Mittel, um die amerikanische Nation für den Konflikt mit China zu rüsten. Zu den prominenten Vertretern einer entsprechenden Industriepolitik gehört Oren Cass, der 2012 als *policy adviser* für Mitt Romneys Präsidentschaftswahlkampf arbeitete, und Senator Marco Rubio aus Florida, der in hochtrabenden Reden für einen »common good capitalism« eintritt und eine »amerikanische Industriepolitik für das 21. Jahrhundert« fordert, um der chinesischen Bedrohung zu begegnen.[427]

Schaut man genau hin, verbirgt sich hinter der neurechten Abkehr vom Wirtschaftsliberalismus eine »regressive Kapitalismuskritik«, kulturalistisch verbrämt und in ihren politischen Implikationen extrem nationalistisch. »Antiglobalismus« wäre ein treffendes Schlagwort. Krein schreibt in seinem Essay über Burnham, die republikanische Marktgläubigkeit bedeute »nur die weitere Loslösung der Manager-Elite von jeglichen Verpflichtungen gegen die politische Gemeinschaft«.[428] Burnham selbst hatte bereits 1964 in seinem Buch *The suicide of the West* vor einem »Weltstaat« gewarnt, »der keine Wurzeln in menschlicher Erinnerung, Gefühl und Tradition hat, der unweigerlich abstrakt und arbiträr, also in absehbarer Zukunft despotisch wäre«.[429] Krein sieht ein ähnlich düsteres Szenario heraufziehen. »Die Loslösung der Manager-Elite von der politischen Gemeinschaft – tatsächlich die Zerstörung der politischen Gemeinschaft – ist der Grund für ihre Degeneration«, schreibt Krein. Die Elite »könne nicht effektiv für das amerikanische Volk regieren, weil sie sich nicht einmal die Vorstellung einer amerikanischen Nation machen könne«. Krein gipfelt in der düsteren Prophezeiung, dass der »Manager-Globalismus« der Elite schließlich »alle menschlichen Gemeinschaften« zerstören werde.

Trump ist kein Ideologe, seine Stärke war es nie, eine kohärente politische Philosophie zu formulieren. Gerade dass er auf so widersprüchliche

---

427 https://www.tabletmag.com/sections/news/articles/the-new-millennial-american-right .
428 https://americanaffairsjournal.org/2017/02/james-burnhams-managerial-elite/ .
429 Zitiert nach Michael Kimmage: »Ein reaktionärer Westen? Präsident Trump und die Abkehr von der Aufklärung«, in: »Merkur«, Heft 852, Mai 2020, 44.

Weise alle möglichen diffusen Ressentiments ausdrückte, hat ihn zur Galli-
onsfigur einer breiten rechten Koalition gemacht. Dennoch gab Trump eine
eindeutige Marschrichtung vor: zum Nationalismus.[430] 2019 versuchten einige führende rechte Intellektuelle, Vertreter dieses neuen Nationalismus in
einer Konferenz zum »National Conservatism« zu versammeln. Sie war der
Versuch, die durch Trump erfolgte Neuausrichtung der US-Rechten auf ein
intellektuell solides und respektables Fundament zu stellen. Geladen waren
renommierte Akademiker und prominente Gäste, darunter John Bolton, Peter Thiel und Tucker Carlson. Organisiert wurde die Konferenz von Yoram
Hazony. Der israelische Autor ist ein intellektueller Star der US-Rechten.
2018 brachte er das vielbeachtete Buch *The Virtue of Nationalism* heraus, in
dem er, basierend auf verqueren geschichtstheoretischen Positionen, einen
konservativen Nationalismus für das 21. Jahrhundert entwirft.

Hazonys Buch ist vor allem eine bizarre Neuinterpretation moderner Hi-
storie, die er als Ergebnis eines Widerstreits zweier ewiger Traditionen der
westlichen Geschichte beschreibt: »Nationalismus« und »Imperialismus.«
Die imperialistische Tradition sei universalistisch, prinzipiell auf die Beherrschung des gesamten Globus angelegt. Sie sei zuerst im Katholizismus ver-
körpert gewesen. Auch der Nationalsozialismus und der Kommunismus seien
Spielarten dieses imperialistischen Anspruchs, wollten sie doch im Namen
einer abstrakten politischen Ideologie die gesamte Welt unterwerfen. Doch
die imperialistische Ideologie par excellence sei der Liberalismus mit seinem
universellen Herrschaftsanspruch. Dagegen setzt Hazony die »nationalistische« Tradition, die, inspiriert von der Bibel, in der angelsächsischen, protestantischen Kultur dominant gewesen sei. Denn die Nation sei keineswegs
– wie es heutzutage jeder seriöse Historiker sieht – ein Produkt der Moderne.
Vielmehr sei schon im Alten Testament das Fundament des nationalen Denkens gelegt worden. Israel sei der Archetyp der Nation gewesen. Aus dieser
Geschichtstheorie konstruiert Hazony eine nationalistische Weltsicht, die
nach innen Autorität, Tradition und Identität predigt, sich aber vor allem
gegen die Ansprüche eines universalistischen Liberalismus richtet. Dieser
sei dem »Hass auf das Besondere« verpflichtet, sowie dem »Ideal, alles in der

---

430 »›America is winning again. America is respected again. Because we are putting America First
... We're taking care of ourselves for a change, folks ... You know they have a word, it sort of became old
fashioned, it's called a ‚nationalist‘. And I say, really? We're not supposed to use that word. You know
what I am? I'm a nationalist. OK? I'm a nationalist‹, President Donald J. Trump proudly told a crowd in
Houston in October 2018.« https://providencemag.com/2020/01/nationalist-america-creedal-tribal/ .

Welt einer einzigen Autorität und einer einzigen Doktrin zu unterwerfen«.[431] Dagegen müsse die Souveränität und die partikulare Identität der »freien Nationen« bewahrt werden.

Hazonys Buch beginnt mit der Feststellung, dass Großbritannien und die USA »have taken a turn toward nationalism«. Es ist der bewusste Versuch eines konservativ-religiösen Denkers, dem »nationalistischen Moment« ab 2016 eine Theorie zu geben. Noch offensichtlicher ist das bei Richard Lowry, seit 1997 Herausgeber des intellektuellen Zentralorgans der US-Rechten, der »National Review«. Lowry veröffentlichte 2019 das Buch *The Case for Nationalism*. Er erzählt dort das Übliche über den »Verrat der Eliten«, die sich von ihrer Nation abgewendet und für die Identität der einfachen Amerikaner nur Verachtung übrig hätten und die in ihrer angeblichen Allmacht nun ein »laufendes antinationales Experiment« durchführten.[432] Vor allem aber geht es ihm darum, gegen die Vorstellung zu argumentieren, die USA hätten, anders als die meisten europäischen Nationalstaaten, keine ethnische Basis. Amerika, so Lowry, sei nicht auf einer »Idee« gegründet, sondern auf einer konkreten, partikularen Kultur.[433] Tatsächlich sei die Amerikanische Revolution primär kein Triumph der bürgerlichen Aufklärung gewesen, sondern eine »nationalistische Revolte«.

Bei Lowry wird noch klarer, wie der neue Nationalismus im amerikanischen Kontext zu verstehen ist. In der Unabhängigkeitserklärung, in der die amerikanischen Kolonien rechtfertigten, warum sie gegen die britische Krone rebellierten, stehen zu Beginn diese Sätze: »Folgende Wahrheiten erachten wir als selbstverständlich: dass alle Menschen gleich geschaffen sind; dass sie von ihrem Schöpfer mit gewissen unveräußerlichen Rechten ausgestattet sind; dass dazu Leben, Freiheit und das Streben nach Glück gehören; dass zur Sicherung dieser Rechte Regierungen unter den Menschen eingerichtet werden, die ihre rechtmäßige Macht aus der Zustimmuung der Regierten herleiten.«[434]

Das ist das bürgerlich-liberale Freiheitsversprechen, es geht vom Individuum aus, mit seinem Recht auf Freiheit und Gleichheit. Zwar ist später im Dokument auch die Rede von den »good People of these Colonies«, in deren Name man spreche, aber nicht von dem »amerikanischen Volk« oder einer

431 Hazony, 227 f.
432 Lowry, 187.
433 Ebd., 102.
434 https://usa.usembassy.de/etexts/gov/unabhaengigkeit.pdf .

ethnischen Gruppe, die als Kollektiv Souveränität beansprucht. In der Praxis freilich verstanden sich die Staatsgründer als Angel-Sachsen, die nicht im Traum daran dachten, »fremde« Europäer als ihresgleichen zu akzeptieren. Und im Kern waren die USA seit ihrer Gründung ein »white supremacist«-Projekt, das darauf basierte, die Herrschaft der weißen Bevölkerung gegen die schwarzen Sklaven und die Ureinwohner durchzusetzen. Das hehre liberale Freiheitsversprechen der *Declaration of Independence* galt allein für vermögende weiße Männer. Doch diese unumstößliche Tatsache der amerikanischen Geschichte bringt den Zwiespalt nicht aus der Welt, der darin besteht, dass die USA auf der Idee des bürgerlichen Freiheitsversprechens gegründet waren. Und obwohl gerade diese »freien Amerikaner« immer wieder dadurch zusammengeschweißt wurden, dass sie sich im Gegensatz zu den Afroamerikanern definierten und sowohl ideologisch als auch in der Praxis ihre eigene Freiheit darauf aufbauten, Schwarze und Ureinwohner zu unterdrücken, hatte auch die Bürgerrechtsbewegung der fünfziger und sechziger Jahre des letzten Jahrhunderts im Zweifelsfall die »amerikanische Idee« der Gleichheit und Freiheit zumindest als rhetorische Waffe in ihrem Arsenal.

Martin Luther King sagte in einer Predigt zum »American Dream« 1965 in der Ebenezer Baptist Church in Atlanta, dass die »Substanz dieses Traums« in den »majestätischen Worten der Unabhängigkeitserklärung« zu finden sei: »We hold these truths to be self-evident ...« Das erste, was man an diesem amerikanischen Traum bemerke, so King weiter, sei sein »unglaublicher Universalismus (*amazing universalism*). Es heißt dort nicht ›einige Menschen‹, sondern ›alle Menschen‹. Es heißt nicht ›alle weißen Menschen‹, sondern ›alle Menschen‹, was auch Schwarze miteinschließt.« Allerdings sei Amerika seit Anbeginn »eine schizophrene Persönlichkeit gewesen, gegen sich selbst geteilt« – denn natürlich sei der Traum der universellen Gleichheit nie auch nur annähernd verwirklicht worden.[435]

Obama vertrat eine ähnliche Geschichtsauffassung, wenn er daraus auch keine moralische Anklage ableitete, wie King das tat, sondern eine patriotische Erfolgserzählung: Die USA seien auf einem Ideal gegründet, das nie eingelöst worden sei; doch sei Amerika im Lauf der Geschichte der eigenen nationalen Essenz immer nähergekommen, indem es das Freiheits- und Glücksversprechen auf immer größere Bevölkerungsteile ausweitete. In sei-

---

435 https://kinginstitute.stanford.edu/king-papers/publications/knock-midnight-inspiration-great-sermons-reverend-martin-luther-king-jr-4 .

ner Rede zum Amtsantritt zitierte Obama die berühmten ersten Worte der Unabhängigkeitserklärung und sagte: »Wir erinnern uns, dass, was unsere Nation zusammenhält, nicht die Farbe unserer Haut oder die Grundsätze unseres Glaubens oder die Herkunft unserer Namen ist. Was uns besonders – *exceptional* –, was uns amerikanisch macht, ist unsere Treue zu einer Idee, die vor zwei Jahrhunderten in einer Erklärung formuliert worden ist: We hold these truths ...« Bis heute setze man die »niemals endende Reise« fort, um dieses Ideal zu verwirklichen.[436]

Die Wahl Trumps kann so interpretiert werden, dass konservative Weiße genau diese liberalen, potentiell universalistischen Komponenten der amerikanischen Tradition als Bedrohung verstanden, weil sie das untergraben, was für sie Amerika im Kern ausmacht: die besondere kulturelle Welt der weißen Christen (beziehungsweise das nostalgische Phantasiebild, das man sich in den nihilistischen Vorstadt-Megachurches davon zusammenträumt). In gewisser Hinsicht ist dieser ethnisch-nationalistische Zynismus freilich näher an der tatsächlichen Realität der bisherigen amerikanischen Geschichte als Obamas rhetorischer Idealismus.

Der »neue Nationalismus« vertritt nicht explizit die Position der »weißen Vorherrschaft«. Auch die Republikaner versuchen durchaus, sich von der offenen Rassenideologie abzugrenzen. Als der Abgeordnete Steve King im Januar 2020 im Interview mit der »NYT« die Frage stellte, warum die Begriffe »white nationalist, white supremacist, western civilization« denn so negativ konnotiert seien, schloss ihn seine Partei von allen Parlamentsämtern aus. Wegen des Tabus, das auf offenem Rassismus liegt, müssen die Republikaner auf subtilere Weise andeuten, dass *race* durchaus eine Rolle spielt, dass man gegen »die Anderen« ist und klar auf Seiten der Weißen steht. Trump hat das gemacht, immer wieder. Er hat behauptet, Obama sei nicht in den USA geboren; er sprach von »guten Leuten auf beiden Seiten« in Charlottesville; er warf muslimischen und nicht-weißen Abgeordneten der Demokraten an den Kopf, sie sollten in die Länder »zurückgehen«, aus denen sie stammten; er forderte, das Grundrecht auf Staatsbürgerschaft für jedes in den USA geborene Kind abzuschaffen; und so weiter.

Ohne diesen ethno-identitären Überschuss ist der Trumpismus nicht zu haben. Dies zeigte auch die Konferenz zum »nationalen Konservatismus«, bei

---

436 https://obamawhitehouse.archives.gov/blog/2009/01/21/president-barack-obamas-inaugural-address.

der ebenfalls einige Gäste die Grenze zum expliziten Rassismus überschritten. Amy Wax, Jura-Professorin an der University of Pennsylvania, forderte in ihrem Vortrag eine Einwanderungspolitik, die, so Wax, »effektiv den Standpunkt vertritt, dass es unserem Land besser geht, wenn wir mehr Weiße und weniger Nicht-Weiße haben«.[437] Der Veranstalter der Konferenz, Yoram Hazony, verteidigte Wax. Es sei ihr ja eigentlich gar nicht um *race* gegangen, sondern um »kulturelle Affinität«.

Oder man nehme Stephen Miller – als Senior Advisor for Policy ist er einer der wenigen Mitarbeiter Trumps, der von Anfang an dabei war und immer noch sein volles Vertrauen genießt. Miller tritt vor allem als Verantwortlicher für die harte Migrationspolitik in Erscheinung. Kaum eine Grausamkeit gegen Migranten, die er nicht persönlich im Fernsehen verteidigt hätte. Der Kampf gegen Einwanderung scheint für ihn eine Obsession zu sein. Das zeigen auch etliche Emails, die 2020 vom Southern Poverty Law Center veröffentlicht wurden. Sie dokumentieren, dass Miller vor Trumps Wahlsieg immer wieder die Website »Breitbart.com« kontaktierte, um die Verantwortlichen zu überreden, radikal fremdenfeindliche Positionen zu vertreten.[438] Besonders aufschlussreich waren die Quellen, auf die Miller in den Emails zurückgriff. Er pries Jean Raspails Buch *Heerlager der Heiligen* (1973) und zitierte mehrmals die Website »Vdare«, die klar dem rechtsextremen Spektrum zuzuordnen ist. Auf der Seite veröffentlichte unter anderem der Organisator der »Unite the Right«-Rallye in Charlottesville, Jason Kessler, dessen Artikel Titel tragen wie: »Yes, white genocide is real«. Der Herausgeber von »Vdare«, Peter Brimelow, hat nicht nur gemeinsam mit dem Nazi Richard Spencer das Magazin »Alternative Right« gegründet – er war 2019 auch zu Gast auf der privaten Geburtstagparty von Larry Kudlow, dem Director of the National Economic Council der Vereinigten Staaten, also dem obersten Wirtschaftsberater von Präsident Trump. Man sieht: Die Grenzen fließen.

Passenderweise warnte Hazony bei der Konferenz zum »nationalen Konservatismus« vor der zunehmenden Ausbreitung eines biologistischen Rassismus besonders unter jungen US-Konservativen. Dieser explizite »white nationalism« sei noch eine Randerscheinung. Doch schaue man sich »die jungen Leute an, in ihren Zwanzigern und Dreißigern, die Leute im Internet,

---

437 https://www.vox.com/policy-and-politics/2019/7/23/20679172/amy-wax-white-national-conservatism-yoram-hazony-racism .
438 https://www.splcenter.org/hatewatch/2019/11/12/stephen-millers-affinity-white-nationalism-revealed-leaked-emails .

die Kids, was sie lesen, worüber sie sprechen, was sie sich anschauen«, dann verstünde man, dass es in den USA und anderen Ländern »eine sehr mächtige Bewegung« gebe, die den Liberalismus komplett ablehne und statt dessen »Genetik und Rasse als alles bestimmende Prinzipien« hochhalte. »Es ist furchterregend, dass sich so etwas in den USA festgesetzt hat«, sagte Hazony. »So Gott will, wird es klein bleiben. Aber derzeit bleibt es nicht klein. Im Moment wächst es rasant.«[439]

Ein genuin völkischer Rassismus wird als echtes Macht- und Regierungsprojekt in den USA keine Chance haben. Als Zukunft des »Trumpismus nach Trump« könnte man sich eher einen – wie sollte es anders sein – Fernsehstar vorstellen: den Fox-News-Moderator Tucker Carlson etwa. Carlson übernahm kurz nach Trumps Wahlsieg 2016 den *prime-time slot* bei Fox News, wo er seitdem jeden Tag die meistgeschaute Cable-News-Show Amerikas sendet. Besonders während der Proteste 2020 erzielte er Einschaltrekorde, und es wurde verbreitet spekuliert, ob er 2024 als Präsident kandidieren würde.[440] Carlson greift nicht nur alle oben angesprochenen Tendenzen auf, er macht daraus einen demagogischen Politikstil, der mit einem republikanischen Regierungsprojekt vereinbar wäre. Er hat eine neue rechte Haltung für die Trump-Ära gefunden. Während der radikal-libertäre Paranoiker Glenn Beck den Tea-Party-Konservatismus verkörperte, steht Carlson für den harten Nationalismus der Trump-Ära. Er war einer der Rechten, die Glenn Greenwald im oben zitierten Artikel lobte. Vor allem in der Außenpolitik glaubt Greenwald in Carlson einen Verbündeten zu erkennen. Carlson nannte die neokonservativen Trump-Gegner William Kristol und Max Boot »professionelle Kriegsverkäufer« und hatte anschließend den demokratischen Abgeordneten Ro Khanna zu Gast, der Carlson auf Twitter für »eine vernichtende Kritik am Interventionismus« dankte. Carlson zeige damit, dass »es eine im Entstehen begriffene links-rechte Koalition des gesunden Menschenverstandes für eine zurückhaltende Außenpolitik« gebe.[441]

Carlson hatte zunächst den Irakkrieg unterstützt, doch schon 2004 sagte er, »es ist ein totaler Alptraum und ein Desaster, und ich schäme mich, dass ich den Krieg gegen meine Instinkte unterstützt habe«. Freilich ignorieren Linke, die mit so jemandem gemeinsame Sache machen wollen, warum er den Versuch der *democracy promotion* inzwischen ablehnt. Zwischen 2006

---

439 https://nationalconservatism.org/presenters/yoram-hazony/ ; ab Minute 14:30.
440 https://www.politico.com/news/2020/07/02/tucker-carlson-2024-republicans-348334 .
441 https://twitter.com/RoKhanna/status/1096467708831510530 .

und 2011 sprach Carlson jede Woche eine Stunde live-on-air mit dem rechten Radio-Entertainer Buba the Love Sponge. 2006 sagte er dort: »Ich hasse den Krieg ... Ich hab null Sympathie für sie (die Iraker) und ihre Kultur. Sie können einfach die Fresse halten und gehorchen, finde ich.« Der Irak sei nur zu retten, »wenn die Iraker sich entscheiden, sich wie menschliche Wesen zu benehmen«. Da mache er sich aber keine Hoffnungen, »der Irak ist ein Drecksloch voll mit Halbanalphabeten und primitiven Affen«.[442]

Das also ist die Basis von Tucker Carlsons Antiinterventionismus. Auch seine wirtschaftspopulistische Kritik der »liberalen Eliten« orientiert sich nur sehr oberflächlich an linker Kritik, dahinter steht ein reaktionärer Nationalismus. In seinem Post-Trump-Buch *Ship of Fools* (2018) entwirft er im Kapitel »The Diversity Diversion« ein Verschwörungsnarrativ, in dem die »herrschende Elite« – wie eine fremde Kolonialmacht operierend – Weiße und Schwarze gegeneinander aufhetzt, um sie besser beherrschen zu können: »Der schnellste Weg, eine Bevölkerung zu kontrollieren, liegt darin, sie gegeneinander aufzuhetzen. Teile und herrsche. So haben die Briten Indien regiert.«[443] Dieses Muster zieht sich durch Carlsons Demagogie: Er setzt bei einem tatsächlichen Missstand oder Widerspruch an und schmiedet daraus eine demagogische Grunderzählung, in der sich eine kosmopolitische Elite vom einfachen Volk abgespalten hat und eine progressive Agenda nutzt, um die amerikanische Nation zu beherrschen und auszuplündern. Das wichtigste Merkmal der Elite ist, dass sie keine Bindung mehr zur Nation hat, unpatriotisch ist und global orientiert; die amerikanische Nation ist für sie nur noch Beute. »Unsere neue herrschende Klasse kümmert sich nicht nur nicht um amerikanische Bürger, sondern nicht einmal um die Zukunft des Landes selber. Wenn es scheitert, sind sie weg. Sie haben Geld auf Off-shore-Bankkonten und ausländische Pässe zu Hause.«[444] Ihr wichtigstes Instrument sei die Beherrschung der Öffentlichkeit durch Political Correctness und Sprechverbote.[445] Und schließlich wolle die Elite den Widerstand des amerikanischen Volkes brechen, indem es sie durch Einwanderer »ersetzt«: »Wenn trotz al-

---

442 https://www.mediamatters.org/tucker-carlson/unearthed-audio-shows-tucker-carlson-using-white-nationalist-rhetoric-and-making .
443 Carlson, XX.
444 Carlson, 15.
445 »Let's say you were an authoritarian who sought to weaken American democracy. How would you go about doing that? You'd probably start by trying to control what people say and think. If citizens dissented from the mandated orthodoxy, or dared to consider unauthorized ideas, you'd hurt them. You'd shame them on social media. You'd shout them down in public. You'd get them fired from their jobs. You'd make sure that everyone was afraid of disagreeing with you.« Carlson, 17.

lem die Wahlergebnisse nicht so sind, wie du sie dir vorstellst«, spinnt Carlson das Szenario aus, »würdest du dich entschließen, das nie wieder zuzulassen. Du würdest da sichergehen und mit aller Macht daran arbeiten, die alte undankbare Bevölkerung durch eine neue, gehorsamere zu ersetzen.«[446]

Das ist im Grunde die Theorie des großen Austauschs, wie sie von Rechtsextremen auf der ganzen Welt vertreten wird. Kein Wunder, dass Richard Spencer Carlson für seine »open-mindedness« lobte, dass der ehemalige Ku-Klux-Klan Grand Wizard David Duke zu seinen erklärten Fans gehört und die Nazi-Website »Daily Stormer« ihn als »buchstäblich unseren größten Verbündeten« bezeichnete.[447]

446 Carlson, 18.
447 https://www.vox.com/videos/2017/7/21/16008190/strikethrough-white-supremacists-love-tucker-carlson .

2020 – American Carnage

2017 warnte das Pentagon vor der Möglichkeit, dass ein »neues Corona-Virus« auftauchen könnte; das Land müsse dringend Vorräte an Schutzmasken und Beatmungsmaschinen anlegen.[448] Auf eine Pandemie seien die USA »erbärmlich schlecht vorbereitet« – zu diesem Ergebnis kam 2019 auch eine von beiden Parteien unterstützte Untersuchung. Man müsse sich dringend vorbereiten »oder einen hohen menschlichen und wirtschaftlichen Preis bezahlen«.[449] Genauso ist es gekommen. Im August 2020 verzeichnete Amerika mit vier Prozent der Weltbevölkerung ein Viertel der weltweit bestätigten Covid-19-Fälle und Todesopfer.[450]

Donald Trump plädierte ganz offen für Todesverachtung im Angesicht des Feindes. »Unser Volk sollte sich als Krieger verstehen. Das Land muss wieder geöffnet werden«, sagte er Anfang Mai. Einige seiner Anhänger verstanden das wörtlich und gingen gegen die Lockdown-Maßnahmen auf die Straße. In Michigan gelang es schwerbewaffneten Demonstranten, in das Parlamentsgebäude einzudringen. »Lock her up« oder »Heil Whitmer« waren die Slogans, mit denen sie gegen Michigans Gouverneurin, die Demokratin Gretchen Whitmer, und ihre Vorschriften zur Eindämmung der Covid-19-Pandemie protestierten. »Die Regierung schreibt mir nicht vor, was ich tragen soll!« war auf Schildern zu lesen und »Tyrannen kriegen das Seil« und »Tyrannenschlampe«. Zuvor hatte Trump in kryptischen Tweets die Marschrichtung vorgegeben: »LIBERATE VIRGINIA!« tweetete er, dann »LIBERATE MINNESOTA!« und schließlich »LIBERATE MICHIGAN!«.

In diesem Kontext verbreiteten die rechten Medien ein Verschwörungsnarrativ, dem zufolge die Gefahr des Virus völlig überschätzt und eine offene Diskussion darüber von den Mächtigen unterdrückt werde. Eine zentrale Rolle spielte auch dabei der Fox-News-Star Tucker Carlson. Schon Ende April machte er seinem Millionenpublikum Mitteilung von einer großen Verschwörung: Die Tech-Plattformen wollten im Bund mit den Medien und den Politikern eine Kontrolle der Öffentlichkeit durchsetzen und jeglichen Dissens als »Desinformation« zensieren, wenn nicht verbieten. Carlson malte eine apokalyptische Zukunft für den Fall aus, dass der Lockdown nicht bald

---

448 https://www.thenation.com/article/politics/covid-military-shortage-pandemic/ .
449 https://healthsecurity.csis.org/final-report/ .
450 https://www.theatlantic.com/magazine/archive/2020/09/coronavirus-american-failure/614191/ .

beendet werden sollte: »Konzerne, die mit der Regierung zusammenarbeiten, um euch heimlich auszuspionieren. Amerikaner, die zu Hause eingesperrt sind, nicht zur Kirche gehen dürfen und mit Marihuana und Bier ruhiggestellt werden. Wer dagegen etwas sagt, wird kaltgestellt.« Die USA würden sich immer mehr in eine Art China verwandeln, »es ist erschreckend«. Die Meinungsfreiheit selbst werde eingeschränkt, denn sie »stellt eine Bedrohung für die Mächtigen dar, sie untergräbt ihre Kontrolle, steht ihrer Macht im Weg, Wahlergebnisse zu diktieren, die Wirtschaft zu plündern, alles selbst zu bestimmen. Kein Wunder, dass unsere Führer uns so schlecht vor China beschützen – sie sind im selben Team!«[451] Dass die Rhetorik der US-Rechten schon im Mai derart hochgefahren war – ganz am Anfang der vielleicht schwersten Wirtschaftskrise seit Jahrzehnten –, ließ nichts Gutes erahnen.

Und dann wurde am 25. Mai in Minneapolis George Floyd von der Polizei ermordet. Das Video, das Floyds Ermordung zeigte, war so eindeutig, dass nicht einmal die Republikaner – nicht einmal Trump – die Polizisten verteidigen konnten. Man hatte zugesehen, wie minutenlang mit äußerster Ruhe und Gelassenheit ein Mensch ermordet wurde – während die Kollegen des Mörders fast gelangweilt danebenstanden.

In Minneapolis waren die Proteste bald sehr heftig. Die Polizei musste sich zurückziehen, eine Polizeistation wurde von Demonstranten angezündet. Die Proteste breiteten sich schnell im ganzen Land aus, in allen großen Städten kam es zu Unruhen, die Polizei verlor die Kontrolle über ganze Stadtbezirke in Chicago und New York. Traditionelle Protestzüge mischten sich mit einer allgemeinen Rebellion, die vor allem von der jüngeren schwarzen Bevölkerung getragen wurde. In der Frühphase hatten die Proteste etwas von einem ungeordneten sozialen Aufstand. Nur wenige Tage nach Floyds Tod verhängten über 200 Städte eine Ausgangssperre, mehr als 30 Bundesstaaten beriefen die Nationalgarden ein. Über 60.000 Soldaten patrouillierten bald auf amerikanischen Straßen.[452] Bis Anfang Juni waren mehr als 10.000 Demonstranten verhaftet worden.[453] In Minneapolis wurden zahlreiche Geschäfte zerstört und geplündert, 150 Gebäude wurden angezündet, Dutzen-

451 https://www.foxnews.com/opinion/tucker-carlson-big-tech-is-using-coronavirus-to-increase-its-power-and-the-us-is-becoming-more-like-china .
452 https://www.businessinsider.com/us-states-response-george-floyd-protests-curfews-national-guard-2020-6?r=DE&IR=T .
453 https://apnews.com/bb2404f9b13c8b53b94c73f818f6a0b7 .

de brannten komplett ab.[454] Plünderung und Zerstörung gab es bald überall im Land, in Manhattan überließ die Polizei stundenlang eine der teuersten Einkaufsgegenden den Plünderern, zahlreiche Geschäfte wurden systematisch ausgeräumt.

Vergleichbare *riots* wie der von 1992 in Los Angeles oder der während der ersten Black-Lives-Matter-Welle 2015 in Baltimore waren lokale Ereignisse gewesen; diesmal fanden sie fast gleichzeitig im ganzen Land statt. Die Heftigkeit der Proteste hatte sicher etwas mit der Wirtschaftskrise zu tun. Millionen Menschen hatten ihre Jobs verloren, und nicht alle konnten mit Arbeitslosengeld rechnen. Überall im Land bildeten sich lange Schlangen bei Suppenküchen, die kostenloses Essen verteilten.[455] Viele Menschen hatten immer weniger zu verlieren. Die Polizei reagierte mit der inzwischen Routine gewordenen Härte, mit Gummigeschossen, Tränengas und dem militärischen Gerät, mit dem die Polizeibehörden in den letzten Jahren ausgestattet worden waren. Im ganzen Land wurden Demonstranten niedergeknüppelt und misshandelt.[456]

Trump versuchte Stärke zu demonstrieren, indem er Demonstranten vor dem Weißen Haus mit Tränengas vertreiben ließ, um mit einer Bibel in der Hand ungestört vor einer Kirche für ein Fotoshooting posieren zu können. Mit diesem Stunt versuchte er aus der Defensive zu kommen, doch politisch war es kein Erfolg. Der Verteidigungsminister und der Vorsitzende der Joint Chiefs of Staff der Armee distanzierten sich öffentlich. Der Rückhalt für die Proteste in der Bevölkerung wuchs. Gleichzeitig wurden sie immer friedlicher. Am 6. Juni, fünf Tage nach Trumps bizarrem Fototermin, waren in über 500 Städten eine halbe Millionen Demonstranten auf der Straße. Insgesamt nahmen im Sommer 2020 15 bis 26 Millionen Menschen an den Demonstrationen teil[457] – und das ohne organisierte Mobilisierung, ohne politische Führung irgendeiner Art. Es waren die größten Proteste in der Geschichte Amerikas.

454 https://www.startribune.com/minneapolis-st-paul-buildings-are-damaged-looted-after-george-floyd-protests-riots/569930671/?refresh=true .

455 »Despite the [unemployment] payments, food banks have been doing record business. According to a new experimental weekly survey from the Census Bureau, there's been a decline of over 30 million people in the number reporting that they're getting enough of the food they want. Most, 25 million, say they're getting enough food, just not what they want, and the rest, almost 5 million, don't have enough to eat at least some of the time.« https://www.jacobinmag.com/2020/07/green-new-deal-unemployment-economic-crisis .

456 https://www.amnesty.org/en/latest/news/2020/08/usa-law-enforcement-violated-black-lives-matter-protesters-human-rights/ .

457 https://www.nytimes.com/interactive/2020/07/03/us/george-floyd-protests-crowd-size.html .

Ab Anfang Juni ging es für Trump in den Umfragen deutlich bergab. Spätestens im Sommer stellte sich heraus, dass kein entwickeltes Land so schlecht auf die Covid-19-Pandemie reagiert hatte wie die USA. Der erste Lockdown hatte die Verbreitung des Virus verlangsamt, doch sank die Zahl neuer Infektionen nie unter 20.000 bis 30.000 pro Tag. Trotzdem wurden die Maßnahmen vielerorts schon bald wieder gelockert, und die Infektionszahlen stiegen an. Mitte Juli gab es täglich 75.000 neue Fälle, der höchste Stand seit Beginn der Pandemie. Besonders betroffen waren die schlechtbezahlten Arbeiter, die auch bei Covid-19 keine Wahl hatten und in überfüllten Bussen und U-Bahnen zur Arbeit in den Lagerhäusern, Supermärkten und Fabriken fahren mussten. Für Schwarze und Latinos war es dreimal so wahrscheinlich, das Virus zu kriegen und doppelt so wahrscheinlich, daran zu sterben, wie für Weiße.[458] Noch gefährlicher war es für die fast drei Millionen Insassen amerikanischer Gefängnisse. Ein Gefängnis in Ohio, das für maximal 1.500 Inhaftierte ausgelegt ist, musste bald 2.000 Corona-Fälle unter den Häftlingen melden.[459]

Trumps übliche demagogische Strategie musste in einer Situation, in der nichts als rationale, kühle Administration gefragt war, in die Katastrophe führen. Doch die Ignoranz gegenüber dem Infektionsrisiko war dermaßen offensichtlich, dass man nicht umhinkommt zu spekulieren, Inkompetenz allein könne als Erklärung dafür nicht ausreichen. Wurde der Tod Zehntausender in Kauf genommen, um die wirtschaftlichen Beeinträchtigungen so minimal wie möglich zu halten? Erst als die Zahl der Todesopfer im Juli die 140.000-Marke erreichte und das Virus besonders stark auch in republikanisch dominierten Bundesstaaten, vor allem im Süden, wütete, schien die Trump-Regierung sich wieder halbwegs ernsthaft mit dieser Angelegenheit zu befassen. Trump ließ sich sogar dazu herab, eine Maske zu tragen, nachdem er sich monatelang nicht ein einziges Mal mit einer Maske in der Öffentlichkeit gezeigt hatte.[460] Die Katastrophe konnte schlicht nicht mehr geleugnet werden.

Doch wer nur Trump dafür die Schuld gibt, geht nicht weit genug. Zwei der am heftigsten getroffenen Bundesstaaten waren New York und Kalifor-

458 https://www.thecut.com/2020/07/black-latino-people-twice-as-likely-to-die-from-coronavirus. html .

459 https://www.propublica.org/article/the-prison-was-built-to-hold-1500-inmates-it-had-over-2000-coronavirus-cases .

460 https://www.theatlantic.com/ideas/archive/2020/07/trumps-attempt-at-an-un-trumpian-image/614743/?utm_content=edit-promo&utm_term=2020-07-30 .

nien, die von Demokraten regiert werden. Das Virus enthüllte tiefsitzende Pathologien der amerikanischen Gesellschaftsordnung, die schon vor Trump existierten und mit ihm nicht verschwinden werden. Die USA sind unfassbar reich, reicher als jede andere große Nation dieser Welt, und verfügen über enorme wirtschaftliche und wissenschaftliche Ressourcen. Auch geben sie doppelt soviel von ihrem Bruttosozialprodukt für das Gesundheitssystem aus wie vergleichbare Industriestaaten. Doch wird einem riesigen Teil der Bevölkerung jede soziale Stabilität verweigert. Alle staatlichen Kapazitäten, die nicht der Kapitalakkumulation oder der Aufrechterhaltung der öffentlichen Sicherheit dienen, werden seit Jahrzehnten systematisch abgebaut. Die für Pandemien zuständigen Bundesbehörden sind in den letzten Jahren verkleinert worden; die lokalen Gesundheitsbehörden, die im föderalen System der USA eine wichtige Rolle spielen, operierten schon zu Beginn der Krise am Limit. Seit 2008 hatten sie wegen Budgetkürzungen fast ein Viertel ihres Personals verloren.[461] Im April gaben vier von fünf Krankenpflegerinnen an, dass sie nicht ausreichend Schutzmaterial hatten.[462] Viele private Krankenhäuser (mit reichen Kunden) konnten sich noch problemlos versorgen,[463] während es in den ärmeren Bezirken düster aussah. In New York mussten sich Krankenpfleger Schutzkleidung aus Müllsäcken basteln.[464] 27 Millionen US-Amerikaner hatten zu Beginn der Corona-Krise keinerlei Krankenversicherung. Wer seinen Job verliert, wie es nach Corona fast 30 Millionen Amerikanern passierte, verliert damit meistens auch seine Krankenversicherung. Ohne Versicherung kostet es laut einer Schätzung der Organisation Fair Health im Durchschnitt 73.300 Dollar, wenn man wegen Covid-19 im Krankenhaus behandelt werden muss.[465]

Der amerikanische Staat ist nicht schwach, im Gegenteil. Ein schwacher Staat kann nicht fast zehn Jahre lang den Irak besetzen, das größte Nukleararsenal der Welt betreiben und zudem noch das Zentrum des globalen Finanzsystems verwalten. Dennoch haben viele Amerikaner das Gefühl, in einem fragilen, geradezu unterentwickelten Staat zu leben. In Deutschland

461 https://www.washingtonpost.com/health/health-agencies-funding-cuts-challenge-coronavirus-response/2020/03/08/73953314-5f0a-11ea-b014-4fafa866bb81_story.html .

462 https://www.seiu.org/2020/04/in-national-survey-of-frontline-nurses-92-percent-say-federal-government-is-not-doing-enough-to-protect-healthcare-staff-82-percent-say-they-do-not-have-enough-protective-equipment .

463 https://www.nytimes.com/2020/05/14/nyregion/coronavirus-ny-hospitals.html .

464 https://www.marketwatch.com/story/nurse-at-brooklyn-hospital-on-coronavirus-protective-clothing-its-a-garbage-bag-its-like-something-out-of-the-twlight-zone-2020-04-07 .

465 https://www.businessinsider.com/coronavirus-covid-19-treatment-testing-costs-2020-3?r=DE&IR=T .

hat die gutsituierte Mittelschicht den Anspruch, vom Staat geschützt zu werden. Er soll die deutschen Interessen in der Welt durchsetzen. Doch er soll auch das Leben der Mittelschicht absichern, durch kostenlose Bildung, Renten und ein solides Gesundheitssystem. In den USA übernimmt der Staat diese Aufgaben in viel geringerem Maße. Statt dessen gibt er der kleineren, aber deutlich wohlhabenderen Mittelschicht die Mittel an die Hand, private Refugien der sozialen Sicherheit zu errichten: durch Privatschulen oder exklusive Schulbezirke, Elite-Universitäten, private Altersvorsorge, Aktienportfolios und steigende Immobilienpreise – und eben eine ausgezeichnete Gesundheitsvorsorge, zu der nur eine wohlhabende Minderheit Zugang hat. Möglicherweise können die USA deshalb besonders schlecht mit einer Pandemie umgehen, die die gesamte Gesellschaft erfasst.[466]

Schon vor der Pandemie lebten große Teile der amerikanischen Bevölkerung wirtschaftlich am Abgrund. Laut der jährlichen Untersuchung der Federal Reserve konnten im Oktober 2019 – als die Arbeitslosenrate noch bei vier Prozent lag – 16 Prozent der Erwachsenen ihre monatlichen Rechnungen nicht bezahlen; mehr als ein Drittel war nicht in der Lage, für einen Notfall 400 Dollar aufzutreiben; und ein Viertel der Amerikaner hatte aus Geldgründen auf medizinische Behandlungen verzichten müssen.[467] Mietzahlungen waren für viele schon vor der Krise ein großes Problem. Zehn Millionen Amerikaner gaben mehr als die Hälfte ihres Einkommens für Miete aus.[468] Wer Vollzeit zum Mindestlohn arbeitete, konnte sich nirgendwo in den USA eine Zweizimmerwohnung leisten, 95 Prozent der Mindestlohnbezieher können nicht einmal eine Einzimmerwohnung bezahlen.[469]

Das war die Lage vor der Pandemie, bevor die US-Wirtschaft im Frühjahr um 32,9 Prozent einbrach – nach der in Deutschland üblichen Berichtsweise im Quartalsvergleich ein Minus von fast zehn Prozent. Ungefähr so stark war die Wirtschaft auch in Deutschland geschrumpft. Es war das schlimmste Quartal seit Beginn der Aufzeichnungen, der Absturz fast viermal so heftig wie der Einbruch der Wirtschaft im düstersten Quartal nach der Finanzkri-

466 https://www.vox.com/policy-and-politics/2020/3/16/21173766/coronavirus-covid-19-us-cases-health-care-system .
467 https://www.jacobinmag.com/2020/07/green-new-deal-unemployment-economic-crisis .
468 »Before the pandemic, of America's nearly 43 million renters, about 20.8 million — almost half – were ›cost-burdened‹, meaning more than 30 percent of their income went to housing costs, according to the Joint Center for Housing Studies of Harvard University. Of those, about 10.9 million renter households were ›severely burdened‹, spending more than 50 percent of their income on rent.« https://www.vox.com/21301823/rent-coronavirus-covid-19-housing-eviction-crisis .
469 https://www.businessinsider.com/full-time-minimum-wage-workers-cant-afford-rent-anywhere-us-2020-7?r=DE&IR=T .

se 2008.[470] Im Mai beantragten 25 Millionen Amerikaner Arbeitslosengeld,[471] die Arbeitslosenrate stieg auf elf Prozent.[472] Doch werden dabei nur jene gezählt, die offiziell als arbeitssuchend gelten. Ende Juni hatten 47,2 Prozent der erwachsenen Bevölkerung keinen Job. Seit dem Zweiten Weltkrieg hat es nichts Vergleichbares gegeben.[473] Im Juli gaben ein Fünftel der Erwachsenen mit Kindern an, dass sie nicht genug Geld hatten, um für ihre Familie ausreichend Essen zu kaufen.[474]

Doch konnten sich die Amerikaner wenigstens über eine Einmalzahlung von 1.200 Dollar freuen. Soviel erhielten sie im Zuge der Notfallhilfen, die der Kongress Ende März verabschiedete. Insgesamt hatten die Hilfszahlungen einen Umfang von zwei Billionen Dollar. Davon waren 500 Milliarden für Notkredite an Unternehmen vorgesehen; auf der Basis dieser Summe sollte die Federal Reserve bis zu 4,5 Billionen Dollar an amerikanische Firmen verleihen.[475] Parallel dazu senkte die Federal Reserve den Leitzins auf fast null Prozent und kündigte ein Anleihekaufprogramm im Umfang von 700 Milliarden Dollar an.[476] Diese präzedenzlosen Maßnahmen machen deutlich, wie dramatisch die amerikanische Wirtschaft eingebrochen ist. Bereits in den beiden Wochen vor dem 28. März hatten sich fast zehn Millionen Amerikaner arbeitslos gemeldet.[477]

Die Arbeitslosenversicherung in den USA schwankt von Staat zu Staat zwischen 215 und 550 Dollar pro Woche. Um das Elend einzudämmen, beschloss die Regierung im Cares Act, bis zum 1. August noch einmal 600 Dollar wöchentlich dazuzugeben. Insgesamt erhielten plötzlich 31,6 Millionen Amerikaner Arbeitslosengeld, fast zehn Prozent der Bevölkerung. Deshalb stieg in den ersten Monaten sogar das durchschnittliche Einkommen der Amerikaner, was auch dazu beitrug, die Wirtschaft zu stabilisieren.[478] Doch

---

470 https://www.zeit.de/wirtschaft/2020-07/us-wirtschaft-bricht-um-32-9-prozent-ein ; https://edition.cnn.com/2020/07/30/economy/us-economy-2020-second-quarter/index.html .
471 https://jacobinmag.com/2020/07/unemployment-benefits-coronavirus-covid-cares-act .
472 https://www.bls.gov/news.release/empsit.t11.htm .
473 https://www.cnbc.com/2020/06/29/nearly-half-the-us-population-is-without-a-job-showing-how-far-the-labor-recovery-has-to-go.html .
474 https://www.cnbc.com/2020/07/23/millions-of-americans-cant-afford-enough-food-in-the-pandemic.html .
475 https://www.bloomberg.com/news/articles/2020-03-25/fed-s-anti-virus-lending-firepower-could-reach-4-5-trillion .
476 https://www.tagesschau.de/wirtschaft/boerse/fed-leitzins-corona-103.html .
477 https://www.nytimes.com/2020/04/02/business/economy/coronavirus-unemployment-claims.html .
478 https://jacobinmag.com/2020/07/unemployment-benefits-coronavirus-covid-cares-act . https://lbo-news.com/2020/07/28/reflections-on-the-current-disorder-2/amp/?__twitter_impression=true .

für die meisten ist das Arbeitslosengeld bereits im Sommer ausgelaufen. 25 Millionen Amerikaner verloren am 31. Juli jegliche Unterstützung. Das Weiße Haus und die Republikaner lehnten es ab, die 600 Dollar Arbeitslosengeld weiterzuzahlen. Finanzminister Steve Mnuchin erklärte: »Wir werden sicherstellen, dass wir niemandem mehr Geld dafür geben, zu Hause zu bleiben, statt zu arbeiten.«[479] Die Republikaner blockierten entsprechende Vorschläge der Demokraten im Senat, so dass es bis August zu keiner Einigung kam. Trump konnte sich daraufhin mit einer Exekutivanordnung in Szene setzen, die weitere Hilfen in Aussicht stellte, doch die dort vorgesehenen 400 Dollar Arbeitslosengeld würden nur für drei weitere Wochen gezahlt werden.[480] Derweil verschwand der Senat bis September in die Sommerpause, und niemand wusste, wie es weitergehen würde.

Dabei wurde es im August für Millionen Amerikaner richtig ernst. Schon im Juli konnten 32 Prozent der amerikanischen Haushalte entweder ihre Miete nicht mehr vollständig bezahlen oder ihren Immobilienkredit nicht mehr bedienen.[481] Im Sommer liefen die Moratorien für Zwangsräumungen aus, die wegen der Corona-Krise erlassen worden waren.[482] Millionen Menschen standen vor dem Rauswurf oder der Zwangsversteigerung.[483] Die Aktienmärkte hatten sich dagegen schnell erholt, große Vermögen waren von der Krise kaum tangiert worden.[484]

Trump geriet politisch zunehmend in Bedrängnis. Sein bisher stärkster Trumpf – die Wirtschaft – brach weg. Das Management der Pandemie war gescheitert. Und die größte Massenbewegung der amerikanischen Geschichte demonstrierte – nicht nur, aber offensichtlich auch – gegen Trump und alles, wofür er steht. In diesem Kontext schien der Präsident bewusst die Eskalation zu suchen. Ein Großteil der Amerikaner hatte zumindest vage Sympathien mit Protesten, die sich gegen Rassismus und Polizeigewalt richteten.[485] Trump versuchte, die Proteste anders zu deuten: als Angriff auf Amerika selbst, angeführt von radikalen Linken. Er konzentrierte sich ganz auf diesen Kulturkampf; die rassistische Polizeibrutalität kam bei seinen Auftrit-

479 https://app.ft.com/content/b5e35edf-a3ed-4b83-9a05-612d8e8cf8a8?sectionid=firstft .
480 https://www.washingtonpost.com/us-policy/2020/08/17/trump-extended-unemployment/ .
481 https://www.cnbc.com/2020/07/08/32-percent-of-us-households-missed-their-july-housing-payments.html .
482 https://www.urban.org/urban-wire/cares-act-eviction-moratorium-covers-all-federally-financed-rentals-thats-one-four-us-rental-units .
483 https://magazine.realtor/daily-news/2020/07/28/millions-of-renters-at-risk-of-eviction .
484 https://www.theguardian.com/news/2020/jul/16/family-fortunes-of-wealthy-increase-as-super-rich-ride-coronavirus-storm .
485 https://www.cbsnews.com/news/black-lives-matter-police-reform-opinion-poll-28-06-2020/ .

ten kaum vor, für ihn waren die Proteste ein Angriff auf die Identität seiner weißen Anhänger. In einer im Fernsehen übertragenen Rede vor dem Monument Mount Rushmore warnte er die Nation vor »einer wachsenden Gefahr«, die alles, wofür »unsere Vorfahren gekämpft und geblutet« haben, bedrohe: eine »gnadenlose Kampagne, unsere Geschichte auszulöschen, unsere Helden zu diffamieren, unsere Kinder zu indoktrinieren«.[486]

Schon Ende Juni hatte Trump in einer Executive Order »zum Schutz von amerikanischen Monumenten, Memorials und Statuen« den Einsatz von Bundestruppen angekündigt. Viele lokale Regierungen hätten sich der »Herrschaft des Mobs« unterworfen, deshalb müsse die Bundesregierung eingreifen.[487] In einem Gastbeitrag schlug der neue Vorsitzende des Department of Homeland Security (Ministerium für Innere Sicherheit), Chad Wolf, in die gleiche Kerbe: »Amerika selbst« werde angegriffen, wenn Demonstranten versuchten, Statuen, etwa von Südstaaten-Generälen, zu stürzen. Die Regierung werde »jedes Werkzeug und jede Vollmacht in unserem Arsenal« nutzen, um dies zu verhindern.[488] Damit er sich als Law-and-Order-Kandidat inszenieren konnte, musste Trump behaupten, dass die liberal regierten Großstädte zu nachsichtig und geradezu komplizenhaft mit den vermeintlich radikalen Demonstranten umgingen. Doch die Proteste waren friedlicher geworden, Plünderungen und gewalttätige Ausschreitungen, die Anfang Juni noch im ganzen Land stattgefunden hatten, wurden immer seltener. Trump musste sich seinen Krieg geradezu suchen. Er fand ihn im Nordwesten der USA, in Seattle und Portland, wo es eine relativ große militante linke Szene gibt.

In Seattle schafften es Aktivisten, mehrere Häuserblocks in der Innenstadt von der Polizei zu befreien. Dort bildete sich die Capitol Hill Autonomous Zone (Chaz), die sich fast drei Wochen lang halten konnte. Doch die Gewalt nahm bald überhand, immer wieder kam es zu Schießereien. Selbsternannte Sicherheitskräfte patrouillierten schwerbewaffnet durch die Straßen. Ende Juni wurde ein Auto, in dem zwei afroamerikanische Kinder unterwegs waren, bei einer von Aktivisten bemannten Barriere unter Beschuss genom-

486 https://edition.cnn.com/2020/07/04/politics/donald-trump-mount-rushmore-south-dakota-speech-lines/index.html ; https://www.whitehouse.gov/briefings-statements/remarks-president-trump-south-dakotas-2020-mount-rushmore-fireworks-celebration-keystone-south-dakota/ .
487 https://www.whitehouse.gov/presidential-actions/executive-order-protecting-american-monuments-memorials-statues-combating-recent-criminal-violence/ .
488 https://thefederalist.com/2020/07/03/homeland-security-chief-to-attack-our-monuments-is-to-attack-america/ .

men.[489] Der 16jährige Antonio Mays war sofort tot, sein 14jähriger Beifahrer überlebte auf der Intensivstation nur knapp. Damit war Chaz am Ende. In Portland dagegen gab es auch im Juli noch heftige Demonstrationen, die sich vor allem auf ein Gerichtsgebäude im Stadtzentrum konzentrierten, das Multnomah County Justice Center, in dem sich auch ein Gefängnis befindet. Mitte Juli tauchten in der Stadt plötzlich Männer in militärischer Uniform auf, die Demonstranten in unmarkierte Zivilautos zerrten. Trump persönlich hatte die Anweisung gegeben, Beamte des Department of Homeland Security nach Portland zu schicken. Sogar die Gouverneurin von Oregon war nach eigenen Angaben darüber nicht informiert.[490] Der Einsatz der Bundesbeamten hieß intern »Operation Diligent Valor« (ungefähr: Operation tüchtige Tapferkeit). Trumps Einsatzkräfte traten in Portland nicht wie Polizisten auf, sondern wie Paramilitärs. Sie trugen militärische Uniformen und waren schwerbewaffnet. Viele gehörten der Einheit Bortac (Border Patrol Tactical Unit) an, einem Sondereinsatzkommando der Grenzschutzbehörden, das normalerweise gegen den Drogenschmuggel eingesetzt wird.[491] »We will not let that courthouse be burned to the ground«, sagte Trumps Berater Stephen Miller in Tucker Carlsons Fox-News-Show. »This is about the survival of this country, and we will not back down.«[492]

Diese quasi-militärische Aufstandsbekämpfung, die nicht von ungefähr an Counter-insurgency-Einsätze im Irak erinnerte, kam nicht aus dem Nichts. »Trumps Cops sind ein hausgemachtes Phänomen, der Kulminationspunkt von drei Jahrzehnten zunehmend militarisierter Polizei, die besonders gegen Linke vorgehen soll«, schreiben Jenna Latour-Nichols und Jamie McCallum bei »Jacobin«.[493] Die fortgeschrittene Militarisierung der Polizei hatte sich schon in Ferguson, Missouri, gezeigt, als es dort 2014 nach der Ermordung Michael Browns zu Protesten gekommen war. Wie im Sommer 2020 hatte die Polizei damals Blendgranaten, gepanzerte Wagen und »noise-based crowd-control devices« im Arsenal. Im Zuge des »Programm 1033« war bis 2014 militärische Ausrüstung im Wert von fünf Milliarden Dollar an Polizeibehörden geliefert worden, wie Niray Chokshi im August

489 https://www.seattletimes.com/seattle-news/everybody-down-what-happened-at-the-chop-shooting-that-killed-a-teenager-and-led-to-the-areas-shutdown/ .
490 https://www.washingtonpost.com/national/portland-protests-operation-diligent-valor/2020/07/24/95f21ede-cce9-11ea-89ce-ac7d5e4a5a38_story.html .
491 https://www.nytimes.com/2020/07/18/us/portland-protests.html .
492 https://video.foxnews.com/v/6174543725001#sp=show-clips .
493 https://www.jacobinmag.com/2020/07/portland-military-policing-blm-protests .

2014 in der »Washington Post« berichtete. Auch die Strategie, Agenten von Bundesbehörden gegen den Willen der lokalen Regierung in demokratisch verwaltete Städte zu schicken, hatte Trump schon vor den Protesten verfolgt. Anfang 2020 hatte er Spezialeinheiten der Grenzpolizei in sogenannte »Sanctuary Cities« geschickt, also liberal regierte Städte, die offiziell nicht mit Bundesmigrationsbehörden kooperieren, um ihre »illegale« Bevölkerung vor Deportationen zu schützen.[494] Trump forderte die Grenzbehörden dazu auf, die Razzien möglichst publik zu machen. »It was about getting viral online content«, sagte ein Regierungsmitglied der »Washington Post«.[495]

Eine ähnliche »Strategie der Spannung« steckt wohl hinter dem Einsatz der Bundesagenten in Portland. Eskalation war das Ziel – um der Basis das Chaos vorzuführen, dass die Liberalen in ihren Städten zugelassen hatten, bis Trump die Bundestruppen schickte. Man muss allerdings anmerken, dass der Einsatz in Portland strenggenommen legal war – seine Rechtmäßigkeit ergab sich aus den besonderen Befugnissen, die das nach 9/11 geschaffene Department of Homeland Security erhalten hatte.[496] Auch konnten die Demokraten kurz darauf erzwingen, dass sich die Bundesagenten aus Portland zurückzogen. Wieder einmal zeigte sich, dass Trump zwar wie ein Autokrat agiert, aber nicht in der Lage ist, sich tatsächlich über Gesetze hinwegzusetzen – die Gesetze allein sind schlimm genug.

Trump setzt im Wahlkampf verstärkt auf Kulturkampf und Law-and-Order-Politik. Sein zentrales Feindbild ist die »radikale Linke«, mit der der konservative Joe Biden angeblich im Bündnis steht. In einem Wahlspot Trumps wird diese Fokussierung deutlich: Zu dramatischen Bildern von brennenden Autos heißt es dort aus dem Off: »In demokratisch regierten Städten überall in den USA betreiben gewalttätige, liberale Mobs Krawalle und Plünderungen.« Dann werden demokratische Politikerinnen eingeblendet – und schließlich Joe Biden, der »ein neues ›System‹ will«. Vorbild war wohl ein ähnliches Wahlkampfvideo von Richard Nixon, der 1968 den Slogan »Law and Order« für sich reklamiert hatte.[497]

Aber 2020 zeigt, was 2016 ein letztes Mal in Frage gestellt worden war: Die USA werden im Inneren liberaler, die Rechten werden zusehends zu einer

494 https://www.nytimes.com/2020/02/14/us/Border-Patrol-ICE-Sanctuary-Cities.html .
495 https://www.washingtonpost.com/national/portland-protests-operation-diligent-valor/2020/07/24/95f21ede-cce9-11ea-89ce-ac7d5e4a5a38_story.html .
496 https://www.nytimes.com/2020/07/17/us/politics/federal-agents-portland-arrests.html .
497 https://twitter.com/realDonaldTrump/status/1276995624588709888 .

Minderheit. Zwar wird die zentrale Forderung der oppositionellen Aktivisten, »defund the police«, von der Mehrheit der Amerikaner nicht geteilt. Doch eine stabile Mehrheit unterstützt die Proteste und erkennt an, dass Polizeigewalt ein Problem ist.[498] Schon kurz vor der Wahl 2015 hatte »The Atlantic« einen Artikel mit der Überschrift »Warum Amerika nach links rückt« veröffentlicht.[499] Trumps Wahlsieg schien diese Gewissheit in Frage zu stellen. Würde auf den schwarzen Präsidenten und die Black-Lives-Matter-Proteste, die seit 2014 das Land erfassten, nun ein konservativer Backlash folgen – so wie die Sechziger erst zu Nixon und dann zum langen Aufstieg der Konservativen geführt hatten?

Einiges spricht dafür, dass Trumps Präsidentschaft die Liberalisierung der Gesellschaft sogar noch beschleunigt hat. Rassismus und Sexismus, die man zuvor, wenn man wollte, noch hatte herunterspielen können, waren mit Trump plötzlich nicht mehr zu ignorieren. Trump hat die Liberalen politisiert, die Ablehnung seines reaktionären Programms ist mittlerweile tief in der Alltags- und Medienkultur verwurzelt. Vor allem in *racial questions* sind weiße Liberale in den letzten Jahren immer weiter nach links gerückt.[500] Trump erscheint zunehmend wie ein Atavismus: ein Relikt der noch nicht allzuweit zurückliegenden rassistischen Vergangenheit, das sich mit letzter Kraft an der Macht festkrallt.

Die jüngere Generation, die Millenials, geboren zwischen 1981 und 1996, und die Generation Z (Gen Z) der nach 1996 Geborenen sind deutlich liberaler als die älteren Generationen; sie lehnen Trump mit großer Mehrheit ab und sind zu fast zwei Dritteln der Meinung, dass Diversität gut für die Gesellschaft ist. Sogar Republikaner werden liberaler. 43 Prozent der Gen Z, die sich als Republikaner identifizieren, sagen, dass Schwarze weniger fair behandelt werden als Weiße. Unter den Boomern, den Angehörigen der Nachkriegsgeneration, und der noch älteren Kohorte sind es nur 20 Prozent.[501] Und während die Boomer noch in einer selbstverständlich weißen Gesellschaft aufwuchsen, in der jegliche Minderheit marginalisiert war, ist Gen Z äußerst divers. Nur noch 52 Prozent der 6- bis 21jährigen gab dem Meinungsforschungsinstitut Pew gegenüber an, »non-Hispanic white« zu sein. 35 Prozent sagten,

498 https://www.nytimes.com/2020/07/03/us/politics/polling-defund-the-police.html .
499 https://www.theatlantic.com/magazine/archive/2016/01/why-america-is-moving-left/419112/ .
500 https://www.marketwatch.com/story/americans-opinions-about-police-brutality-and-racial-injustice-have-moved-dramatically-2020-07-04 .
501 https://www.pewsocialtrends.org/2019/01/17/generation-z-looks-a-lot-like-millennials-on-key-social-and-political-issues/ .

dass sie einen Menschen kennen, der gender-neutrale Pronomen verwendet – bei den Boomern sind es nur zwölf Prozent.[502]

Reaktionäre Politik, die kulturelle Polarisierung und der Nationalismus werden nicht von alleine verschwinden. Aber der alte Boomer-Konservatismus, dessen Radikalisierung Trump repräsentiert, die Angst der konservativen, christlichen Weißen vor ihren nicht-weißen, nicht-heteronormativen Mitbürgern – das hat wenig Zukunft. Und die apokalyptische Stimmung der republikanischen Basis zeigt, dass die das auch weiß. Eine deutliche Niederlage Trumps bei seiner Bewerbung um eine zweite Amtszeit könnte den Untergang dieses Politikstils beschleunigen. Doch die Linke befindet sich spätestens seit Bernie Sanders Niederlage bei der Präsidentschaftskandidatenkür der Demokraten wieder in einer existentiellen Krise. Auch ist noch unklar, welchen politischen Effekt die Black-Lives-Matter-Proteste haben werden. Sie sind nicht organisiert, haben keine prominenten Forderungen jenseits einer Polizeireform und können deshalb leicht in einen moderaten *racial liberalism* integriert werden. Die konservativen Spitzen der Demokratischen Partei haben sich vor laufender Kamera mit afrikanischen Schals auf den Boden gekniet – aber an der aussichtslosen Lage der nicht-weißen Arbeiterklasse werden sie nichts ändern.

»I can't breath« – so begann Joe Biden eine Grundsatzrede Anfang Juni. »It's time to listen to those words. Our country is crying out for leadership, leadership that can unite us, leadership that brings us together, leadership that can recognize pain and deep grief of communities that have had a knee on their neck for a long time.«[503] Doch inszenierte Biden sich auch als Stimme der Vernunft. »Anarchisten und Brandstifter« unter den Demonstranten müssen bestraft werden,[504] forderte er in einer Rede. Mit den tatsächlich bei den Demonstrationen erhobenen Forderungen, etwa der Polizei Ressourcen zu entziehen, machte sich Biden nicht gemein.[505] »Während Unruhen die USA erfassen, gießt Trump Benzin in das Feuer, das Biden zu löschen verspricht«, hieß es auf NBC News.[506] Das ist das Versprechen, das Biden auch und beson-

502 https://www.pewsocialtrends.org/2019/01/17/generation-z-looks-a-lot-like-millennials-on-key-social-and-political-issues/ .

503 https://www.rev.com/blog/transcripts/joe-biden-philadelphia-speech-transcript-on-protests-for-george-floyd .

504 https://www.rev.com/blog/transcripts/joe-biden-racial-equity-plan-speech-transcript-july-28 .

505 https://eu.usatoday.com/story/opinion/2020/06/10/biden-root-out-systemic-racism-not-just-divisive-trump-talk-column/5327631002/ .

506 https://www.nbcnews.com/politics/2020-election/unrest-grips-u-s-trump-fuels-fire-biden-pledges-extinguish-n1222296 .

ders an die konservative Mitte richtete: Gerade weil er den Demonstranten verständnisvoll begegnet, wird er – und nicht Trump – in der Lage sein, die Unruhen zu beenden und wieder für Ruhe und Ordnung zu sorgen. Biden ist ein dezidiert konservativer Demokrat, mit einer langen Karriere in der Vor-Obama-Ära, in der sich die Demokraten unter der Leitung Bill Clintons an rechte Wähler anbiederten. Er war Co-Autor der drakonischen »Crime Bill« von 1994, die dermaßen offensichtlich zu den skandalösen Zuständen in der amerikanischen Strafjustiz beitrug, dass sich sogar Clinton dafür öffentlich entschuldigen musste, als seine Frau 2015 versuchte, Präsidentin zu werden.[507] Sogar den Patriot Act reklamierte Biden zum Teil für sich.[508]

In den letzten Jahren ist viel über einen Linksruck in den USA geschrieben worden – im Zuge des Überraschungserfolgs von Bernie Sanders ist eine neue Bewegung entstanden, und bei den Zwischenwahlen 2018 sind neue Abgeordnete ins Parlament eingezogen, die sich selbst als »demokratische Sozialisten« bezeichnen. Am prominentesten sind Alexandria Ocasio-Cortez und das »Squad« aus Ilhan Omar, Ayanna Pressley und Rashida Tlaib geworden, vier nicht-weiße Frauen, die für die Demokraten im Repräsentantenhaus sitzen. Ihre zentralen Forderungen – Gesundheitsversorgung für alle und die Abschaffung der Grenzschutzbehörde ICE – stehen weit links von der Demokratischen Partei und dem, was bis dato als politisch möglich galt. Dabei können sie auf einigen Rückhalt in der Bevölkerung verweisen. Über zwei Drittel der Amerikaner unterstützen laut Umfragen »Medicare for All«, also die Krankenversicherung für alle – die zentrale Forderung, die die neue Parteilinke vom Establishment unterscheidet. Doch gerade die Tatsache, dass eine derart populäre Forderung auch weiterhin völlig unrealistisch scheint, zeigt, wie schwach die Linke tatsächlich ist. Einiges spricht dafür, dass sie als Papiertiger landen wird.

Linke Abgeordnete wie das »Squad« gewannen vorrangig in sicheren »demokratischen« Bezirken, indem sie die demokratischen Amtsinhaber in einer Vorwahl herausforderten. Ihr Wahlsieg zeigte, dass in liberalen Gegenden Teile der demokratischen Wähler nach links gerückt sind – und es eine linke Aktivistenbasis gibt, die daraus Kapital zu schlagen versteht. Doch insgesamt waren bei den Zwischenwahlen 2018 Kandidaten, die das Brookings Institution Primaries Project als »Establishment« klassifizierte, deutlich

---

507 https://www.vox.com/2015/5/7/8565345/1994-crime-bill .
508 https://newrepublic.com/article/61756/rhetorical-question .

erfolgreicher als jene, die sich selbst als »progressiv«[509] bezeichnen – wobei das Label »progressiv« an sich sehr vage, geradezu nichtssagend ist. Als die Tea-Party-Welle bei den Zwischenwahlen 2010 von rechts in die Parlamente schwappte, schufen die rechten Republikaner eine schlagkräftige Fraktion nicht nur im Kongress, sondern auch im Senat. Das »Squad« ist im Vergleich dazu winzig, und Sanders bleibt der einzige linke Senator.

Die Sanders-Anhänger hatten folgende Theorie: Es gibt eine große Gruppe potentieller Wähler – die Arbeiterklasse, das untere Drittel der Gesellschaft –, die wirtschafts- und sozialpolitisch deutlich links von der Demokratischen Partei steht. Die meisten von ihnen nehmen nie an Wahlen teil, sie sind der Politik entfremdet und haben in der Demokratischen Partei, die von der gehobenen Mittelschicht dominiert wird, nichts zu sagen. Diese Wählergruppe könnte man durch linke Forderungen mobilisieren. Man könnte ihnen Hoffnung machen, dass es tatsächlich möglich sei, etwas an den erdrückenden Verhältnissen zu ändern, mit denen sie jeden Tag zu kämpfen haben. Sanders zentrale Forderung – eine garantierte Krankenversicherung für alle – passte in dieses Konzept, denn sie war nicht nur völlig einleuchtend, naheliegend und sogar unter kapitalistischen Bedingungen realisierbar, sie ist außerdem ungemein populär bei amerikanischen Wählern – und sie wird trotzdem von demokratischen Establishment-Politikern wie Obama, Hillary Clinton und Biden erbittert bekämpft.[510] Mit einer linkspopulistischen Strategie könnte man diesen Zwiespalt zwischen der Demokratischen Partei und der großen Mehrheit der Wähler – inklusive der völlig desillusionierten Nichtwähler, die fast die Hälfte der Wahlbevölkerung ausmachen – ausnutzen und eine neue Wählerkoalition schaffen. Nur auf diese Weise sei der rechte Populismus zu besiegen, was durch die Niederlage Hillary Clintons bewiesen worden sei.

An diesen Annahmen ist einiges richtig. Sie weisen allerdings nur auf ein Potential, das durch enorme Organisations- und Bewegungsarbeit künftig vielleicht realisiert werden könnte – und ignorieren, dass der Großteil der Bevölkerung fest im politischen Status quo integriert ist und nicht im Traum daran denkt, ihn grundsätzlich in Frage zu stellen. Auch haben die Erfahrungen der letzten Jahrzehnte gezeigt, dass linke Wahlerfolge fast nie zu einer tatsächlich progressiven Transformation der Wirtschaftsordnung führen,

---

509 https://www.brookings.edu/blog/fixgov/2018/09/14/whats-happening-to-the-democratic-party/ .
510 »Polls have shown that the majority of voters, including more than 85% of Democrats, support Medicare for All.« https://thehill.com/hilltv/what-americas-thinking/412545-70-percent-of-americans-support-medicare-for-all-health-care .

weil sie an den tatsächlichen Machtverhältnissen wenig ändern – Syriza ist dafür ein Beispiel. Sogar nach eng parlamentarisch-demokratischen Kriterien sind die linkspopulistischen Aufbrüche in den letzten Jahren fast überall in der Welt gescheitert. Man könnte sogar sagen, dass die US-Demokraten derzeit nach rechts rücken, weil sie wohlhabende, konservative Wähler aus den Vororten einsammeln, die Trump nicht mehr folgen wollen. Schon bei der Wahl 2016 waren zum ersten Mal wohlhabende Weiße in großer Zahl zu den Demokraten gewechselt.[511] Dieser Trend hatte sich bei den Zwischenwahlen 2018 fortgesetzt. »We're delighted that suburbia, which used to be so Republican, is now Democratic«, sagte im November 2018 der demokratische Minderheitenführer im Senat, Chuck Schumer.[512]

Trump versucht, diese Entwicklung zu kontern, indem er sich in klassischer Republikaner-Manier als Schutzmacht der Vororte gegen die nicht-weißen Armen aufspielt. Auf Twitter richtete er sich an »die Vorstadt-Hausfrauen Amerikas«, die er davor warnte, dass »Biden eure Nachbarschaft und den amerikanischen Traum zerstören wird. Ich werde ihn bewahren und noch besser machen!«[513] Doch in Umfragen gibt eine Mehrheit der Amerikaner an, dass sie Biden in Fragen der Sicherheit und Kriminalität eher vertraut als Trump.[514] Die wohlhabende Mittelschicht wünscht sich Ruhe und Ordnung – und traut Biden diesbezüglich mehr zu als Trump. Auf diese Wechselwähler scheint Biden zu setzen, um 2020 gegen Trump zu gewinnen. Das bedeutet, dass die Demokraten kaum einen Anreiz haben, nach links zu rücken, ganz im Gegenteil. Das zeigte sich etwa darin, dass Alexandria Ocasio-Cortez – eine der beliebtesten Politikerinnen der USA – beim Online-Parteitag der Demokraten im August gerade einmal 60 Sekunden Redezeit erhielt, während Republikaner wie John Kasich prominent und ausführlich sprechen durften.

Kein Wunder also, dass die – rein symbolische – Wahlkampfplattform der Demokraten zwar einige progressive Reformen wie einen landesweiten Mindestlohn von 15 Dollar enthält, in einem zentralen Punkt sich aber die Parteirechte klar durchgesetzt hat: »Medicare for All« wurde mit 125 zu 36

511 https://www.nytimes.com/interactive/2018/07/27/upshot/white-voters-precinct-analysis.html .

512 https://eu.usatoday.com/story/news/politics/elections/2018/11/08/midterms-suburbs-republicans-democrats-trump/1921590002/ . »USA Today« untersuchte damals die Ergebnisse in den wohlhabendsten Bezirken, in denen es knappe Wahlergebnisse gegeben hatte. In den insgesamt 123 untersuchten Bezirken lebten 36 Millionen Menschen, 80 dieser Bezirke liegen in den Suburbs. Nur in drei dieser Bezirke legten die Demokraten bei den Midterms nicht zu.

513 https://www.inquirer.com/politics/pennsylvania/trump-biden-philadelphia-suburbs-pennsylvania-20200804.html .

514 https://www.washingtonpost.com/gdpr-consent/?next_url=https%3a%2f%2fwww.washingtonpost.com%2fpolitics%2f2020%2f07%2f20%2ftrumps-law-and-order-message-flops%2f .

Stimmen abgelehnt. Und trotz der enormen Proteste gegen Polizeigewalt ist die Plattform gerade in diesem Punkt äußerst zurückhaltend.[515] Viel spricht also dafür, dass Biden sehr konservativ regieren und – wie Obama – auf politischen Ausgleich mit den Republikanern setzen würde.[516] Vor allem in der Außenpolitik versucht er eine Rückkehr zum Status-quo-ante. Es ist kaum übertrieben, wenn man feststellt, dass das gesamte traditionelle außenpolitische Establishment Biden bevorzugt. Republikanische Außenpolitiker der Bush-Regierung gründeten sogar eine eigene Organisation, um ihn im Wahlkampf zu unterstützen.[517]

Biden galt lange als China-freundlich.[518] Doch davon ist wenig übriggeblieben. Sein Wahlkampfteam veröffentlichte sogar einen Werbespot, der Trump dafür attackierte, zu sanft mit China umzugehen. »Trump hat gesagt, er würde eine harten Kurs gegen China fahren. Statt dessen wurde er übers Ohr gehauen.«[519] »Daily Beast« berichtete Anfang August, dass Biden sich mit bedeutenden republikanischen »China Hawks« zusammengetan habe, um nach seinem Wahlsieg in der Außenpolitik die Kontinuität zu wahren.[520] Das gilt auch für die Wirtschaftspolitik, in der Biden sich industriepolitisch positioniert. Sein milliardenschweres Investitionsprogramm soll strikt dem Prinzip »Buy American« folgen.[521] Trump hat die amerikanische Politik von Grund auf transformiert, und Biden wird daran wenig ändern. Sollte Trump die Wahl gewinnen, wird sein Sieg diesen Kurs festschreiben – und ihn vermutlich mit weiteren Teilen der Staats- und Wirtschaftseliten versöhnen. Er würde aber wohl kaum die gesellschaftliche Polarisierung überwinden.

Dass Trump eine klare Wahlniederlage nicht anerkennen würde, wie verschiedentlich spekuliert wurde, sondern gewissermaßen autokratisch die Macht übernehmen würde, ist ausgeschlossen. Er hat kaum Rückhalt im Staatsapparat, und der Sommer 2020 hat gezeigt, dass sich die Armee

---

515 https://www.politico.com/news/2020/07/08/biden-legal-marijuana-police-protections-353585 .

516 https://www.vox.com/policy-and-politics/21340746/joe-biden-covid-19-coronavirus-recession-harris .

517 https://www.reuters.com/article/us-usa-election-biden-republicans-exclus/exclusive-dozens-of-republican-former-u-s-national-security-officials-to-back-biden-idUSKBN23U2LY .

518 Noch während der demokratischen Primaries beschwichtigte er: »›China is going to eat our lunch? Come on, man‹, Biden said in May 2019 at a stop in Iowa ... ›I mean, you know, they're not bad folks, folks. But guess what? They're not competition for us.‹« https://www.nbcnews.com/politics/2020-election/biden-s-comments-downplaying-china-threat-u-s-fires-pols-n1001236 .

519 https://www.youtube.com/watch?v=RgE8l1GQb4k&feature=youtu.be .

520 https://www.thedailybeast.com/republican-china-hawks-secretly-approaching-team-biden?ref=scroll .

521 https://www.cnbc.com/2020/07/09/biden-proposes-a-700-billion-plus-buy-american-campaign.html .

von Trump politisch nicht instrumentalisieren lassen will. Das kann man getrost als liberale Angstphantasie abhaken. Doch denkbar ist, dass Trump bei einem knappen oder unklaren Wahlausgang diesen in Frage stellen wird. Dann könnte er die Republikanische Partei dazu bewegen, sich in umkämpften Bundesstaaten zum Sieger zu erklären. Damit würde er eine politische Krise auslösen – möglicherweise mit dem Effekt, dass er sich dann doch irgendwie an der Macht halten könnte oder zumindest die Niederlage nicht eingestehen müsste. Schon Monate vor der Wahl schien Trump so etwas vorzubereiten. Dabei konzentrierte er sich vor allem auf die Briefwahl, die 2020 wegen der Pandemie so wichtig wie nie ist. Trump warnte auf Twitter vor einer »KORRUPTEN WAHL«, die »ZUM UNTERGANG UNSERER GROSSARTIGEN REPUBLIKANISCHEN PARTEI FÜHREN« würde. Im August sagte er seinen Anhängern, dass er die Wahl nur verlieren könne, wenn sie »manipuliert« werde.[522]

Und doch: Es ist nicht erkennbar, wie sich die US-Rechte angesichts der gesellschaftspolitischen Trends langfristig an der Macht halten will. Und das, obwohl Trump außenpolitisch substantielle Kursänderungen vorgenommen hat, die auch Biden kaum korrigieren wird. Die »liberale Hegemonialstrategie« ist tot; die multipolare Weltordnung ist schon Realität. Auch das wichtigste politische Projekt, dass Trump angestoßen hat – die radikale Neuausrichtung der amerikanischen Beziehungen zu China – wird über Parteigrenzen hinweg weithin unterstützt. Es scheint, als habe Trump nicht nur im Alleingang die Republikanische Partei übernommen und auf seinen ideologischen Kurs eingeschworen. Er hat darüber hinaus ein neues politisches Paradigma eingeführt, an dem sich auch seine Gegner orientieren. Das führt zu widersprüchlichen Tendenzen: In der multipolaren Weltordnung ist eine gewisse Art von »Nationalismus« naheliegend: Industriepolitik, Fokus auf interne Kohäsion, Abgrenzung gegen Konkurrenten. Vor nicht allzulanger Zeit war es ein Allgemeinplatz, dass die Nationalstaaten wegen der Globalisierung an Bedeutung verlören. Das war schon damals ein Klischee, das gewisse Tendenzen überhöhte, aber mit dem real existierenden Kapitalismus wenig zu tun hatte: Die »neoliberale Globalisierung« wurde primär von Nationalstaaten organisiert und durchgesetzt, und zwar vor allem, um dem eigenen nationalen Kapital einen Vorteil zu verschaffen.

---

522 https://thehill.com/homenews/administration/512424-trump-the-only-way-we-are-going-to-lose-this-election-is-if-the .

Doch inzwischen steht die Nation wieder ganz offen im Zentrum der politischen Agenda. Das, was im Rückblick euphemistisch »liberale Weltordnung« genannt wird – also eine sich potentiell universalisierende liberale Ordnung, die auf der unangefochtenen Dominanz des Westens, besonders der USA basierte – wird zunehmend durch eine multipolare Konkurrenz ersetzt. Statt umfassender Freihandelsabkommen stehen jetzt Handelskrieg und Industriepolitik auf der Tagesordnung. Und damit der Nationalstaat, der sich gegen andere Nationalstaaten durchsetzen muss. Dazu kommt, dass der rechte Nationalismus eine Antwort auf zahlreiche schleichende Krisenprozesse gibt. Wie gehen wir mit der Klimakatastrophe um, den zerfallenden Staaten, den Flüchtlingen, der stagnierenden Wirtschaft, den sich zuspitzenden geopolitischen Rivalitäten und der sich daraus ergebenden militärischen Aufrüstung? All diese Krisen scheinen sich im Rahmen des bisherigen liberalen Paradigmas kaum bearbeiten, geschweige denn lösen zu lassen, handelt es sich doch größtenteils um Widersprüche, die der liberale Kapitalismus selbst hervorbringt. Lösungen sind nur aus einer völlig anderen Perspektive überhaupt denkbar, der Perspektive eines internationalistischen Sozialismus. Doch diese Möglichkeit existiert derzeit nicht, sie spielt im Bewusstsein der Menschen keine Rolle. Viel wirkmächtiger ist dagegen die »autoritäre Versuchung«, die Widersprüche der bestehenden Ordnung regressiv aufzulösen.

Eine solche Regression findet auch statt, wenn der Nationalismus nicht die Macht übernimmt. In der kommenden multipolaren Weltordnung wird sich in Europa vielleicht eher ein »europäischer« Geist durchsetzen, denn anders können die europäischen Staaten keinen politischen Block bilden, um sich im »Triadekonflikt« USA/China/Europa zu behaupten. Doch eine stetige Erosion sozialer und humanitärer Standards hat auch in der EU, in der ja immer noch die Liberalen den Ton angeben, längst stattgefunden. Die Lager in Moria und Idlib, die ungezählten Toten im Mittelmeer, die Polizeigewalt in Frankreich und Spanien, die leise, jahrelange Verelendung in Teilen Südeuropas – dafür tragen nicht Trump oder Viktor Orbán die Verantwortung, sondern aufrechte, liberale Europäer.

Andererseits scheint es zumindest gesellschaftspolitisch in den USA in die andere Richtung zu gehen. Gut möglich, dass Amerika in zwanzig Jahren *das* globale Symbol für erfolgreichen Multikulturalismus ist – was einen »liberalen Nationalismus« natürlich nicht ausschließt. Auf eine Zähmung des US-Kapitalismus wird man vergeblich warten. In den kommenden sozialen und wirtschaftlichen Krisen wird die Linke kaum Macht und Einfluss haben.

Donald Trump war kein Betriebsunfall. Internationale Konkurrenz, die mit nationalen handels- und industriepolitischen Mitteln ausgefochten wird, ist der kapitalistische Normalfall. In Krisenzeiten kann sein Instrumentarium leicht demagogisch aufgeladen und an ein reaktionäres nationalistisches Projekt gebunden werden. Auch die Irrationalität, die Demagogie und die brutalen gesellschaftlichen Verhältnisse, die dafür einen Nährboden bieten, werden nicht einfach aus der amerikanischen Gesellschaft verschwinden, sollte Trump die Wahl verlieren. Es ist die Normalität, die unserem Gesellschaftssystem entspricht: erbitterte geopolitische und ökonomische Konkurrenz zwischen großen Machtblöcken; sich verschärfende soziale Krisen, die besonders die Peripherien – speziell den Nahen und Mittleren Osten – an den Rand des Zusammenbruchs führen; und im Hintergrund eine globale Umweltkatastrophe, die nicht in der Zukunft liegt, sondern bereits begonnen hat und in den nächsten Jahrzehnten auf noch unvorhersehbare Weise die Lebensgrundlagen der Menschheit untergraben wird.

Daraus folgt nicht, dass unsere Gesellschaften auf einen Kollaps zusteuern. Krisen gehören zum Kapitalismus dazu – Wirtschaftskrisen sowieso, aber auch Umweltkatastrophen und Kriege haben den Kapitalismus nie ernsthaft geschädigt. Auch sind vor allem die westlichen Gesellschaften politisch sehr stabil. Eine organisierte Opposition gegen den kapitalistischen Normalzustand gibt es nicht mehr. Gerade die härtere und offene internationale Konkurrenz führt dazu, dass die Menschen sich immer kritikloser mit dem gegebenen Wirtschaftssystem identifizieren. Die Nation ist das Vehikel, das die arbeitende Bevölkerung an »ihr« Kapital bindet. Das ist einerseits Ideologie – wer etwa in Deutschland arbeitslos ist, kann sich wenigstens noch etwas auf die Stärke »seiner« Nation einbilden –, hat aber andererseits einen realen materiellen Hintergrund. Ökonomisch gesehen gibt es kaum etwas Wertvolleres als eine deutsche Staatsbürgerschaft: Man bekommt Bildung, Krankenversicherung und Zugang zu guten Jobs, wie es sie im Rest Europas – geschweige denn im Rest der Welt – kaum noch gibt. Um das zu verteidigen, ist man bereit, sich gegen den Zuzug von Flüchtlingen abzuschotten – ob man das jetzt ungern (Grüne) oder mit Genuss tut (AfD). Eine fortschrittliche Agenda muss daher internationalistisch sein und eine Solidarität anstreben, die die chinesische und russische Bevölkerung ebenso einschließt wie die Menschen der ökonomisch zurückfallenden Peripherie.

Im Kapitalismus sind zwei Dinge unhintergehbar: die Konkurrenz, bei der es nur Gewinner und Verlierer geben kann, nur Dominanz oder Niederlage; und die Tatsache, dass die Wirtschaft der demokratischen Planung entzogen ist, ein relativ autonomes System darstellt, dessen inneren Zwängen alle unterworfen sind. Deshalb erscheinen Umweltkatastrophe und internationale Konkurrenz als »Schicksal« jenseits der Politik. Das gilt auch für die miserablen Entwicklungen unserer Gesellschaften: Die Erosion der Sozialstandards, die Verschärfung der Konkurrenz, die wachsende Härte, mit der wir uns im Arbeitsleben gegen andere Arbeiterinnen durchsetzen, lassen sich im Kapitalismus nicht beheben. Auch die sogenannten »Fluchtursachen« können nicht »bekämpft« werden. Die Antwort auf all das kann nicht ein moralisch begründeter Internationalismus sein, ein Bekenntnis zum globalen Humanismus, zum »nachhaltigen« Kapitalismus oder zu einer faireren Gesellschaft. Eine humane, friedliche und im besten Sinne kosmopolitische Gesellschaft ist im Kapitalismus nicht möglich.

Literatur

Anderson, Perry: *American Foreign Policy and its Thinkers*. Verso, London / New York 2015.

Alberta, Tim: *American Carnage – On the Front Lines of the Republican Civil War and the Rise of President Trump*. Haper Collins, New York 2019.

Ambrose, Stephen E. / Douglas G. Brinkley: *Rise to Globalism – American Foreign Policy Since 1938*. Penguin Books, New York 2011 (1. Aufl. 1971).

Beck, Glenn: *Common Sense – The Case Against an Out-of-Control Government*. Mercury Radio Arts, New York 2009.

Berlet, Chip. *Right-Wing Populism in America: Too Close for Comfort*. Guilford Press, New York 2000.

Blustein, Paul: *Schism – China, America and the Fracturing of the Global Trading System*. Centre for International Governance Innovation, Waterloo 2019.

Brenner, Robert: *Boom & Bubble – Die USA in der Weltwirtschaft*. VSA-Verlag, Hamburg 2002.

Carlson, Tucker: *Ship of Fools – How a Selfish Ruling Class Is Bringing America to the Brink of Revolution*. Free Press, New York 2018.

Chamayou, Grégoire: *Die unregierbare Gesellschaft – Eine Genealogie des autoritären Liberalismus*. Suhrkamp, Frankfurt 2019.

Cohen, Elizabeth F: *Illegal: How America's Lawless Immigration Regime Threatens Us All*. Basic Books, New York 2020.

Davis, Bob / Lingling Wei: *Superpower Showdown - How the Battle Between Trump and Xi Threatens a New Cold War*. Harper Collins, New York 2020.

Davis, Mike: *Prisoners of The American Dream. Politics and Economy in the History of the U.S. Working Class*. Verso, London / New York 2018.

Denvir, Daniel: *All American Nativism – How the Bipartisan War on Immigrants Explains Politics As We Know It*. Verso, New York / London 2020.

Frank, Dana: *Buy American – The Untold Story of Economic Nationalism*. Beacon Press, Boston 1999.

Frank, Thomas: *Whats the Matter with Kansas? How Conservatives Won the Heart of America*. Metropolitan Books, New York 2004.

Fitzgerald, F. Scott. *The Great Gatsby*. Ed. by Michael Nowlin, Broadview Editions, Peterborough 2007.

Gandin, Greg: *The End of the Myth - From the Frontier to the Border Wall in the Mind of America*. Henry Holt, New York 2019.

Gessen, Masha: *Surviving Autocracy*. Riverhead Books, New York 2020.

Hazony, Yoram: *The Virtue of Nationalism*. Basic Books, New York 2018.

Hochschild, Arlie Russell: *Strangers in their Own Land. Anger and Mourning on the American Right. A Journey to the Heart of Our Political Divide*. The New Press, New York / London 2016.

Klein, Mattew C. / Michael Pettis: *Trade Wars are Class Wars – How Rising Inequality Distorts the Global Economy and Threatens International Peace*. Yale University Press, New Haven / London 2020.

Lachmann, Richard: *First-Class Passengers on a Sinking Ship - Elite Politics and the Decline of Great Powers*. Verso, London / New York 2020.

Lee, Erika: *America for Americans: A History of Xenophobia in the United States*. Basic Books, New York 2019

Lind, Michael: *The New Class War – Saving Democracy from the Metropolitan Elite*. Atlantic Books, London 2020.

Lowry, Richard: *The Case for Nationalism. How It Made US Powerful, United, and Free*. Broadside Books, New York 2019.

Lütjen, Torben: *Partei der Extreme: Die Republikaner – Über die Implosion des amerikanischen Konservatismus*. Transcript Verlag, Bielefeld 2016.

Mayer, Jane: *The Dark Side. The Inside Story of How the War on Terror Turned into a War on American Ideals*. Doubleday, New York 2008.

Mayer, Jane: *Dark Money – The Hidden History of the Billionaires Behind the Rise of the Radical Right*. Doubleday, New York 2016.

Mazucatto, Mariana: *The Entrepreneurial State – Debunking Public vs. Private Sector Myths*. Anthem Press, London 2015.

Mirowski, Philip: *Never Let a Serious Crisis Go to Waste – How Neoliberalism Survived the Financial Meltdown*. Verso, London / New York 2014.

Reed, Touré: *Toward Freedom: The Case Against Race Reductionism*. Verso, London / New York 2020.

Rogin, Michael: *The Intellectuals and McCarthy – The Radical Specter*. M.I.T. Press, Cambridge 1967.

Saldin, Robert P. / Steven M. Teles: *Never Trump. The Revolt of the Conservative Elites*. Oxford University Press, Oxford 2020.

Sides, John / Michael Tesler / Lynn Vavreck: *Identity Crisis – The 2016 Presidential Campaign and the Battle for the Meaning of America*. Princeton University Press, Princeton und Oxford 2019.

Skocpol, Theda / Vanessa Williamson: *The Tea Party and the Remaking of Republican Conservatism*. Oxford University Press, Oxford 2011.

Snyder, Timothy: *On Tyranny – Lessons from the Twentieth Century*. Bodley Head, London 2017.

Taylor, Keeanga-Yamahtta: *From #BlackLivesMatter to Black Liberation*. Haymarket Books, Chicago 2016.

Tooze, Adam: *Crashed – Wie zehn Jahre Finanzkrise die Welt verändert haben*. BPP, Bonn 2019.

Wood, Ellen Meiksins: *Empire of Capital*. Verso, London / New York 2003.